U0504032

农民工随迁子女平等接受教育研究

周正 著

中国社会科学出版社

图书在版编目（CIP）数据

农民工随迁子女平等接受教育研究／周正著.—北京：
中国社会科学出版社，2022.2

ISBN 978 - 7 - 5203 - 9641 - 7

Ⅰ.①农…　Ⅱ.①周…　Ⅲ.①流动人口—教育—公平原则—
研究—中国　Ⅳ.①G52

中国版本图书馆 CIP 数据核字（2022）第 015009 号

出 版 人	赵剑英
责任编辑	赵 丽
责任校对	朱妍洁
责任印制	王 超

出　　版	中国社会科学出版社
社　　址	北京鼓楼西大街甲 158 号
邮　　编	100720
网　　址	http://www.csspw.cn
发 行 部	010 - 84083685
门 市 部	010 - 84029450
经　　销	新华书店及其他书店

印　　刷	北京明恒达印务有限公司
装　　订	廊坊市广阳区广增装订厂
版　　次	2022 年 2 月第 1 版
印　　次	2022 年 2 月第 1 次印刷

开　　本	710 × 1000　1/16
印　　张	17
插　　页	2
字　　数	279 千字
定　　价	89.00 元

凡购买中国社会科学出版社图书，如有质量问题请与本社营销中心联系调换
电话:010 - 84083683
版权所有　侵权必究

前　言

探索"让每个孩子都能享有公平而有质量的教育"的实践路径能够切实增加人民的教育获得感。农民工随迁子女有着平等接受教育的刚性需求，这一需求能否得到满足，直接关系到随迁家庭的未来走向以及社会的和谐与稳定。

本书以"义务教育阶段"和"义务教育后阶段"农民工随迁子女为研究对象，考察处于不同年龄阶段和社会位置的随迁子女的受教育状况。以随迁子女的内生需要为基本依据，以城市生活的三重世界为切入点，立足于家庭、学校、同辈群体系统考察随迁子女的生活环境、受教育环境和心理环境，探究阻碍其平等接受教育的深层原因，综合分析政策赋权与自身增权的可行路径，探索随迁子女平等接受教育的保障机制。

大规模调查研究的结果表明，农民工随迁子女依然面临着义务教育过程中的不平等问题以及义务教育后的升学与发展问题，且在一线和二线城市中的表现有所不同。仅仅在义务教育阶段开放公立学校还远远不够，现行的教育体制仍无法为随迁子女提供足够的生活机遇和上升空间。如果就业、社会保障、中高等教育等领域的歧视仍然存在，那么义务教育阶段的吸纳将难以产生持续的正面效果。

教育体系本身是一个多元力量共存的体系，不论是宏观的国家制度还是中观的学校组织以及微观的个人私利都会影响到个体的教育选择及受教育过程。据此，本书从宏观、中观和微观三个维度出发，着力对影响农民工随迁子女平等接受教育的制度因素、文化因素、学校因素、家庭因素和个人因素进行了分析。

就制度因素而言，户籍上标明的制度身份影响着随迁子女的受教育机会和受教育轨迹。基于城市间的质性区分，本书对义务教育阶段中的小学升初中以及非义务教育阶段的异地中考、异地高考的政策流变进行了历时态研究，发现在义务教育阶段，隐性排斥现象依然存在；在非义务教育阶段，显性排斥现象比较明显，直接表现为随迁子女高中就学比例偏低且出现了受教育延迟倾向。

就文化因素而言，本书通过对大众媒体的报道进行内容分析，概括出了随迁子女的媒体形象，从一个侧面反映了随迁子女所处的文化舆论环境。此外，本书也对由于互融文化的缺失而导致的单维文化适应以及文化惰距的生成等问题进行了探究，发现要促进随迁子女平等接受教育除了要调整教育政策等正式制度之外，还必须改变农民工随迁子女的单维文化适应氛围，形成和而不同、多元互融的文化生态。

就学校因素而言，在学校"平等接受教育"是农民工随迁子女在城市社会生活中的"关键社会事项"。学校是打破社群隔离实现社会融入的主要场所，位于随迁子女发展生态的中观层面。农民工随迁子女就读的部分学校属于薄弱学校，教师教育方式不当可能诱发二次伤害，随迁子女群体内部容易形成习得性无助。这样的"困境叠加"迫切需要探寻"助人自助"的推进路径。随迁子女主动放弃升学，是否会陷入再生产的旋涡，仍值得商榷，但拒绝接受学校教育往往会使青少年失去通过学校教育实现向上流动的机会，并最终以主动选择的方式延续父辈的阶级境遇和生活轨迹。为解决上述问题，可以围绕"控辍保学"实行"一校一对标"，激发教师的育人效能感，逐渐消解随迁子女的"片面抵抗"行为，进而促进教育过程公平。

就家庭因素而言，家庭的经济资本、文化资本和社会资本始终以混合嵌入的方式共同作用于随迁子女各阶段的教育选择及受教育过程，对于随迁子女不同年龄段的教育获得均有显著影响。与其他影响因素相比，家庭因素对个体教育选择及受教育过程的影响更为直接。教育机会分配过程的制度排斥越明显，就越背离绩效原则，家庭各类资本的转化就越有效。随迁子女能否在城市中争取到优质的教育资源，能否顺利实现异地升学的愿望，部分地取决于随迁家庭对各类资本的占有量。增强随迁家庭的教育功能，保持良好的家校合作，从支持家庭的角度帮助随迁子女形成积极自我，应成为未来研究的重要思路。

就个人因素而言，调查结果显示，农民工随迁子女的"可行能力"

大多处于匮乏的状态，而"可行能力"的提升至少需要两个前提条件：一是客观的外部支持；二是主观的融入意愿。随迁子女要明确，作为合格的社会参与者只有履行社会义务、承担社会责任才能要求获得公平地分享教育资源和成果的权利。只有客观的社会支持与主观的个人意愿相结合才有可能使随迁子女逐步达成平等接受教育的目标。

在大规模问卷调查和因素分析的基础上，本书对农民工随迁子女平等接受教育的必备条件进行了归纳和总结：第一，要确保在城市中的公立学校稳定就学，即强调扶持政策的连续性与稳定性；第二，农民工家庭整体实力的提升是随迁子女个体能力提升的重要基础，因此支持家庭是保障随迁子女平等接受教育的重要路径；第三，要进行精准适度的教育补偿，阻断贫困的代际传递，以开发家长的"学伴"能力为基础，强调社会工作者的参与；第四，随迁子女拥有必备的可行能力、积极的融入意愿、具有"反哺"和主动承担的责任意识也是促进其平等接受教育的重要条件。

据此，本书从国家与社区、学校、家庭等非国家行为体的协作中探索出了与当前单一的国家责任保障不同的，建立在政府负责、学校均衡、文化引领、支持家庭相结合取向上的农民工随迁子女平等接受教育的保障机制。

社会风险最容易在承受力最低的社会群体身上爆发。儿童是家庭的希望，只有不断加强和完善对农民工随迁子女平等受教育权的法律保护，帮助其实现对城市社会的积极融入，才可能保证社会的和谐与长治久安。加深社会各界对随迁子女生存和发展状况的全面了解，将有助于进一步规范学术研究的开展，促进政府出台有助于随迁子女在输入地平等接受教育的公共政策，根据输入地的差异进行分类施策与分类指导。

本书突破先前研究中强调的"宪法权利"，注重"市民资格"的讨论。不仅强调社会救助，更强调个体增权、人际增权和社会参与增权的协同作用。从随迁子女"发展关键期"出发，以促进其平等接受教育进而提升其人力资本为目标，对获得社会资源、缩小社会距离的途径进行了探索，以期对改善该群体的受教育状况和社会福利有所裨益。

同时，本书是国家社会科学基金一般项目"农民工随迁子女平等接受教育研究"（项目编号：13BSH019）、黑龙江省省属高等学校基本科研业务费科研项目"农民工随迁子女城市社会融入的影响因素与保障机制研究"的研究成果。

目　录

绪　　论

一　问题的提出

（一）研究缘起

《中国流动人口发展报告 2017》的调查数据显示，中国流动人口总量为 2.45 亿人。人口流动的家庭化趋势依然明显，家庭户平均规模保持在 2.5 人以上，2 人及以上的流动人口家庭户占 81.8%。[①] 而作为流动人口子女的流动儿童和留守儿童规模之和则接近 1 亿。[②] 有研究表明，农民工随迁子女（也称流动儿童）对城市文明的认同远远超过了对陌生的乡土文化的认同，然而，相对隔离的生长环境和相对贫困的家庭经济，使得随迁子女在城市社会融入过程中陷入家庭、学校、社会这"三重世界"跨界时的困境。[③] 如何走出困境，如何保障随迁子女享有公平而有质量的教育进而实现城市社会融入已经成为研究者们关注的重点。

随着新生代逐渐成为流动人口的主体，长期定居务工城市成为半数以上流动人口及其家庭的主流意愿。日渐严重的用工荒也促使流入地政府通过为流动人口提供新的市民身份等各种政策和福利留住流动人口。[④] 因此，长期定居城镇成为流动人口和务工城市的双向需求。然而，长期定居

---

① 国家卫生和计划生育委员会流动人口司：《中国流动人口发展报告 2017》，中国人口出版社 2017 年版，第 3—6 页。

② 杨东平：《中国流动儿童教育发展报告（2016）》，社会科学文献出版社 2017 年版，第 13—16 页。

③ 周佳：《处境不利儿童平等发展权的社会保障研究》，北京大学出版社 2016 年版，第 38—41 页。

④ 例如，2018 年 10 月 15 日北京市人力资源和社会保障局发布了 2018 年北京市积分落户公示名单，落户规模为 6019 人，最低分值为 90.75 分。

城镇并非流动人口的个人选择,而是整个家庭的理性决策。这就意味着全家人的住房、教育、医疗等问题都必须在城市得到妥善解决。[①] 而上述问题的解决,不仅面临诸如社保联网、随迁子女教育甚至购房资格等诸多制度障碍,也面临由于流动家庭的资本积累有限,难以承担完全市民化的巨大成本等现实困境。相对而言,在长期定居决策过程中,流动人口个人和家庭方面的能力缺失甚至比制度障碍更为严重。值得注意的是,教育在促进农民工及其子女城市社会融入方面发挥着至关重要的作用,也正因如此,本书才将"农民工随迁子女平等接受教育"问题确立为研究主题。数据显示,目前仍有 2.94% 的适龄流动儿童没能按照规定在流入地的公立学校接受义务教育;低龄流动儿童入学晚的问题较为普遍;大龄流动儿童接受高中教育的比例偏低而且存在受教育延迟现象。特别是跨省流动的高中在校随迁子女还面临着异地高考问题。据估算,中国每年有异地高考需求的流动青少年规模达 18.7 万人。[②]

党的十九大报告提出:"努力让每个孩子都能享有公平而有质量的教育。"切实增加人民的教育获得感。其中,"公平、质量、人民满意"是其核心要义。要改变当前教育领域存在的"不平衡不充分的发展"的状况,就必须保证不同阶段、不同地域的孩子都能拥有平等接受教育的权利。不仅是入学率、毕业率、升学率,更应该用人民迫切需要、期盼、满意的程度来衡量教育的公平度与优质性。而农民工随迁子女有着平等接受教育的刚性需求,这一需求能否得到满足,直接关系到随迁家庭的未来走向以及社会的和谐与稳定。

那么,就农民工随迁子女平等接受教育而言,从制度层面看,国家对此出台了哪些政策?伴随政策变迁,随迁子女的受教育状况是否得到改善?从文化层面看,随迁子女面临着哪些文化适应问题?大众传媒眼中的随迁子女是何种形象?成功的社会融入需要哪些文化资本?从学校层面看,学校场域的三元主体自我认同情况如何?随迁子女的生存境遇怎样?

---

① 国家卫生和计划生育委员会流动人口司:《中国流动人口发展报告 2016》,中国人口出版社 2016 年版,第 14 页。

② 国家卫生和计划生育委员会流动人口司:《中国流动人口发展报告 2016》,中国人口出版社 2016 年版,第 3—9 页。

是否存在刻板印象与群际歧视？从家庭层面看，随迁子女的父母教养方式具有哪些特点？随迁家庭对于教育投资持何种态度？从个人层面看，随迁子女作为具有创造性的社会机体，是否具有较强的可行能力？他们是更多地秉持"自弃文化"还是在对周边环境进行"阐释性再构"？……可以说，围绕着农民工随迁子女平等接受教育问题而出现的一系列的追问不断冲击着笔者的头脑。通过具体、深刻的分析和阐释来化解头脑中的诸多问号最终成为笔者展开此项研究的动力。

（二）问题的确定

本书拟以"义务教育阶段"和"义务教育后阶段"农民工随迁子女为研究对象，考察处于不同年龄阶段和社会位置的随迁子女的受教育状况。以随迁子女的内生需要为基本依据，以城市生活的三重世界为切入点，立足于家庭、学校、同辈群体系统考察随迁子女的生活环境、受教育环境和心理环境，探究阻碍其平等接受教育的深层原因，综合分析政策赋权与自身增权的可行路径，探索随迁子女平等接受教育的保障机制（见图0—1）。

本书所要研究的具体问题包括以下四个方面：

1. 分析农民工随迁子女"平等接受教育"的深刻内涵；

2. 通过问卷调查及深度访谈对处于不同年龄阶段的随迁子女受教育过程中存在的问题进行梳理；

3. 对阻碍随迁子女平等接受教育的深层原因进行多维度阐释；

4. 探索与当前单一的国家责任保障不同的，建立在政府负责、文化引领、学校均衡、支持家庭相结合取向上的农民工随迁子女平等接受教育的保障机制。

二　相关研究回顾

本书以中国知网（CNKI）为文献来源，以"农民工随迁子女""流动儿童""进城务工人员子女""流动人口子女""打工子弟"为检索词，以"篇名""主题"为检索项，以"精确"为匹配类型，进行载文量分析和述评，以期能够从整体上把握农民工随迁子女受教育问题的研究脉络与发展趋势。

截至2019年12月末，基于"中国知网"中的"学位论文""报纸"

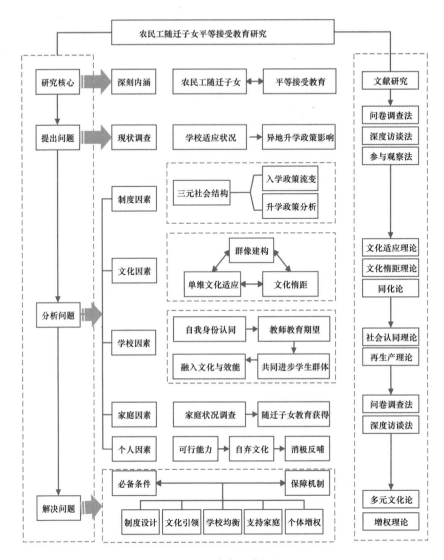

图0—1　本书研究框架

"学术期刊"数据库搜索到的文献共计 13175 篇。其中，期刊论文 7177 篇，报刊文章 3860 篇，优秀硕士学位论文 2016 篇，博士学位论文 122 篇。通过对文献发表时间的统计分析可以大致了解相关研究的发展趋势。如图 0—2 所示，关于随迁子女教育研究的第一篇论文出现在 1994 年，即龙耀华的《飘零的花朵——打工族子女教育备忘录》。1994 年以来相关研究逐渐增多，二十余年来，农民工随迁子女的相关议题一直是学者们关注的研究主题。

发文量（篇）

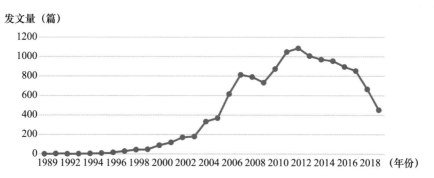

图 0—2　1989—2018 年农民工随迁子女相关研究发展时间的统计情况

（一）文献综述

农民工随迁子女受教育问题是一个涉及伦理、政策、教育以及管理的综合性问题。过往研究将随迁子女义务教育阶段的受教育状况作为研究重点，宏观上，主要涉及随迁子女接受义务教育的法律权益、社会公平、利益博弈等；微观上，主要涉及在学校教育中的文化适应、集体融入、行为表现等。相关研究呈现多维性特点。

1. 政策博弈的视角

（1）制度性社会排斥对教育选择的影响

1958 年通过的《关于制止农村人口盲目外流的指示》，标志着国家限制农民进城的二元户籍管理制度开始以立法形式正式确定下来①。中国长期实行的这种城乡二元户籍制度，不仅表明了一个人的身份信息，也决定了其教育资源的获取资格，而与户籍制度相互配套的各种社会福利和社会保障制度则影响了人们的教育轨迹。有学者认为，这种户籍制度是一种社会资源屏蔽制度，是导致随迁子女无法获得公平的入学机会、合理的教育经费、基本的教育稳定性的重要制度因素。农民工随迁子女因没有城市户口，也就无法享受城市中的各种福利与

---

① 黄桂琴：《外国户籍法律制度比较研究及启示》，《河北法学》2012 年第 12 期。

社会保障,① 从而进一步影响了随迁家庭对其子女的教育选择。

随迁子女游离于制度性权力结构和福利保障体系的制度地位,使其陷入"制度脱嵌"的困境。② 随户籍制度衍生出来的各种资源限制构成了随迁人口市民化过程中难以突破的强韧障碍。值得注意的是,流入地政府并未从根本观念上转变对随迁人口的认识。③ 出台的政策在不同程度上阻碍了随迁子女获得平等接受教育的机会。④ 当随迁子女与本地儿童共享教育资源,对流入地人口既得利益造成威胁时,当地政府采取的"地方保护主义",譬如,随迁子女入学需履行烦琐的手续、缴纳高昂的借读费、提高录取分数线等,随即成为随迁子女平等接受教育的障碍。⑤ 对本地居民和外来人口的区别对待,使得随迁子女难以享有优质的教育资源,难以实现身份置换与向上流动。

(2) 政策博弈下的治理策略

部分研究者认为"整体性治理"对于解决随迁子女教育问题颇有助益。"整体性治理"着眼于政府内部机构和部门的整体性运作,主张管理从分散走向集中,从部分走向整体,从破碎走向整合。⑥ 在制度层面,需要教育、民政、社保、公安、团委等部门通力合作,尽可能消除对随迁子女的制度性歧视,实现公共服务的均等化;在经济层面,要致力于打破二元劳动力市场的分割,消除就业壁垒,实现同工同酬。⑦

另有学者指出,在解决随迁子女受教育问题时,要关注公共政策的改革,在合理的情况下,应通过建立流入地省、市一级统筹财政保障机制,

---

① 王慧娟:《制度排斥与流动儿童教育:基于实证调查的分析》,《重庆理工大学学报》(社会科学) 2015 年第 4 期。

② 朱妍、李煜:《"双重脱嵌":农民工代际分化的政治经济学分析》,《社会科学》2013 年第 11 期。

③ 黄兆信、谈丹、曲小远:《农民工随迁子女融合教育:政府的困境与措施》,《江西社会科学》2015 年第 7 期。

④ 高丽茹:《流动儿童义务教育社会排斥研究——以南京市 H 外来务工子弟学校个案研究为例》,《西北人口》2015 年第 2 期。

⑤ 李祥、王媛、陈恩伦:《流动儿童受教育权的制度保障体系分析》,《中国特殊教育》2015 年第 4 期。

⑥ 赵勇:《城区政府构建"整体性政府"的路径选择——以上海市 X 区为例的分析》,《上海行政学院学报》2011 年第 1 期。

⑦ 易承志:《国外大都市区治理研究的演进》,《城市问题》2010 年第 1 期。

来保障底层群众即农民工及其子女的利益最大化。① 同时，流入地政府在解决随迁子女受教育问题时，不能单纯地通过"严管"解决问题，简单地取缔各类农民工子弟校是无法解决问题的，要逐渐向"善理"的管理思路转变，引导其规范且可持续发展。针对有需要的随迁家庭，可以通过"送教上门"的方式进行帮扶。② 另外，解决随迁子女问题的关键在于更合理和更公平地配置教育资源，应该依据流入地吸引随迁子女的数量与常住户籍家庭儿童的数量划定学区，在随迁子女集中的区域，通过增设教育设施或提高现有的教育设施的吸纳能力等方式，缓解学区的就学压力。③ 要实现公平合理地配置教育资源的目标，还要在解决随迁子女制度上的"身份"归属问题的基础上，引导社会成员理解和接纳随迁子女。只有在观念上接受随迁子女，才能不断推进"同城同待遇"，才能保护随迁子女与社会成员之间的"合理的差别"。④

学者们普遍认为，"两为主"政策实施后，多数输入地政府制定了一些柔性约束机制，并将农民工随迁子女入学与流动人口总量控制以及当地的社会发展规划密切联系起来，可见，输入地对随迁子女教育的管控措施是立足于"疏堵结合"的治理策略上的，并兼顾当地的教育生态系统。⑤ 同时，"两为主"政策的实施涉及多元利益群体，形成了更为复杂的博弈机制，⑥ 除了要解决输入地和输出地在入学安排和经费分配方面的矛盾之外，中央政府还需要调动多方资源、有效制定治理策略，才能化解这一新兴教育格局对城乡二元结构的渐进变迁带来的剧烈冲击。

2. 教育公平的视角

教育公平是教育理论与实践中最为重要的价值取向。农民工随迁子女

① 韩嘉玲：《相同的政策不同的实践——北京、上海和广州流动儿童义务教育政策的比较研究（1996—2013）》，《北京工业大学学报》（社会科学版）2017年第1期。
② 史瑾：《北京市流动儿童入学准备的调查研究》，《上海教育科研》2016年第3期。
③ 郑童、吕斌、张纯：《北京流动儿童义务教育设施的空间不均衡研究——以丰台区为例》，《城市发展研究》2011年第10期。
④ 杨敏、赵梓汝：《城市流动儿童的教育公平问题研究——基于社会资源合理配置的社会学思考》，《学术论坛》2016年第2期。
⑤ 邵书龙：《社会分层与农民工子女教育："两为主"政策博弈的教育社会学分析》，《教育发展研究》2010年第11期。
⑥ 葛新斌：《"两为主"政策中的政府投入责任探析》，《教育发展研究》2009年第2期。

义务教育阶段受到的不公平待遇主要体现在：某些城市公办学校以各种理由拒绝接收其入学；接收学校对其单独分班，在学习和生活空间上制造隔离；校内师生对其存在歧视和排斥等方面。[1]

对于随迁子女来说，入学就是摆在他们求学路上的第一道屏障。由于部分地区对于随迁子女接受义务教育收费标准执行不力，随迁子女进入公办学校仍需缴纳各种名目的费用，这些费用使得家庭经济条件较差的随迁子女被排斥在公立学校之外，而公立学校制定的各种条件、程序也成为限制随迁子女入学的障碍。[2] 随迁子女所能进入的学校可以分为以下三类：公办学校、民办私立学校以及农民工子弟学校。由于公办学校受户籍制度的限制入学困难，私立学校学费昂贵，农民工子弟学校便应运而生，然而其发展又受到经济条件的限制，在教育质量、教学环境、制度规范等方面均不尽人意。有学者通过调查发现，只有在随迁子女较少的公立学校中，随迁子女和本地儿童的学习成绩和家庭状况才无显著差异。[3] 而在农民工子弟学校中的随迁子女与本地儿童在学习成绩和家庭状况方面均差异显著。值得注意的是，有调查表明，北京市学前一年随迁子女的语言及数学的入学准备水平与全国城市、县城儿童的平均水平不存在明显差异，甚至在多个维度上优于乡镇和农村儿童。[4] 随迁子女与本地儿童只在社会、科学、绘画三个方面存在明显差距。[5] 换言之，随迁子女的入学准备水平并不差，只要获得公平的对待，他们也完全有可能取得优异的成绩。那么，为什么本来入学准备水平相差无几的随迁子女，入学后会发生变化？这是因为随迁子女不仅要面对学习上的困难，还要面对一些客观存在的制度排斥。有学者指出，制度的运作不仅给随迁子女的教育带来体制性排斥，还存在因规则不完善而带来的规范性排斥，以及由于相关政策在执行过程中

---

① 王善峰、郭冬梅：《从"接收"到"接纳"：农民工子女义务教育的新需求》，《当代教育科学》2011 年第 20 期。

② 杨敏、赵梓汝：《城市流动儿童的教育公平问题研究——基于社会资源合理配置的社会学思考》，《学术论坛》2016 年第 2 期。

③ 苑雅玲、侯佳伟：《家庭对流动儿童择校的影响研究》，《人口研究》2012 年第 2 期。

④ 史瑾：《北京市流动儿童入学准备的调查研究》，《上海教育科研》2016 年第 3 期。

⑤ 史瑾：《不同就学途径：学前一年流动儿童学习情况的比较研究》，博士学位论文，北京师范大学，2013 年。

发生异化而出现的执行性排斥，① 而上述种种又通过限制随迁子女的资格获取、学习参与等进一步影响了他们的成长与发展。

另外，异地升学受阻也是影响随迁子女平等接受教育的重要因素。迄今为止，部分一线城市向随迁子女开放的"异地高考"政策也仅仅只能支撑他们进入高等职业院校或非主流本科学校进行学习，而这种低质教育并不能帮助随迁子女实现成为社会精英的愿望②，他们难以通过在流入地接受教育来实现身份置换。

熊易寒③、周潇④从阶级再生产的角度分析了随迁子女受教育问题，发现随迁子女放弃学校教育的主要原因是对未来期望较低，具体表现为随着年级的不断升高，他们发现依靠学校教育根本无法实现向上流动。也就是说，教育虽然是推动社会阶层流动的基本手段，然而对于农民工随迁子女而言，从入学到高考更像是一种教育场域中的阶级再生产。

总的说来，中国城乡二元户籍制度和教育资源的配给制度是造成上述情况的主要制度性原因；城乡居民在受教育水平、劳动分工及社会保障等方面的差别所带来的经济收入差异是导致这一情形的社会经济原因⑤。从"接收"到"接纳"，还有相当的距离。在教育公平的视域下，农民工随迁子女在城市中能不能"留得下"和"学得好"已然成为学者们关注的重点。

3. 社会融入的视角

（1）国外关于城市新移民社会融入问题的研究

就"社会融入"问题而言，西方国家尤其是美国较早地展开了系统研究。以帕克为代表的芝加哥学派最先开始研究从欧洲来到美国的新移民如何进入和适应新的环境。此后西方关于外来移民与主流社会关系问题的

---

① 王慧娟：《制度排斥与流动儿童教育：基于实证调查的分析》，《重庆理工大学学报》（社会科学）2015 年第 4 期。

② 朱家德：《流动儿童教育政策演变路径分析》，《教育学术月刊》2014 年第 6 期。

③ 熊易寒：《底层、学校与阶级再生产》，《开放时代》2010 年第 1 期。

④ 周潇：《反学校文化与阶级再生产："小子"与"子弟"之比较》，《社会》2011 年第 5 期。

⑤ 王善峰、郭冬梅：《从"接收"到"接纳"：农民工子女义务教育的新需求》，《当代教育科学》2011 年第 20 期；王春光：《农村流动人口的"半城市化"问题研究》，《社会学研究》2006 年第 5 期。

讨论，依据取向被划分为"同化论"和"多元文化论"两大流派。① 在此期间，切茨维克和博加斯将"人力资本"概念引入移民研究，用移民的教育水平、工作经验和其他劳动技能来代表他们的人力资本，② 不断强调新移民及其子女的教育与培训在其社会融入过程中的重要作用，个体主动增权在社会工作学的研究中得到重视。学者们普遍认同影响新移民及其子女城市社会融入的因素主要包括社会资本与人力资本的匮乏以及社会排斥的真实存在等方面。

目前已有许多国家和地区将城市社会融入作为衡量人民生活质量的主要指标，较高的融入水平和程度也已成为社会发展所追求的目标之一。③ 社会融入是实现社会和谐、限制社会排斥的重要手段。平等是社会融入的基本价值基础。吉登斯认为，融入意味着社会成员不仅在形式上，而且在现实中所拥有的政治权利、民事权利和相应的义务，还意味着机会以及社会成员在公共空间中的参与。④ 加拿大学者贝瑞则认为社会融入包含个人心理层面的融入、群体文化层面的融入和教育层面的融入。⑤ 在国外对移民子女的研究中，学者们发现移民儿童和其他处境不利儿童都普遍缺乏文化和身份的认同，移民儿童的种族、语言、宗教、价值观、规范和行为往往不同于当地社会，当这种差异被视为缺陷时，就会产生文化边缘化的感觉，社会融入便难以实现。⑥

（2）国内关于随迁子女城市社会融入问题的研究

社会学研究者认为，教育在促进农民工随迁子女城市社会融入方面发

---

① ［美］马丁·N. 麦格：《族群社会学》，祖力亚提·司马义译，华夏出版社2007年版，第13—16页。

② 栾文敬、路红红、童玉林、吕丹娜：《社会资本、人力资本与新生代农民工社会融入的研究综述》，《江西农业大学学报》（社会科学版）2012年第2期。

③ 刘建娥：《乡—城移民（农民工）社会融入的实证研究——基于五大城市的调查》，《人口研究》2010年第7期。

④ ［英］安东尼·吉登斯：《第三条道路——社会民主主义的复兴》，郑戈译，北京大学出版社2000年版，第107页。

⑤ 杨茂庆、王远：《加拿大流动儿童城市社会融入问题与解决策略研究》，《民族教育研究》2016年第5期。

⑥ Maria A. Pacino, "Educating Immigrant Children", *International Journal of Learner Diversity and Identities*, Vol. 21, No. 3, January 2015, pp. 11 – 20.

挥着至关重要的作用①。值得注意的是，学校是随迁子女城市社会融入的主要渠道，然而一旦融入失败其负面影响也不容忽视，可能会产生社会焦虑等不良后果。目前，公办学校对随迁子女的吸纳主要以"数字"为中心，即片面重视就读比例和人数的增长，而忽视随迁子女入学后的社会融合与学业成就②。随迁子女如何克服"歧视知觉"，如何在成就本位的学校中获得自尊，如何建立身份认同与文化认同越发引起学者们的关注。

①随迁子女的多元身份认同与文化认同

以往研究发现随迁子女的身份认同与文化认同具有动态性、多元性和模糊性的特征。③ 对于在流入地出生的随迁子女来说，他们与传统乡土社会网络的联系较少，极易陷入"传统脱嵌"的困境，即随迁子女与家乡既没有客观纽带维系，而且随迁子女在主观上也不认同家乡的地位④。又因为"制度脱嵌"无法在城市取得社会认同，因此在遭受到歧视与隔离时更容易产生负面效应。有学者通过研究歧视、社会身份冲突和城市适应三者之间的关系，发现歧视会激化社会身份冲突，进而影响随迁子女的城市适应与社会融入⑤。另有学者通过研究公办学校与民办学校的随迁子女身份认同的特点发现，公办学校和民办学校的随迁子女都认同自己来自农村，但是公办学校的随迁子女更认同城市，而民办学校的随迁子女对老家认同度更高。在与其他孩子作比较时，公办学校的随迁子女更愿意选择将老家孩子作为比较对象，而民办学校的随迁子女更愿意选择与城市孩子比较。公办学校的随迁子女更容易对自己产生自我肯定的情绪，而民办学校的随迁子女则更容易自我否定。而且，越是对自己进行城市归类、城市认

---

① 杨菊华：《流动人口在流入地社会融入的指标体系——基于社会融入理论的进一步研究》，《人口与经济》2010 年第 2 期；吴莹：《群体污名意识的建构过程——农民工子女"被歧视感"的质性研究》，《青年研究》2011 年第 4 期。

② 熊易寒：《整体性治理与农民工子女的社会融入》，《中国行政管理》2012 年第 5 期。

③ 史晓浩、王毅杰：《流动儿童城市社会交往的逻辑——指向一种质量互释的混合研究》，《南方人口》2010 年第 2 期。

④ 朱妍、李煜：《"双重脱嵌"：农民工代际分化的政治经济学分析》，《社会科学》2013 年第 11 期。

⑤ 刘杨、方晓义等：《流动儿童歧视、社会身份冲突与城市适应的关系》，《人口与发展》2012 第 1 期。

同、自我肯定的随迁子女，越能在社会融入的过程中表现良好，反之，则会阻碍城市社会融入。①

就文化认同而言，有研究发现随迁子女更了解也更愿意了解那些易接触、易学习的表层文化特质，更愿意对具有"符号性""标志性"的城市文化进行研究与实践。随迁子女会选择性地接受城市文化，并在一定程度上保持原有的文化习惯。② 有学者将文化认同和社会排斥这两个变量设置为测量北京城中村的随迁子女社会融入的新的分析框架，从文化活动、语言和社会关系三个维度对随迁子女的文化适应状况进行研究，发现尽管随迁子女在语言和文化活动方面的表现与本地儿童无显著差异，但是在社会关系方面，随迁子女和其父辈一样受到城市主流群体的排斥和拒绝。将随迁子女置于文化同化和社会排斥间的矛盾冲突中，其后果不仅仅会阻碍随迁子女的社会融入，更可能由于社会失范，使其产生越轨和犯罪行为，给社会稳定带来隐患。③

值得注意的是，目前对于流动人口城市社会融入的研究大多涉及流动人口对流入地单方面的融入与社会参与。然而，需要明确的是，真正的融入是指两类不同的群体，相互学习交流、相互了解、接纳以及认同对方的文化，从而实现不同地域的人相互适应、相互融合的目标，而非单方面的融入。在今后的研究中需要对互融文化给予更多关注。

②随迁子女社会融入的代际传承

再生产理论指出一定阶层的社会地位、生活方式和品味可以通过其自身的文化资本、社会资本在其后代身上实现再生产。④ 有关移民人口的研究发现，会说课堂教学语言是"文化资本"的一种重要形式，而"文化资本"对学生的抱负和成绩具有显著的提升作用。⑤ 文化程度较高的随迁

---

① 王中会、蔺秀云：《流动儿童社会认同特点及其对城市适应的影响》，《中国特殊教育》2012年第3期。

② 吴欣慧：《流动儿童城市文化认同分析》，《浙江学刊》2012年第5期。

③ 石长慧：《文化适应与社会排斥——流动少年的城市融入研究》，《青年研究》2012年第4期。

④ ［法］布尔迪厄、帕斯隆：《再生产：一种教育系统理论的要点》，邢克超译，商务印书馆2002年版，第38页。

⑤ 马菱：《进城农民工子女家庭文化资本研究——以上海市闵行区为例》，硕士学位论文，华东师范大学，2010年。

家庭，更能给予儿童在教育和生活方面的支持，父母的阅读习惯对随迁子女学业成绩有显著影响。在人际交往方面，拥有良好家庭教育和文化资本的随迁子女更容易与当地儿童接触、交往。在异文化中人际交流的能力和交流密切程度对个体适应新环境的速度有显著影响，个体的社会交往越顺利，城市社会融入状态就越好。①

家庭文化资本对随迁子女社会融入的影响，还表现在家长的教养方式上。文化水平较高的父母在对子女的教育过程中倾向于采取相对科学和理智的方式，更多地给予孩子情感上的温暖和理解，而文化水平较低的父母则不然。② 一项关于随迁子女母亲养育方式的研究表明③，随迁子女的母亲大多文化程度偏低，因而在教育子女时往往带有一定的盲目性，易于采用严厉惩罚或拒绝否认等手段纠正子女的行为偏差。调查显示，随迁子女在母亲情感温暖理解和过分干涉保护上得分低于本地儿童，在母亲拒绝否认和严厉惩罚上得分高于本地儿童④，这表明与本地儿童相比，随迁子女较少感受到来自母亲的情感上的关心理解，却较多体会到来自母亲的否定和惩罚。而母亲的拒绝否认和严厉惩罚与随迁子女的社会期望、自我意识存在显著的负相关，也就是说，缺乏情感温暖与理解的教养方式不利于子女自我意识的形成和发展⑤，同样不利于随迁子女的社会融入。

另外，家庭经济资本亦对随迁子女的社会融入与教育选择有显著影响。有研究表明，低薪阶层随迁家庭是在社会融入中感到最为困难的群体。他们在城市中大多从事清洁工、建筑工人等行业，绝大多数没有与用人单位签订正规的劳动合同。低薪阶层多居住于城乡接合部或者城市的边

---

① 刘杨等：《流动儿童歧视、社会身份冲突与城市适应的关系》，《人口与发展》2012 年第1 期。

② 周正、韩悦：《母亲养育方式对流动儿童自我意识的影响：社会期望的中介作用》，《教育学报》2018 年第1 期。

③ 周正、韩悦：《母亲养育方式对流动儿童自我意识的影响：社会期望的中介作用》，《教育学报》2018 年第1 期。

④ 应湘、叶小红：《外来工子女与父母养育方式关系的研究》，《心理科学》2007 年第6 期。

⑤ 周正、韩悦：《母亲养育方式对流动儿童自我意识的影响：社会期望的中介作用》，《教育学报》2018 年第1 期。

缘等基础设施陈旧、租金低廉、管理薄弱的"真空"地带，少有机会与本地市民交往。较低的经济收入，也使得随迁家庭常常入不敷出，仅能满足基本生活需求，不利于随迁子女的城市社会融入。[①] 已有研究发现家庭社会经济地位影响着儿童的学业成绩[②]，父母的教育投入与随迁子女的学业成就呈现正相关。[③] 所以低薪阶层虽然给予其子女较高的期望却难见成效。

以往研究表明，随迁子女的社会融入具有代际传承的特征，但也具有一定的可塑性，传承结果决定了随迁子女社会融入的起点，而亲子交流决定其方向和速度。[④] 因此，必须重视家庭环境建设和家庭教育方式的改进。

（3）促进随迁子女城市社会融入的基本策略

从国家政策来看，美国比中国更早面临流动人口问题，20世纪就已经开始制定相关政策，积累了丰富的经验。为帮助流动儿童，美国主要采取了建立社区社会支持网络、发展双语教育、重视亲子合作的早期教育和提供校园心理健康服务等相关策略。[⑤] 加拿大的多元文化主义政策旨在促进城市不断提升社会的开放性与多元性，为移民人口的城市社会融入提供了良好的环境，对于促进流动儿童在教育、文化和心理方面的有效融入颇有助益。

国外的流动人口主要来源于国际迁移人群，基于跨国移民的背景，文化差异是国外社会融入研究的关注点。而中国流动人口属于国内乡—城流动人群，做好制度保障是其城市社会融入的当务之急。有学者认为要帮助随迁子女实现城市社会融入，需要社会、少先队、共青团组织以及社区和

① 杨柳：《家庭环境对流动儿童社会融入的影响研究》，硕士学位论文，沈阳师范大学，2017年。

② 曾守锤：《流动儿童的社会适应状况及其风险因素的研究》，《心理科学》2010年第2期。

③ 蔺秀云等：《流动儿童学业表现的影响因素——从教育期望、教育投入和学习投入角度分析》，《北京师范大学学报》（社会科学版）2009年第5期。

④ 周皓：《流动儿童社会融合的代际传承》，《中国人口科学》2012年第1期；张云运等：《家庭社会经济地位与父母教育投资对流动儿童学业成就的影响》，《心理科学》2015年第1期。

⑤ 杨茂庆、杨依博：《美国流动儿童社会融入问题与解决策略研究》，《中国特殊教育》2015年第11期。

学校的共同努力。将社区和学校作为社会融入的平台，通过提供教育和社会服务，少先队、共青团组织加强对随迁子女的关怀和吸纳等方式推动随迁子女的社会融入。① 侯静等指出"新公民计划"中的驻校社工在促进随迁子女的社会融入方面有显著成效。② 另外，如果能够将促进随迁家庭社会融入作为应对人口老龄化、促进区域经济发展、提升人口素质的重要战略，建立比较完善的社会政策及组织实施体系，那么必将对上述问题的解决有所裨益。

当前中国社会学研究者非常关注农民工群体的社会融入问题，把其子女的融入问题当作家庭整体融入的一个子课题。而对农民工随迁子女的社会融入问题的专门研究则主要反映在教育学研究者的成果中，并且集中在对义务教育阶段随迁子女学校适应的描述上。然而，迄今为止，随迁子女城市社会融入状况仍无得到普遍认可的可参照的指标体系，学者们趋向于开展相关研究，力图使理论设想可操作化。这一工作尚在进行中。

（二）分析与展望

以往的研究成果为进一步深入分析农民工随迁子女受教育问题奠定了良好的基础，但仍存在一些有待改进之处。

首先，过往研究并未对随迁子女的流入地做质性区分。已有研究大都忽视了城市之间的差异，将研究重点集中在一线城市，缺少对二线省会城市及其他城市的深入研究。事实上，由于二线城市在随迁子女入学、异地升学政策等方面与一线城市相比更为宽松，使得这类城市中的随迁子女在教育选择的自由度及城市社会融入的程度上都与一线城市有所不同。因此，在对随迁子女平等接受教育问题进行分析时，很有必要对不同流入地的情况进行比较研究。

其次，以往研究的关注点大多集中在制度设计层面。值得注意的是，除了宏观层面的政策调节，微观层面的家庭因素亦不容忽视。③ 在通过制度设计努力实现政策目标的同时，充分发挥非国家行为体的作用，增强随

---

① 熊易寒：《整体性治理与农民工子女的社会融入》，《中国行政管理》2012 年第 5 期。

② 侯静、武慧：《不同类型学校流动儿童学校适应的比较研究——驻校社工的作用》，《上海教育科研》2016 年第 11 期。

③ 周正、韩悦：《特殊教育教师一般自我效能感现状及其与核心自我评价的关系》，《教师教育研究》2014 年第 3 期。

迁家庭的教育功能，保持良好的家校合作，从支持家庭的角度帮助随迁子女形成积极自我，应成为未来研究的重要思路。

再次，部分研究者习惯于将农民工随迁子女看作社会弱势群体和需要扶持的对象，从而忽略了其主动增权的重要性，也较少讨论个体主动增权的途径。儿童是社会行动的主体，也是有需求和权力的公民。应当帮助随迁子女认识到：在接受教育的过程中要积极努力融入并主动承担自己的责任，才能要求获得公平地分享和参与教育资源和成果的权利。即使随迁子女主动增权的能力有限，但其仍然可以在思考和行动的过程中获得成长。

最后，以往研究大多基于"问题＋解析"模式，较少对农民工随迁子女平等接受教育的必备条件进行总结和归纳。

从未来发展趋势着眼，今后的研究可以考虑三个"转向"[1]。

其一，就研究重点而言，随着农民工随迁子女分化现象的凸显，研究重点应从义务教育阶段适当转向义务教育后。随迁子女初中后的升学及发展问题应被给予广泛关注。

其二，就研究立场而言，应从学科立场转向实践立场。以往相关研究学科立场较为明显，学科立场的解释维度有助于对问题作深入理解，然而鉴于随迁子女教育问题的实践性特征，后续研究需要逐步转变立场，从解释问题转向解决问题。

其三，就研究逻辑而言，应从流动人口的治理逻辑转向城市移民的权利逻辑，即把农民工及其子女视为城市新成员，承认其享有与城市居民同等的发展权利。关注社会权和发展权应成为后续研究的重要角度。

三　研究意义与价值

本书的意义与价值主要体现在以下几方面。

第一，突破以往将"农民工随迁子女"作为一个整体概念的研究方式，将义务教育阶段和义务教育后阶段农民工随迁子女分别作为研究对

---

[1]　周正、刘玉璠：《回顾与展望：随迁子女异地高考问题研究》，《黑龙江高教研究》2017年第1期。

象，分析处于不同年龄阶段和社会位置的随迁子女在受教育方面遇到的问题，探讨问题生成的原因，进而提出解决问题的途径和办法。以此为相关理论研究提供有价值的基础材料。

第二，突破先前研究中强调的"宪法权利"，注重"市民资格"的讨论。不仅强调社会救助，更强调个体增权、人际增权和社会参与增权的协同作用。从随迁子女"发展关键期"出发，以促进其平等接受教育进而提升其人力资本为目标，对获得社会资源、缩小社会距离的途径进行了探索。丰富了农民工随迁子女的相关研究。

第三，突破以往学科立场的限制，注重学科立场与实践立场相结合。在对问题成因进行阐释的基础上，更重视提供解决问题的思路。基于大规模调查研究，不仅对随迁子女平等接受教育的必备条件进行了归纳和总结，还提出了非国家行为体协同政府共同促进随迁子女平等接受教育的方式和方法，即从国家与社会、家庭等非国家行为体的协作中探索了与当前单一的国家责任保障不同的，建立在政府负责、文化引领、学校均衡、支持家庭相结合取向上的农民工随迁子女平等接受教育的保障机制，为国家及有关部门制定相关政策提供了现实依据。

四　核心概念

（一）农民工随迁子女

在《中国农民工问题研究总报告》中，研究者将"农民工"界定为：户籍身份仍是农民、虽有承包土地，但主要从事非农产业、以工资为主要收入来源的人员。农民工群体的主要特点可以归纳为：以掌握初中文化的青壮年为主；以自发性外出务工为主；以来自中西部地区为主；以从事制造业、服务业和建筑业为主；以到东部地区和大中城市就业为主。[①] 这一群体尚不能同等享受城市市民待遇。

农民工随迁子女是进城务工农民随迁子女的简称。值得注意的是，另有几个容易与"农民工随迁子女"混淆的称谓，例如"流动儿

---

① 中国农民工问题研究总报告起草组：《中国农民工问题研究总报告》，《改革》2006 年第 5 期。

童少年"[1] "农民工子女"[2] "进城务工人员随迁子女"[3] "进城务工就业农民子女"[4] 等均在国家出台的各种政策文本、法律法规以及学者们发表的相关学术论文和著作中有所体现。事实上,如表 0—1 所示,这些称谓的内涵和外延均存在一定的差别,都具有独特的群体边界。

表 0—1   各种称谓之比较

称谓	群体边界	与"农民工随迁子女"的区别
进城务工人员随迁子女 (流动儿童少年)	指的是在非户籍所在地学习和生活的儿童青少年。其户籍所在地可以是农村,也可以是城市	农民工随迁子女仅指户籍所在地是农村的儿童青少年
进城务工就业农民子女 (农民工子女)	户籍所在地为农村,既包括随父母来到城市生活的随迁子女,也包括被父母留在农村的"留守儿童"	农民工随迁子女是跟随父母或者其他监护人在城市生活和学习的儿童青少年

本书的目标群体是农民工随迁子女。一般来说,农民工随迁子女是指户籍所在地为农村,跟随到城市务工的父母或者其他监护人在流入地居住半年以上或在流入地出生的儿童青少年,其年龄范围主要处于 6—18 周岁。[5] 在本书中,农民工随迁子女主要是指户籍所在地为农村,随父母或者其他监护人来到一线或二线城市学习和生活半年以上,年龄在 6—18 周

---

① 国家教育委员会:《城镇流动人口中适龄儿童、少年就学办法(试行)》,https://www. lawxp. com/statute/s1049977. html。

② 国务院:《政府工作报告》,http://www. ln. gov. cn/zfxx/zfgzbg/zyzfgzbg/200803/t200803 04_170125. html。

③ 中华人民共和国国务院新闻办公室:《国家中长期教育改革和发展规划纲要(2010—2020 年)》,http://www. scio. gov. cn/xwfbh/xwbfbh/wqfbh/35861/36711/xgzc36717/Document/155 2302/1552302. htm。

④ 国务院办公厅转发教育部等部门:《关于进一步做好进城务工就业农民子女义务教育工作的意见》,http://www. china. com. cn/policy/txt/2003 – 10/08/content_5417420. htm。

⑤ 袁晓娇等:《流动儿童社会认同的特点、影响因素及其作用》,《教育研究》2010 年第 3 期。

岁之间的儿童青少年。

本书中出现的"随迁子女"均指"农民工随迁子女"。

（二）平等接受教育

平等通常是指社会主体在社会关系、社会生活中处于同等的地位，具有相同的发展机会，享有同等的权利，包括人格平等、机会平等以及权利平等。平等不是要实现绝对的平均。平等是一定社会中人们之间利益和权利分配的合理化，是反映和评价人们之间合理的社会利益关系的范畴。[①]平等必须以合理性为标准，平等与否的标准在于历史的合理性，这个合理性原则往往指既能促进社会整体发展，又能使社会成员在享受公共教育资源时受到公正和平等的对待，而这种合理性往往带有很大的差别性，并且以差别性为前提。[②]

农民工随迁子女平等接受教育不仅意味着随迁子女能够在城市获得平等的受教育机会，而且意味着他们能够享受这一机会（不会有被排斥的感觉）；不仅意味着随迁子女被城市的教育机构所接受，而且意味着他们可以自主地选择教育机构。本书主要考察农民工随迁子女在义务教育阶段和义务教育后阶段平等接受教育的情况，包括能否享有平等的入学权（教育机会平等），在城市学校中能否"留得住""学得好"（教育过程平等），以及义务教育后的升学与发展问题，分析随迁子女能否获得平等的教育上的增量（教育结果平等），即从教育机会平等和教育过程平等、教育结果平等这三个维度来考察处于不同年龄阶段和社会位置的随迁子女的受教育状况。

五　研究方法

（一）文献分析法

文献分析法是对相关文献资料进行查阅、整理、分析并力图寻找事物本质属性的一种研究方法。本书对农民工随迁子女平等接受教育的相关研究成果进行了系统检索和分类梳理。其中，以中国知网为文献来源，以"农民工随迁子女""流动儿童""进城务工人员子女""流动

---

① 朱金花：《教育公平：政策的视角》，博士学位论文，吉林大学，2005年。

② 王瑜：《公平视域下美国义务教育改革研究》，博士学位论文，西南大学，2013年。

人口子女""打工子弟"为检索词，以"篇名""主题"为检索项，以"精确"为匹配类型，进行了载文量分析。截至 2019 年 12 月末，基于"中国知网"中的"学位论文""报纸""学术期刊"数据库搜索到的文献共计 13175 篇，包括期刊论文 7177 篇，报刊文章 3860 篇，优秀硕士学位论文 2016 篇，博士学位论文 122 篇。通过文献分析能够发现以往研究的进展与不足，上述工作的完成为本书的顺利开展奠定了坚实的基础。

（二）问卷调查法

为了了解进入一线和二线城市学校就读的农民工随迁子女的学校适应情况、家庭状况以及异地升学政策对农民工随迁子女的影响情况，笔者在不同时段对 7 个样本城市的公办初中的学生进行了三组问卷调查。对于问卷发放地的选择、问卷的维度等将在本书第一章和第五章中给予详细说明。

笔者以样本城市六年级至九年级的学生为主要调查对象，发放"学校适应情况调查问卷"2300 份，回收有效问卷 2281 份，有效回收率为 99.17%；发放"异地升学政策影响调查问卷"1600 份，回收有效问卷 1551 份，有效回收率为 96.93%；发放"家庭状况调查问卷"1700 份，回收有效问卷 1603 份，有效回收率为 94.29%。具体的问卷内容见附录。本书采用 SPSS 24.0 和 AMOS 17.0 对所得数据进行了统计分析。

（三）深度访谈法

访谈法就是通过研究者与被研究者之间的研究性交谈，使研究者可以通过谈话的方式从被研究者那里收集或"建构"一手资料的研究方法[1]。而深度访谈则是一种非结构性访谈，在这类访谈中受访者有更大的自由，理想的情况是由访问者确定对话的方向，由受访者负责大部分的谈话[2]。有效的访谈可以收集到不带偏见的事实材料，能够对问卷调查的结果进行深入补充与纠偏。

本书根据受访对象的不同，设计了 6 类访谈提纲，包括《学生访谈

---

[1] 陈向明：《质的研究方法与社会科学研究》，教育科学出版社 2003 年版，第 165 页。

[2] ［美］艾尔·巴比：《社会研究方法》，邱泽奇译，华夏出版社 2000 年版，第 357 页。

提纲（本地学生）》《学生访谈提纲（农民工随迁子女）》《家长访谈提纲》《教师访谈提纲》《学校行政人员访谈提纲》《教育局工作人员访谈提纲》，以深入了解农民工随迁子女的受教育状况。访谈的对象、主题、人次如表0—2所示。在访谈过程中，获得了宝贵的一手资料，与问卷调查形成了相互印证、相互补充，进一步丰富了调研结果。

表0—2　　　　　　　　　　　　访谈情况

访谈对象	访谈主题	探索性访谈（人次）	深度访谈（人次）	共计（人次）
本地儿童	儿童发展、参与、社会地位 权力现状 亲子沟通情况 家庭、社区、学校环境	10	7	17
农民工随迁子女	儿童发展、参与、社会地位 权力现状 亲子沟通情况 家庭、社区、学校环境	18	6	24
随迁子女家长	家庭经济情况 "学伴"能力 亲子沟通情况 父母教养方式	5	9	14
学校教师	工作情况 随迁子女学业情况 对随迁子女的看法与评价	12	4	16
学校行政人员	随迁子女基本情况 对随迁子女的看法与评价 学校管理困境与解决策略	4	1	5

续表

访谈对象	访谈主题	探索性访谈（人次）	深度访谈（人次）	共计（人次）
教育局工作人员	随迁子女"两为主""两纳入"政策的落实情况 随迁子女异地升学情况 随迁子女权益保障情况	2	1	3

注：为遵守保密原则，本项目中将访谈对象相关的资料编码录入，访谈地点字母代替。详细编码规则如下：

1. 访谈对象类型皆采取小写英文首字母代替：

随迁子女 Migrant children：m；　　　　随迁子女家人 Family：f；

学校教师 Teacher：t；　　　　　　　　学校（school）行政人员：s；

本地居民 Local children：l；　　　　　教育局工作人员 Education bureau staff：e。

2. 访谈地点皆采取大写英文字母代替：

哈尔滨市：H；武汉市：W；北京市：B；上海市：S1；沈阳市：S2 等。

（四）参与观察法

参与观察法属于一种定性观察法，定性观察法是研究者在一个真实的情境中对被观察的对象所作出的开放性观察。[①] 笔者选取了农民工随迁子女占比 50% 以上的公立小学和公立初中各 1 所，以科任教师的身份进行了两个学期的参与观察。深入教育一线，走进所要研究的教育情境，以一个参与者的身份来观察随迁子女的生活和学习状态，以局内人的思维感受新环境，倾听师生交流与生生对话，使我们了解到了更为真实的信息。为理性分析随迁子女的受教育状况及其所面临的问题提供了重要的事实依据。

---

① 杨小微：《教育研究的理论与方法》，北京师范大学出版社 2008 年版，第 115 页。

第 一 章

农民工随迁子女平等接受
教育现状调查

诚如前述，农民工随迁子女平等接受教育不仅意味着随迁子女能够在城市获得平等的受教育机会，而且意味着他们能够享受这一机会（不会有被排斥的感觉）。那么，随迁子女在城市学校中能否"留得住""学得好"？异地升学政策出台后随迁子女的学习生活有何变化？随迁子女的基本家庭状况如何，能否在其求学路上给予帮助？笔者围绕上述主题对样本城市中的随迁子女及本地儿童进行了调查。

基于城市间的质性区分①，笔者最终选定了7个样本城市，包括3个一线城市：北京、上海、广州，4个二线城市：哈尔滨、沈阳、武汉、西安。在不同时段共进行了三组问卷调查，包括"农民工随迁子女学校适应状况调查""异地升学政策对农民工随迁子女的影响情况调查""农民工随迁子女家庭状况调查"。其中，"农民工随迁子女家庭状况调查"的结果将在本书第五章"影响农民工随迁子女平等接受教育的家庭因素分析"中加以呈现。本章将重点报告前两组调查结果。

---

① 根据2014年《国务院关于调整城市规模划分标准的通知》，中国城市以城区常住人口为统计口径被划分为五类七档。由于农民工随迁子女目前主要集中在一线城市和二线城市，因此笔者最终决定在这两类城市中选择样本城市。其中，一线城市是指经济、政治等一系列社会活动均位于全国领先位置，且相对于其他城市而言具有一定主导、带动和辐射效应的大型城市，目前中国能够进入一线城市范畴的仅有北京、上海、广州、深圳四个城市（不含所谓"新一线城市"）。二线城市则多为省会城市、东部地区的经济强市或经济发达的区域性中心城市，通常其核心城区人口在200万以上，具有一定的经济基础，商业活跃度相对较强。

第一节　农民工随迁子女学校适应状况调查

一　调查目的

本次调查旨在了解进入一线和二线城市学校就读的农民工随迁子女的学校适应情况。以往研究表明，社会支持可以有效促进个体学校适应行为的发展，提高学生的学校适应水平①，因此，笔者还将对随迁子女的社会支持情况进行考察，以期在此基础上分析农民工随迁子女在学校适应过程中所面临的问题及其成因，为提出切实可行的解决策略提供现实依据。

二　调查工具

本书主要以《学校适应情况调查问卷》（附录1）为工具对一线和二线城市的六年级至九年级的学生（包括本地学生和随迁子女）进行了问卷调查。

《学校适应情况调查问卷》共分为三部分：

第一部分：被试的基本信息，包括性别、年级、户口所在地、是否独生子女、是否担任班干部等；被试对城市学校生活的主观感受，包括师生关系、是否遭受过不公正待遇、令其烦恼的事情等。设计上述题项的目的是对《学校适应量表》《社会支持量表》的测试结果加以解释和补充；

第二部分：学校适应量表；

第三部分：青少年社会支持量表。

现就问卷中使用的量表加以说明。

---

① Shauna M. Cooper, Charity Brown, et al., "Racial Discrimination and African American Adolescents' Adjustment: Gender Variation in Family and Community Social Support, Promotive and Protective Factors", *Journal of Child & Family Studies*, Vol. 22, No. 1, June 2012, pp. 15 – 29; Valery I. Chirkov, Saba Safdar, et al, "Further Examining the Role Motivation to Study Abroad Plays in the Adaptation of International Students in Canada", *International Journal of Intercultural Relations*, Vol. 32, No. 5, September 2008, pp. 427 – 440.

（一）学校适应量表

该量表源于中国台湾学者吴武典等人在 1994 年编制的《学生在校生活状况问卷》中的子问卷《在校行为问卷》。该量表包括五个主因子，即课业适应（包括 1—10 题）、常规适应（11—20 题）、师生关系适应（21—30）、同伴关系适应（31—40）以及自我适应（41—50），每个维度10 道题，共 50 道题。采用李克特四点量表计分，1 表示总是如此，2 表示经常，3 表示偶尔，4 表示从来没有。其中，第 1、2、3、5、12、13、14、16、18、25、26、27、28、29、32、34、36、38、40、43、44、45、46、49 题采用反向计分法。学校适应量表在本书中的总体 Cronbach's α 系数为 0.938；各因子的 Cronbach's α 系数分别为：0.742、0.810、0.835、0.826、0.729。

（二）青少年社会支持量表

社会支持（Social Support）是一个多维而又复杂的概念，有学者将社会支持分为客观支持和主观支持。客观支持主要是指实际的或可见的支持，例如物质上的支持和人们的社交网络等[1]；主观支持则是指个人体验到的或情感上的支持，例如人们在社会中受尊重、被支持、被理解的情感体验和满意程度等[2]。以往研究表明，社会支持对于帮助个体应对困难与挑战，促进身心健康，提升主观幸福感均有积极作用[3]。

---

[1] Joe Tomaka, Sharon Thompson, Rebecca Palacios, "The Relation of Social Isolation, Loneliness, and Social Support to Disease outcomes among the Elderly", *Journal of Aging and Health*, Vol. 18, No. 3, July 2006, pp. 359 – 384；肖水源：《〈社会支持评定量表〉的理论基础与研究应用》，《临床精神医学杂志》1994 年第 2 期。

[2] Sidney Cobb, "Social Support as A Moderator of Life Stress", *Psychosomatic Medicine*, Vol. 38, No. 5, September-October 1976, pp. 300 – 314；Louis Leung, "Loneliness, Social Support, and Preference for Online Social Interaction: The Mediating Effects of Identity Experimentation Online among Children and Adolescents", *Chinese Journal of Communication*, Vol. 4, No. 4, December 2011, pp. 381 – 399；Irwin G. Sarason, Henry M. Levine, et al., "Assessing Social Support: The Social Support Questionnaire", *Journal of Personality and Social Psychology*, Vol. 44, No. 1, January 1983, pp. 127 – 139.

[3] Catherine Schaefer, James C. Coyne, Richard S. Lazarus, "The Health Related Functions of Social Support", *Journal of Behavioral Medicine*, Vol. 4, No. 4, December 1981, pp. 381 – 406；Lili Tian, Benrong Liu, et al., "Perceived Social Support and School Well-being among Chinese early and Middle Adolescents: The Mediational Role of Self-esteem", *Social Indicators Research*, Vol. 113, No. 3, September 2013, pp. 991 – 1008.

《青少年社会支持量表》是由戴晓阳、崔汉卿等人于 2008 年以肖水源的社会支持理论模型为基础编制而成的。量表内容包括两部分：一是被试得到的社会支持资源，分为主观感觉自己所拥有的资源和客观实际得到的帮助两方面；二是被试对已有资源的利用情况，具体指个体对所拥有的社会资源的利用情况。

该量表包括主观支持、客观支持和支持利用度 3 个主因子，总共 17 个题项。采用李克特五点量表计分，即"符合"记 5 分；"有点符合"记 4 分；"不确定"记 3 分；"有点不符合"记 2 分；"不符合"记 1 分。主观支持分量表包括 1、4、6、7、9 共 5 个题项，客观支持分量表包括 8、10、11、13、15、16 共 6 个题项，支持利用度分量表包括 2、3、5、12、14、17 共 6 个题项。青少年社会支持量表在本书中的总体 Cronbach's α 系数为 0.897，各因子的 Cronbach's α 系数分别为：0.811、0.719、0.734。

本书采用 SPSS 24.0 进行数据分析。

三 调查对象

笔者以样本城市六年级至九年级的学生为主要调查对象，共发放 2300 份问卷，回收有效问卷 2281 份，有效回收率为 99.17%。其中，一线城市 1034 人，包括本地学生 585 人，随迁子女 449 人；二线城市 1247 人，包括本地学生 817 人，随迁子女 430 人。

四 调查结果

（一）被试的基本情况

本次调查共回收有效问卷 2281 份。如表 1—1 所示，其中包括初一（六年级）学生 400 人，一线城市 175 人，二线城市 225 人；初二（七年级）学生 713 人，一线城市 334 人，二线城市 379 人；初三（八年级）学生 393 人，一线城市 184 人，二线城市 209 人；初四（九年级）学生 772 人，一线城市 341 人，二线城市 431 人。男生 1003 人，女生 1275 人。独生子女 1547 人，非独生子女 729 人。

表1—1 　　　　　　　　　　　被试基本情况

分类		二线城市		一线城市		总计（N）
		本地（N）	外地（N）	本地（N）	外地（N）	
所在年级	初一（六年级）	137	88	84	91	400
	初二（七年级）	232	147	169	165	713
	初三（八年级）	160	49	136	48	393
	初四（九年级）	286	145	196	145	772
性别	男	384	192	230	197	1003
	女	432	236	355	252	1275
是否独生子女	是	601	244	443	259	1547
	否	212	185	142	190	729

注：有3人未答性别题项和所在年级题项，5人未答是否独生子女题项。

（二）学校适应情况

1. 学校适应的总体水平

如表1—2所示，在本次调查中被试学校适应的整体平均分为2.98±0.48，课业适应的平均分为2.95±0.47，常规适应的平均分为3.28±0.57，师生关系适应的平均分为2.93±0.65，同伴关系适应的平均分为2.97±0.63，自我适应的平均分为2.75±0.56。由于本书使用的学校适应量表为李克特四点计分量表，量表理论最高分为4分，最低分为1分，中位数为2.5，因此从结果来看，学生在学校适应方面的总体情况良好，且各因子的平均值均高于理论中值（2.5）。

表1—2 　　　　　　　　　学校适应的总体水平

	学校适应	课业适应	常规适应	师生关系适应	同伴关系适应	自我适应
平均值	2.98	2.95	3.28	2.93	2.97	2.75
标准差	0.48	0.47	0.57	0.65	0.63	0.56

2. 本地学生与随迁子女学校适应量表的得分差异比较

进一步对本地学生和随迁子女学校适应的均值进行差异检验，检验结果表明（见表1—3），两者在学校适应及各因子的均值方面均有显著性差异。本地学生的学校适应水平（M = 3. 18 ± 0. 34）显著高于随迁子女的学校适应水平（M = 2. 67 ± 0. 51）；就课业适应因子而言，本地学生的得分（M = 3. 11 ± 0. 41）显著高于随迁子女（M = 2. 71 ± 0. 46）；就常规适应因子而言，本地学生的得分（M = 3. 51 ± 0. 40）显著高于随迁子女（M = 2. 91 ± 0. 60）；就师生关系适应因子而言，本地学生的得分（3. 18 ± 0. 48）显著高于随迁子女（M = 2. 53 ± 0. 69）；就同伴关系适应因子而言，本地学生的得分（M = 3. 21 ± 0. 47）显著高于随迁子女（M = 2. 59 ± 0. 67）；就自我适应因子而言，本地学生的得分（M = 2. 87 ± 0. 54）显著高于随迁子女（M = 2. 57 ± 0. 55）。另外，随迁子女在师生关系适应（M = 2. 53 ± 0. 69）、同伴关系适应（M = 2. 59 ± 0. 67）方面的均值明显低于随迁子女学校适应的均值（M = 2. 67 ± 0. 51）。由此可见，本地学生与随迁子女在学校适应方面有显著性差异，本地学生的学校适应水平高于随迁子女。另外，随迁子女在城市学校中的人际关系适应水平（包括师生关系适应、同伴关系适应）亟待提高。

表 1—3　　　　　　　　　本地学生与随迁子女的学校适应差异检验

因子	户口所在地	N	M ± SD	t 值	显著性（sig）
学校适应	本地	1402	3. 18 ± 0. 34	26. 15***	0. 000
	外地	879	2. 67 ± 0. 51		
课业适应	本地	1402	3. 11 ± 0. 41	20. 69***	0. 000
	外地	879	2. 71 ± 0. 46		
常规适应	本地	1402	3. 51 ± 0. 40	25. 88***	0. 000
	外地	879	2. 91 ± 0. 60		
师生关系适应	本地	1402	3. 18 ± 0. 48	24. 29***	0. 000
	外地	879	2. 53 ± 0. 69		
同伴关系适应	本地	1402	3. 21 ± 0. 47	24. 07***	0. 000
	外地	879	2. 59 ± 0. 67		
自我适应	本地	1402	2. 87 ± 0. 54	12. 82***	0. 000
	外地	879	2. 57 ± 0. 55		

注：* 表示 p < 0. 05，** 表示 p < 0. 01，*** 表示 p < 0. 001，下同。

3. 一线城市与二线城市学生学校适应量表的得分差异比较

通过独立样本 t 检验对一线城市和二线城市的学生在学校适应量表及其各分量表上的得分进行差异比较，发现二者在学校适应量表及其他各维度上的得分差异均十分显著（$p < 0.001$）。如表 1—4 所示，二线城市学生的学校适应得分（$M = 3.12 \pm 0.34$）显著高于一线城市学生的学校适应得分（$M = 2.82 \pm 0.57$）。在课业适应、常规适应、师生关系适应、同伴关系适应、自我适应方面，二线城市学生的均值也显著高于一线城市。总之，相对于一线城市的学生而言，二线城市的学生学校适应水平更高。

表 1—4　　　　　一线城市与二线城市学生的学校适应差异检验

因子	所在城市	平均值	标准差	t 值	显著性（sig）
学校适应	一线城市	2.82	0.57	−14.50 ***	0.000
	二线城市	3.12	0.34		
课业适应	一线城市	2.89	0.51	−7.33 ***	0.000
	二线城市	3.03	0.41		
常规适应	一线城市	3.10	0.66	−14.62 ***	0.000
	二线城市	3.45	0.42		
师生关系适应	一线城市	2.71	0.76	−14.55 ***	0.000
	二线城市	3.11	0.48		
同伴关系适应	一线城市	2.77	0.74	−14.17 ***	0.000
	二线城市	3.15	0.47		
自我适应	一线城市	2.64	0.58	−8.52 ***	0.000
	二线城市	2.84	0.53		

注：* 表示 $p < 0.05$，** 表示 $p < 0.01$，*** 表示 $p < 0.001$，下同。

4. 一线城市的本地学生与随迁子女学校适应量表的得分差异比较

对一线城市的本地学生与随迁子女学校适应的均值进行差异检验，如表 1—5 所示，两者在学校适应及各因子的均值方面均有显著性差异。一线城市本地学生的学校适应整体得分显著高于随迁子女。本地学生的课业适应得分、常规适应得分、师生关系适应得分、同伴关系适应得分、自我适应得分也显著高于随迁子女。数据表明，一线城市的本地学生与随迁子女在学校适应方面有显著差异，本地学生的学校适应水平较高一些，且随迁子女的师生关系适应水平与同伴关系适应水平均低于本群体整体水平。

表1—5　　　　一线城市的本地学生与随迁子女学校适应差异检验

因子	户口所在地	平均值	标准差	t 值	显著性（sig）
学校适应	本地	3.25	0.32	54.02 ***	0.000
	外地	2.27	0.26		
课业适应	本地	3.23	0.35	37.29 ***	0.000
	外地	2.44	0.31		
常规适应	本地	3.60	0.34	58.19 ***	0.000
	外地	2.44	0.30		
师生关系适应	本地	3.26	0.47	46.59 ***	0.000
	外地	2.00	0.38		
同伴关系适应	本地	3.30	0.45	45.51 ***	0.000
	外地	2.08	0.39		
自我适应	本地	2.88	0.56	17.61 ***	0.000
	外地	2.33	0.45		

注：*** 表示 $p < 0.001$。

5. 二线城市的本地学生与随迁子女学校适应量表的得分差异比较

对二线城市的本地学生与随迁子女学校适应的均值进行差异检验，结果如表1—6所示，二线城市的本地学生与随迁子女在学校适应及各因子的得分上均无显著差异（$p > 0.05$）。

表1—6　　　　二线城市的本地学生与随迁子女学校适应差异检验

因子	户口所在地	平均值	标准差	t 值	显著性（sig）
学校适应	本地	3.12	0.35	1.95	0.06
	外地	3.08	0.34		
课业适应	本地	3.02	0.43	1.27	0.20
	外地	2.99	0.42		
常规适应	本地	3.44	0.44	1.63	0.10
	外地	3.40	0.43		

续表

因子	户口所在地	平均值	标准差	t 值	显著性（sig）
师生关系适应	本地	3.13	0.48	1.51	0.13
	外地	3.08	0.47		
同伴关系适应	本地	3.15	0.48	1.46	0.15
	外地	3.11	0.46		
自我适应	本地	2.86	0.53	1.28	0.20
	外地	2.82	0.53		

（三）学生对城市学校生活的主观感受

学生能否适应学校生活与其对学校生活的主观感受息息相关。为进一步分析学生的学校适应情况，本次问卷调查专门设置了"老师对自己的关心程度""在学校是否遭受过不公正待遇""我目前最烦恼的事情"几个题项来考查学生对于城市学校生活的主观感受。

表1—7　　老师对自己的关心程度×户口所在地×所在城市交叉表　　（单位：%）

老师对自己的关心程度	一线城市		二线城市		合计	
	本地	外地	本地	外地	本地	外地
很关心	46.6	37.0	42.8	38.4	44.4	37.7
比较关心	36.2	41.9	39.5	41.2	38.1	41.6
有些关心	15.8	19.0	16.4	17.1	16.2	18.1
从不关心	1.4	2.1	1.3	3.3	1.4	2.7

1. 老师对自己的关心程度

如表1—7所示，整体而言，44.4%的本地学生和37.7%的随迁子女表示老师对自己很关心，另有1.4%的本地学生和2.7%的随迁子女表示老师对自己从不关心。一线城市与二线城市呈现相同趋势。

数据分析结果表明（如表1—8所示），本地学生和随迁子女感受到的"老师对自己的关心程度"有显著差异（p值为0.005＜0.01），随迁子女感受到的"老师对自己的关心程度"不及本地学生。其中，在一线城市，本地学生和随迁子女感受到的"老师对自己的关心程度"有差异

（p 值为 0.024 < 0.05），本地学生感受到的"老师对自己的关心程度"更高；但在二线城市，本地学生和随迁子女感受到的"老师对自己的关心程度"无显著性差异（p 值为 0.088 > 0.05）。

表1—8　老师对自己的关心程度 × 户口所在地 × 城市分类的卡方检验

分类	值		渐进显著性（双侧）
一线城市 （本地/外地）	皮尔逊卡方	9.472[b]	0.024
	似然比（L）	9.509	0.023
	线性关联	7.906	0.005
二线城市 （本地/外地）	皮尔逊卡方	6.555[c]	0.088
	似然比（L）	6.248	0.100
	线性关联	3.372	0.066
总体 （本地/外地）	皮尔逊卡方	12.807[a]	0.005
	似然比（L）	12.708	0.005
	线性关联	10.416	0.001

2. 在学校是否遭受过不公正待遇

当问及在学校是否遭受过不公正待遇时，如表1—9 所示，在一线城市中，有 37.8% 的本地学生和 30.4% 的随迁子女表示没有遭受过不公正待遇；另有 29.1% 的本地学生和高达 45.5% 的随迁子女表示经常遭受不公正待遇。在二线城市中，没有遭受过不公正待遇的本地学生、随迁子女占比分别为 49%、46.6%；经常遭受不公正待遇的本地学生、随迁子女占比分别为 18.5%、23.5%。

表1—9　　　在学校是否遭受过不公正待遇 × 户口所在地 × 所在
城市的交叉表　　　　　　　　（单位：%）

在学校是否遭受过 不公正待遇	一线城市		二线城市	
	本地	外地	本地	外地
没有	37.8	30.4	49.0	46.6
偶尔	27.2	20.2	25.8	25.1
一般	5.9	3.9	6.7	4.8
经常	29.1	45.5	18.5	23.5

卡方检验的结果显示（如表1—10所示），对于是否遭受过不公正待遇这一问题，一线城市与二线城市学生的反馈有显著性差异（p值为0.000＜0.001），一线城市学生感到"经常遭受不公正待遇"的比例要高于二线城市，而反映"没有遭受过不公正待遇"的学生比例则低于二线城市。另外，一线城市的本地学生与随迁子女遭遇不公平待遇的频率也有显著差异（p值为0.000＜0.001），随迁子女反映"经常遭受不公正待遇"的比例要高于本地学生。二线城市的本地学生与随迁子女对于该问题的回答则无显著差异（p值为0.094＞0.05）。

表1—10 **是否遭受过不公正待遇 × 户口所在地 × 所在城市的卡方检验**

分类	值		渐进显著性（双侧）
一线城市	皮尔逊卡方	24.250[b]	0.000
（本地/外地）	似然比（L）	24.319	0.000
二线城市	皮尔逊卡方	7.926[c]	0.094
（本地/外地）	似然比（L）	7.950	0.093
一线城市/	皮尔逊卡方	79.280	0.000
二线城市	似然比（L）	79.555	0.000

3. 我的烦恼

为了更好地了解学生在学校适应过程中遇到的困难和问题，我们设置了包含5个固定选项和1个开放式填写选项的题目"你认为目前最令你烦恼的事情是什么"。结果如图1—1所示，排在前三位的分别是，"成绩不好""其他""朋友很少"。52.00%的随迁子女和45.78%的本地学生选择了"成绩不好"，26.40%的随迁子女和30.42%的本地学生选择了"其他"，9.20%的随迁子女和8.43%的本地学生选择了"朋友很少"。

对被试填写的"其他"烦恼进行聚类分析，发现学生们的烦恼主要集中在以下几个方面：

首先，在学校层面，就学校管理而言，学生们认为"午休时间太短""晚上放学太晚""学校管得太多""食堂伙食不好"等令其烦恼；就教师而言，学生们表示"老师比较情绪化，经常因心情好坏决定事情，不够专业""布置作业太多""课间不让说话"等令其烦恼；就同辈群体而言，有部分学生认为"同学很暴力""同学说脏话"等令其烦恼。

其次，在家庭层面，就亲子关系而言，部分学生表示"家庭关系破裂""父母有矛盾""父母不在身边""父母离婚了，想去妈妈那里""缺乏父爱"等令其烦恼；就家庭教养方式而言，学生们认为"父母的教育方式太过传统""父母不理解自己""家长对我的生活干涉太多""爸妈对我的管教太严格"等令其烦恼。

最后，在个人层面，有92位同学表示最令自己烦恼的仍然是学习。比如"成绩不稳定、偏科""找不到合适的学习方法""对学习不感兴趣""学习太累""怕考不上省重点""自控力太差，总分心，不能集中精力学习""怎么学也考不好"等令其烦恼。

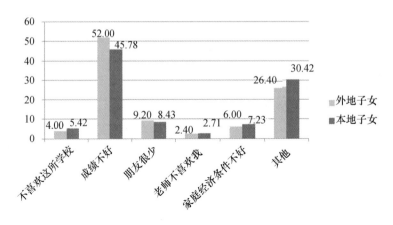

图1—1 我目前最烦恼的事情（%）

（四）社会支持情况

如前所述，以往研究表明，社会支持可以有效促进个体学校适应行为的发展，提高学生的学校适应水平，因此，本次调查还专门采用《青少年社会支持量表》对被试的社会支持情况进行了测量。

1. 社会支持的总体水平

如表1—11所示，在本次调查中社会支持的整体平均分3.67±0.79，主观支持的平均分为3.84±0.89，客观支持的平均分为3.54±0.83，支持利用度的平均分为 3.69±0.85。本书使用的青少年社会支持量表是五点计分量表，量表的理论最高分为 5 分，最低分为 1 分，理论中位数为 3，因此从结果来看，整体的社会支持得分略高于理论中值，主观支持得分最高，支持利用度得分次之，客观支持得分最低且低于整体社会支持得分。可见，参与本次调查的学生社会支持水平一般，主观支持感受良好。

表1—11　　　　　　　　　　社会支持的总体水平

	社会支持	主观支持	客观支持	支持利用度
平均值	3.67	3.84	3.54	3.69
标准差	0.79	0.89	0.83	0.85

2. 本地学生与随迁子女社会支持量表的得分差异比较

进一步对本地学生和随迁子女社会支持的得分进行差异检验，检验结果表明（见表1—12），除支持利用度的显著性概率值 p 小于 0.05 外，其他因子的显著性概率值均小于 0.001，表示本地学生与随迁子女在社会支持及各因子的得分方面均有显著性差异。本地学生的整体社会支持得分以及在主观支持、客观支持、支持利用度方面的得分均显著高于随迁子女。

表1—12　　　　　本地学生与随迁子女的社会支持差异检验

因子	户口所在地	平均值	标准差	t 值	显著性
社会支持	本地	3.76	0.76	3.87***	0.000
	外地	3.63	0.75		
主观支持	本地	3.91	0.88	4.77***	0.000
	外地	3.73	0.91		
客观支持	本地	3.62	0.81	3.49***	0.000
	外地	3.50	0.80		
支持利用度	本地	3.77	0.80	2.54*	0.011
	外地	3.69	0.80		

注：* 表示 $p < 0.05$，*** 表示 $p < 0.001$。

3. 一线城市与二线城市学生社会支持量表的得分差异比较

通过独立样本 t 检验对一线城市和二线城市的学生在社会支持量表及其各分量表上的得分进行差异比较，发现二者在社会支持量表及其他各因子上的得分均有显著差异（$p < 0.01$）。如表 1—13 所示，一线城市学生的社会支持得分（$M = 3.76 \pm 0.72$）显著高于二线城市学生的社会支持得分（$M = 3.66 \pm 0.78$）。在主观支持、客观支持、支持利用度方面，一线城市学生的均值也显著高于二线城市。总之，相对于二线城市的学生而言，一线城市的学生感受到的社会支持水平更高。

表 1—13　　　　　一线城市与二线城市学生的社会支持差异检验

因子	所在城市	平均值	标准差	t 值	显著性
社会支持	一线城市	3.76	0.72	3.14 **	0.002
	二线城市	3.66	0.78		
主观支持	一线城市	3.88	0.85	2.33 *	0.020
	二线城市	3.80	0.92		
客观支持	一线城市	3.63	0.78	3.05 **	0.002
	二线城市	3.53	0.82		
支持利用度	一线城市	3.80	0.77	3.27 **	0.001
	二线城市	3.69	0.82		

注：* 表示 $p < 0.05$，** 表示 $p < 0.01$。

4. 一线城市的本地学生与随迁子女社会支持量表的得分差异比较

对一线城市的本地学生与随迁子女社会支持的均值进行差异检验，如表 1—14 所示，两者在社会支持及各因子（主观支持、客观支持、支持利用度）的均值方面均有显著性差异（$p < 0.001$）。一线城市本地学生的社会支持得分（$M = 3.81 \pm 0.68$）显著高于随迁子女的社会支持得分（$M = 3.57 \pm 0.71$）。本地学生的主观支持得分、客观支持得分、支持利用度得分也显著高于随迁子女。数据表明，一线城市的本地学生与随迁子女在社会支持方面的差异极其显著，与随迁子女相比较，本地学生的社会支持水平更高。

表1—14　　　　一线城市的本地学生与随迁子女社会支持差异检验

因子	户口所在地	平均值	标准差	t 值	显著性
社会支持	本地	3.81	0.68	5.45 ***	0.000
	外地	3.57	0.71		
主观支持	本地	4.00	0.81	5.07 ***	0.000
	外地	3.73	0.88		
客观支持	本地	3.72	0.74	5.56 ***	0.000
	外地	3.46	0.73		
支持利用度	本地	3.76	0.72	4.32 ***	0.000
	外地	3.55	0.77		

注：*** 表示 $p < 0.001$。

5. 二线城市的本地学生与随迁子女社会支持量表的得分差异比较

对二线城市的本地学生与随迁子女社会支持的均值进行差异检验，结果如表1—15所示，两者在社会支持和主观支持的均值上存在差异（$p < 0.05$）。二线城市的本地学生在社会支持的总体水平以及主观支持方面要优于随迁子女，在客观支持和支持利用度方面，本地学生与随迁子女无显著差异（$p > 0.05$）。

表1—15　　　　二线城市的本地学生与随迁子女社会支持差异检验

因子	户口所在地	平均值	标准差	t 值
社会支持	本地	3.73	0.76	2.55 *
	外地	3.62	0.76	
主观支持	本地	3.84	0.92	2.24 *
	外地	3.72	0.93	
客观支持	本地	3.62	0.80	1.86
	外地	3.53	0.80	
支持利用度	本地	3.75	0.79	1.14
	外地	3.70	0.78	

注：* 表示 $p < 0.05$。

（五）结论

本次问卷调查的结果表明：

（1）学生学校适应的总体情况良好，但本地学生与随迁子女在学校适应方面的得分有显著性差异，本地学生的学校适应水平高于随迁子女。随迁子女在城市学校中的人际关系适应水平（包括师生关系适应、同伴关系适应）有待提高。另外，相对于一线城市的学生而言，二线城市的学生学校适应水平更高。一线城市的本地学生与随迁子女在学校适应方面有显著差异，本地学生的学校适应水平较高；而二线城市的本地学生与随迁子女在学校适应及各因子的得分上均无显著差异。

（2）本地学生和随迁子女感受到的教师关心程度有显著差异，随迁子女感受到的教师关心程度不及本地学生。其中，在一线城市，本地学生和随迁子女感受到的教师关心程度有差异，本地学生感受到的教师关心程度更高；但在二线城市，本地学生和随迁子女感受到的教师关心程度则无显著差异。

（3）对于是否遭受过不公正待遇这一问题，一线城市与二线城市学生的反馈有显著性差异，一线城市学生感到"经常遭受不公正待遇"的比例要高于二线城市。另外，一线城市的本地学生与随迁子女遭遇不公平待遇的频率也有显著差异，随迁子女反映"经常遭受不公正待遇"的比例要高于本地学生。二线城市的本地学生与随迁子女对于该问题的回答则无显著差异。

（4）当前令被试烦恼的事情，排在前三位的分别是"成绩不好""其他"（涉及学校、家庭、个人等多个层面）、"朋友很少"。

（5）参与本次调查的学生社会支持水平一般，主观支持感受良好。本地学生的整体社会支持得分以及在主观支持、客观支持、支持利用度方面的得分均显著高于随迁子女，说明给予随迁子女的社会支持仍有待增强。相对于二线城市的学生而言，一线城市的学生感受到的社会支持水平更高。另外，一线城市的本地学生与随迁子女在社会支持方面的差异极其显著，与随迁子女相比较，本地学生的社会支持水平更高。二线城市的本地学生在社会支持的总体水平以及主观支持感受方面要优于随迁子女，在客观支持和支持利用度方面，二者无显著差异。

第二节 异地升学政策对农民工随迁子女的影响情况调查

一 调查目的

本次调查旨在了解异地升学政策出台后，一线和二线城市中的农民工随迁子女对于异地升学政策的了解情况、满意程度、异地升学政策对随迁子女产生的影响等，以期为后续研究提供有价值的基础材料。

二 调查工具

本书主要以《异地升学政策影响调查问卷》（附录2）为工具对一线和二线城市的六年级至九年级的学生（包括本地学生和随迁子女）进行了问卷调查。

《异地升学政策影响调查问卷》共分为四部分：

第一部分：被试的基本信息，包括性别、年级、户口所在地、是否独生子女、是否担任班干部等；

第二部分：对异地升学政策的了解情况，包括了解程度、了解途径等；

第三部分：对异地升学政策持有的态度，包括满意度、本地学生及其家长是否支持随迁子女在本地升学等；

第四部分：异地升学政策的影响，包括异地升学政策对学生的学习态度、自我认知以及未来规划的影响等。

本书采用SPSS 24.0进行数据分析。

三 调查对象

笔者以样本城市六年级至九年级的学生为主要调查对象，共发放1600份问卷，回收有效问卷1551份，有效回收率为96.94%。其中，一线城市761人，包括本地学生462人，随迁子女299人；二线城市790人，包括本地学生540人，随迁子女250人。

四　调查结果

（一）被试的基本情况

本次调查共回收有效问卷 1551 份。如表 1—16 所示，其中包括初一（六年级）学生 315 人；初二（七年级）学生 231 人；初三（八年级）学生 634 人；初四（九年级）学生 371 人。男生 843 人，女生 708 人。独生子女 1172 人，非独生子女 379 人。本地学生 1002 人，随迁子女 549 人。

表 1—16　　　　　　　　　　被试基本情况表

维度	分类	频次（N）	百分比（%）
性别	男	843	54.4
	女	708	45.6
年级	初一（六年级）	315	20.3
	初二（七年级）	231	14.9
	初三（八年级）	634	40.9
	初四（九年级）	371	23.9
户口所在地	本地	1002	64.6
	外地	549	35.4
是否独生子女	是	1172	75.6
	否	379	24.4
是否班干部	是	571	36.8
	否	980	63.2

（二）被试对异地升学政策的了解情况

1. 异地升学政策的了解途径

统计分析的结果显示（如表 1—17），30.1% 的学生表示"从没听说过相关政策"，20.5% 的学生是通过"电视、报纸、广播、网络"等大众传媒了解相关政策，18.4% 的学生是通过"家长告知"相关政策的，15.5% 的学生是通过"老师的传达、说明"了解的相关政策，7.8% 的学生是通过"同学和朋友的讨论"听说了相关政策，只有 7.7% 的学生是通过"学校的通知宣讲"得知相关政策的。

表1—17　　　　　　　　　　　异地升学政策的了解途径

异地升学政策的了解途径	频次（N）	百分比（%）
从没听说过相关政策	467	30.1
电视、报纸、广播、网络	318	20.5
学校的通知、宣讲	120	7.7
老师的传达、说明	240	15.5
同学和朋友的讨论	121	7.8
家长告知	285	18.4

2. 家长对异地升学政策的了解程度

调查结果表明（如表1—18），在一线城市，65.4%的本地学生家长了解异地升学政策，34.6%的本地学生家长"不太了解"或"完全不了解"相关政策；47.5%的随迁子女家长了解异地升学政策，高达52.5%的随迁子女家长"不太了解"或"完全不了解"相关政策。在二线城市，73.1%的本地学生家长和43.6%的随迁子女家长了解异地升学政策；"不太了解"或"完全不了解"相关政策的本地学生家长、随迁子女家长占比分别为26.9%、56.4%。如表1—19所示，在一线城市，本地学生家长与随迁子女家长对异地升学政策的了解程度有显著差异（$p = 0.006 < 0.05$），相较于本地学生家长，随迁子女家长对异地升学政策的了解程度更低；在二线城市，本地学生家长与随迁子女家长对异地升学政策的了解程度具有极其显著的差异（$p = 0.000 < 0.001$），随迁子女的家长对异地升学政策的了解程度不及本地学生家长。此外，对一线城市和二线城市的数据进行差异检验，发现在两类城市中，学生家长对相关政策的了解程度差异极其显著（$p = 0.000 < 0.001$），与一线城市相比，二线城市的本地学生家长对异地升学政策的了解程度更高，但二线城市的随迁子女家长对异地升学政策的了解程度却不及一线城市。

表1—18　　　　　　**家长对异地升学政策的了解程度×户口**
所在地×所在城市的交叉表 （单位：%）

家长对异地升学政策的了解程度	一线城市		二线城市		合计	
	本地	外地	本地	外地	本地	外地
非常了解	11.5	4.7	12.4	2.4	12.1	3.6
比较了解	23.6	19.7	22.7	16.0	23.1	18.0
基本了解	30.3	23.1	38.0	25.2	34.4	24.0
不太了解	8.7	18.7	11.7	20.0	10.3	19.4
完全不了解	25.9	33.8	15.2	36.4	20.1	35.0

表1—19　　　　　　**家长对异地升学政策的了解程度×户口**
所在地×所在城市的卡方检验

分类		值	自由度	渐进显著性（双侧）
一线城市（本地/外地）	皮尔逊卡方	14.546[b]	4	0.006
	似然比（L）	14.873	4	0.005
	线性关联	1.689	1	0.194
二线城市（本地/外地）	皮尔逊卡方	66.683[c]	4	0.000
	似然比（L）	69.264	4	0.000
	线性关联	36.688	1	0.000
一线城市/二线城市	皮尔逊卡方	30.327[a]	4	0.000
	似然比（L）	30.619	4	0.000
	线性关联	26.069	1	0.000

注：abc 均表明该检验中有 0 个单元格（0.00%）的理论频数小于 5。

（三）家长对异地升学政策的满意度

统计分析的结果显示（如表1—20），在一线城市，有16.2%的本地学生家长和10.7%的随迁子女家长对异地升学政策表示"非常满意"，69.2%的本地学生家长和59.9%的随迁子女家长表示"比较满意"或"基本满意"，表示对相关政策"不太满意"或"非常不满意"的本地学生家长和随迁子女家长占比分别为14.6%和29.4%。在二线城市，有19.6%的本地学生家长和13.6%的随迁子女家长对异地升学政策表示"非常满意"，70.4%的本地学生家长和73.6%的随迁子女家长表示"比较满意"或"基本满意"，表示对相关政策"不太满意"或"非常不满意"的本地学生家长和随迁子女家长占比分别为 10.0% 和 12.8%。相较于一线城市，二线城市的本地学生家长及随迁子女家长对异地升学政策的满意度更高。

表 1—20　　　　　　　家长对异地升学政策的满意度 × 户口
所在地 × 所在城市的交叉表　　　　　（单位：%）

家长对异地升学政策的满意度	一线城市		二线城市	
	本地	外地	本地	外地
非常满意	16.2	10.7	19.6	13.6
比较满意	26.0	24.1	33.5	30.8
基本满意	43.2	35.8	36.9	42.8
不太满意	10.3	21.4	3.9	5.6
非常不满意	4.3	8.0	6.1	7.2

（四）本地学生及其家长对异地升学政策的态度

异地升学政策实施以后，本地学生及其家长是否支持随迁子女在本地升学？问卷中专门设置了题项对此进行了考察。如表 1—21 所示，一线城市有 47.5% 的本地学生支持随迁子女异地升学，36.0% 的本地学生表示无所谓，16.5% 的本地学生持反对态度。二线城市有 47.4% 的本地学生支持随迁子女异地升学，35.8% 表示无所谓，16.8% 的本地学生持反对态度。持反对态度的学生普遍表示"他们（随迁子女）在这里中考使我们考高中更难了""他们在这里读书，使学校变得更拥挤了"。对一线和二线城市的本地学生的态度进行卡方检验（见表 1—23），发现二者并无显著差异（p = 0.292 > 0.05），一线城市和二线城市的本地学生对待随迁子女异地升学的态度较为一致。

表 1—21　　　本地学生对异地升学政策的态度 × 所在城市的交叉表　　　（单位：%）

本地学生的态度	一线城市	二线城市
非常支持	20.9	20.6
比较支持	26.6	26.8
无所谓	36.0	35.8

续表

本地学生的态度	一线城市	二线城市
比较反对	6.2	6.4
强烈反对	10.3	10.4

反观本地学生家长对待随迁子女异地升学的态度（见表1—22），可以发现在一线城市有48.9%的本地学生家长支持随迁子女异地升学，30.6%表示无所谓，20.5%持反对态度。在二线城市有45.9%的本地学生家长支持随迁子女异地升学，29.4%表示无所谓，24.7%持反对态度。对一线和二线城市的本地学生家长的态度进行卡方检验（见表1—23），发现二者之间存在显著差异（$p = 0.007 < 0.01$），相较于一线城市，二线城市的本地学生家长反对随迁子女异地升学的比例更高。

表1—22　本地学生家长对异地升学政策的态度×所在城市的交叉表 （单位：%）

本地学生家长的态度	一线城市	二线城市
非常支持	18.8	18.5
比较支持	30.1	27.4
无所谓	30.6	29.4
比较反对	10.9	12.1
强烈反对	9.6	12.6

表1—23　　本地学生及其家长对异地升学政策的态度×所在城市的卡方检验

分类	Person 卡方值	渐进显著性（双侧）
本地学生 （一线城市/二线城市）	4.957	0.292
本地学生家长 （一线城市/二线城市）	14.128	0.007

（五）异地升学政策的影响

异地升学政策实施后，对于流入地的本地学生和随迁子女产生了怎样的影响？为了回答这一问题，笔者在问卷中设置了一系列题项来考察异地升学政策对学生的学习态度、自我认知以及未来规划的影响。

1. 对学习态度的影响

问卷中设置了这样一道题目："在你了解到异地中考政策后，你的学习态度发生了怎样的变化？"调查结果显示（见表1—24），在一线城市中，有13.7%的本地学生和10.3%的随迁子女表示其学习态度变得"更加积极"，77.2%本地学生和34.2%的随迁子女表示"没有变化"，9.1%的本地学生和高达55.5%的随迁子女表示其学习态度变得"更加消极"。在二线城市中，有36.6%的本地学生和49.0%的随迁子女表示其学习态度变得"更加积极"，56.9%本地学生和45.2%的随迁子女表示"没有变化"，表示其学习态度变得"更加消极"的本地学生和随迁子女分别占比6.5%和5.8%。

表1—24　　　学习态度的变化 × 户口所在地 × 所在城市的交叉表　　（单位：%）

学习态度的变化	一线城市		二线城市	
	本地	外地	本地	外地
更加积极	13.7	10.3	36.6	49.0
没有变化	77.2	34.2	56.9	45.2
更加消极	9.1	55.5	6.5	5.8

如表1—25所示，在一线城市，本地学生和随迁子女在学习态度方面的变化存在极其显著的差异（$p = 0.000 < 0.001$），相较于本地学生，随迁子女在了解到异地升学政策后其学习态度变得"更加消极"，而更多的本地学生则表示其学习态度"没有变化"。在二线城市，本地学生和随迁子女在学习态度方面的变化也存在极其显著的差异（$p = 0.000 < 0.001$），相较于本地学生，随迁子女在了解到异地升学政策后其学习态度变得"更加积极"，这与一线城市随迁子女的变化情况恰好相反。

表1—25　　　　　　学习态度的变化×户口所在地的卡方检验

分类	Person卡方值	渐进显著性（双侧）
一线城市 （本地/外地）	30.336	0.000
二线城市 （本地/外地）	25.126	0.000

2. 对自我认知的影响

问卷中专门设计了一道题目"你是否相信只要努力就会有美好未来?"用来考察异地升学政策对学生自我认知的影响。

统计结果显示（见表1—26），在一线城市中，有63.9%的本地学生和37.2%的随迁子女表示相信只要努力就会有美好未来，15.4%本地学生和27.2%的随迁子女则表示"不太相信"或"完全不相信"。在二线城市中，有59.3%的本地学生和57.7%的随迁子女表示相信只要努力就会有美好未来，而表示"不太相信"或"完全不相信"的本地学生和随迁子女分别占比18.0%和18.8%。对一线和二线城市随迁子女的回答进行卡方检验，发现二者之间存在极其显著的差异（p = 0.000 < 0.001），相较于二线城市，一线城市的随迁子女"不太相信"或"完全不相信"只要努力就会有美好未来的比例更高。在访谈中得知，由于一线城市对随迁子女异地升学的限制性条件较多，使得部分随迁子女无法实现在流入地继续求学的愿望，进而影响了这部分随迁子女的自我认知。

表1—26　　　　　是否相信"只要努力就会有美好未来"×户口
所在地×所在城市的交叉表　　　　　　（单位：%）

是否相信"只要努力就会有美好未来"	一线城市		二线城市	
	本地	外地	本地	外地
非常相信	23.7	8.3	22.6	21.8
比较相信	40.2	28.9	36.7	35.9
一般	20.7	35.6	22.7	23.5
不太相信	11.3	16.7	12.4	12.6
完全不相信	4.1	10.5	5.6	6.2

3. 对未来规划的影响

异地升学政策的执行对随迁子女的未来规划有何影响？笔者对一线城市和二线城市的随迁子女初中毕业后的打算进行了考察。数据分析的结果表明（见表1—27），在一线城市中，有23.7%的随迁子女表示对于初中毕业后的打算还"不清楚"，25.9%的随迁子女打算"回家乡参加中考升入高中"，28.6%打算"通过中考在本地就读高中"，11.5%打算"在本地就读职业学校"，10.3%打算"不再上学开始打工"。在二线城市中，有10.7%的随迁子女表示对于初中毕业后的打算还"不清楚"，15.9%的随迁子女打算"回家乡参加中考升入高中"，高达63.6%的随迁子女打算"通过中考在本地就读高中"，5.6%打算"在本地就读职业学校"，4.2%打算"不再上学开始打工"。相对而言，二线城市的随迁子女对未来的规划更加清晰，大多数随迁子女打算"通过中考在本地就读高中"，而在一线城市，做此选择的随迁子女人数较少。通过访谈了解到，这与一线、二线城市目前实施的异地升学政策直接相关。由于二线城市设置的政策条件相对宽松，随迁子女参加异地中考和异地高考的障碍较少，因此二线城市的随迁子女打算在流入地就读高中的比例较高。

表1—27　　　　　**初中毕业后的打算×所在城市的交叉表**　　　　（单位：%）

初中毕业后的打算	一线城市	二线城市
不清楚	23.7	10.7
回家乡参加中考升入高中	25.9	15.9
通过中考在本地就读高中	28.6	63.6
在本地就读职业学校	11.5	5.6
不再上学开始打工	10.3	4.2

（六）结论

本次问卷调查的结果表明：

（1）随迁子女及其家长对异地升学政策不甚了解。30.1%的学生（包括本地学生和随迁子女）表示"从没听说过"有关异地升学的政策，而且仅有7.7%的学生表示是通过学校的宣讲得知相关政策的。在一线城市和二线城市，分别有高达52.5%和56.4%的随迁子女家长"不太了解"

或"完全不了解"异地升学的相关政策。

（2）相较于一线城市，二线城市的本地学生家长及随迁子女家长对异地升学政策的满意度更高。

（3）一线城市和二线城市的本地学生对待随迁子女异地升学的态度较为一致，均有接近半数的本地学生支持随迁子女在异地升学。相较于一线城市，二线城市的本地学生家长反对随迁子女异地升学的比例更高。

（4）在一线城市，相较于本地学生，随迁子女在了解到异地升学政策后其学习态度变得"更加消极"；与一线城市随迁子女的变化情况恰好相反，在二线城市，相较于本地学生，随迁子女在了解到异地升学政策后其学习态度变得"更加积极"。

（5）由于一线城市对随迁子女异地升学的限制性条件较多，使得部分随迁子女无法实现在流入地继续求学的愿望，进而影响了这部分随迁子女的自我认知。相较于二线城市，一线城市的随迁子女"不太相信"或"完全不相信""只要努力就会有美好未来"的比例更高。

（6）就未来发展规划而言，二线城市的随迁子女对未来的规划更加清晰，大多数随迁子女打算"通过中考在本地就读高中"，而在一线城市，做此选择的随迁子女人数较少。在访谈中得知，这与一线、二线城市目前实施的异地升学政策直接相关。由于二线城市设置的政策条件相对宽松，随迁子女参加异地中考和异地高考的障碍较少，因此二线城市的随迁子女打算在流入地就读高中的比例较高。

综上所述，上述调查结果令我们对农民工随迁子女城市学校适应的基本状况以及随迁子女在异地升学政策出台后的变化有了一定程度的了解，那么，究竟哪些因素对农民工随迁子女平等接受教育产生了影响？这些因素在随迁子女接受教育及教育选择的过程中分别发挥了怎样的作用？可以说，对这些问题的研究十分重要，因为只有对干预因素进行深入剖析才有可能找到切实可行的解决策略。

一般地说，参与教育活动的行动主体从层次上讲主要来自三个方面：国家、作为组织的学校、个人及其家庭。它们分别具有各自不同的教育利益目标，构成了教育场域中的三大利益主体。就国家而言，其基本的教育利益目标有二：一是通过传播一定社会和国家的价值观念和行为规范，培养合格的社会公民，以维护社会的和谐与稳定；二是为国家培养和选拔经

济发展所必需的各类人才。从学校组织来讲，其主要的目标在于争取教育
经费及其他教育资源，以吸引更多优质生源，保证其可持续发展。对个人
来说，其基本的利益目标是获得高质量的学校教育机会，最终的目的在于
凭借一定的教育文凭资格来争取理想的职业资格，从而为获得社会阶层中
的有利位置奠定基础。教育场域中的各个利益主体为了实现各自的利益目
标，必然会对个体教育选择施加影响，因为包括国家在内的各方力量对教
育的影响只是潜在的，也只有通过干预个体选择才有可能将潜在的影响变
为现实。由此可见，教育体系本身是一个多元力量共存的体系，在个体接
受教育及进行教育选择的过程中，国家、学校组织和家庭的力量都在以各
种形式发挥作用。也就是说，不论是宏观的国家制度还是中观的群体组织
以及微观的个人私利都会影响到个体的教育选择及受教育过程。据此，如
图1—2所示，本书将从宏观、中观和微观三个维度出发，着力对影响农
民工随迁子女平等接受教育的制度因素、文化因素、学校因素、家庭因素
以及个人因素进行分析，以期能够在此基础上探索出农民工随迁子女平等
接受教育的保障机制。

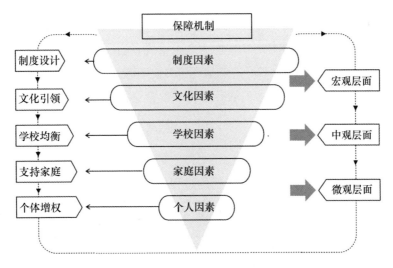

图1—2　农民工随迁子女平等接受教育的影响因素与保障机制研究路径

第 二 章

影响农民工随迁子女平等接受
教育的制度因素分析

　　农民工随迁子女在追求平等接受教育的过程中机遇与挑战并存。虽然很多随迁子女在城市出生、长大，但是在某些城市却很难享有平等的受教育机会。数据显示，目前仍有 2.94%[①]的适龄随迁子女没有按照规定接受义务教育。在义务教育阶段，隐性排斥[②]现象依然存在；在非义务教育阶段，显性排斥[③]现象比较明显，直接表现为农民工随迁子女高中就学比例偏低且出现受教育延迟倾向。据估算，我国每年有异地高考需求的随迁子女规模达到 18.7 万人。[④] 这部分随迁子女能否在流入地顺利升学，对于他们个人及随迁家庭的未来发展均会产生重要影响。个人作为具有有限理性的"社会人"，其行为不可避免地受到社会环境的影响，而政策的变化就像信号一样，影响着个体的教育选择和教育获得。[⑤]

[①]　国家卫生和计划生育委员会流动人口司：《中国流动人口发展报告 2016》，中国人口出版社 2016 年版，第 12 页。

[②]　隐性排斥是指在一些看似平等的规则之下，却因为文化上、习惯上或政策方面的原因而造成实际上的不平等。

[③]　显性排斥是指通过明确的制度、政策、法律和习俗的规定，使一部分人无法享受正常的社会权利。

[④]　国家卫生和计划生育委员会流动人口司：《中国流动人口发展报告 2016》，中国人口出版社 2016 年版，第 12 页。

[⑤]　周正：《我国职业教育兴衰的制度原因探析》，《教育理论与实践》2008 年第 21 期。

第一节　三元社会结构及其衍生壁垒

探讨影响农民工随迁子女平等接受教育的制度因素，必然会涉及中国长期实行的城乡二元户籍制度。户籍制度以及建立在户籍制度之上的综合配套制度阻碍了城乡居民的自由流动。对于农民工随迁子女而言，户籍上标明的制度身份影响着他们的受教育机会和受教育轨迹。值得注意的是，进城务工农民群体的出现加速了"二元"社会结构向"三元"社会结构的转型。

改革开放以来，传统的户籍制度形塑了中国城乡二元经济结构以及与之相适应的二元社会结构，户籍壁垒阻碍了城市化的发展进程。在这种社会结构中由于"行政主导型二元结构"[1] 和"市场主导型二元结构"[2] 的叠加，使得社会结构出现断裂[3]。自国务院于 2014 年发布《关于进一步推进户籍制度改革的意见》起，中国的社会结构开始发生全局性和多层次的变迁，户籍制度改革进入新的发展阶段。人们期待着中国的户籍制度能够实现从"二元"到"一元"的华丽蜕变。然而，在社会转型过程中，户籍壁垒逐渐松动，区域流动性增强，大量农村人口进城务工，农民工群体规模逐渐扩大。随着时间的推移，农民工群体已然构成了不同于城市市民和农村居民的特殊社会群体。据此，社会学界提出了三元社会结构理论[4]，明确了社会群体的三元化，包括城市居民、农村居民以及流动中的农民工群体。

三元社会群体各自享有不同的社会资源和社会地位，与农村居民及农

---

[1]　孙立平：《转型与断裂——改革以来中国社会结构的变迁》，清华大学出版社 2004 年版，第 114—115 页。

[2]　孙立平：《转型与断裂——改革以来中国社会结构的变迁》，清华大学出版社 2004 年版，第 327—328 页。

[3]　孙立平：《断裂：20 世纪 90 年代以来的中国社会》，社会科学文献出版社 2003 年版，第 14 页。

[4]　石长慧：《认同与定位：北京市农民工子女的社会融合研究》，中国社会科学出版社 2013 年版，第 13—16 页。

民工群体相比较，城市居民占有绝对优势。有研究指出①，农民工群体在就业行业、收入来源、失业保障、劳动保障、养老、住房、医疗、教育等方面均与城市居民和农村居民存在差异。在公共服务体系逐步完善的当下，农民工群体的社会保障制度仍有局限，三元社会结构依然存在不均衡现象。据此，笔者绘制了三元社会结构图（见图2—1），以呈现农民工群体的流动状态。箭头表示农民工群体流动的方向，其中一部分农民工依托政策支持、调动家庭资源并结合自身努力逐渐融入城市社会，基本实现了在城市定居而不再游走于城乡之间；而另一部分农民工则因为城市的吸纳能力有限、家庭与社会资源不足等原因不得不在城市与农村之间不断迁移。

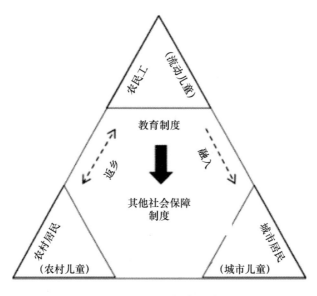

图2—1 三元社会结构

三元社会结构是中国社会转型的产物，虽然不是一个稳定的社会结构，但必然会伴随工业化、城镇化、现代化进程而长期存在②。社会无法

① 甘满堂：《城市农民工与转型期中国社会的三元结构》，《福州大学学报》（哲学社会科学版）2001年第4期。
② 谢冰、王科：《中国城镇化进程中的三元社会转型研究》，《商业时代》2013年第28期。

赋予农民工群体明确的制度身份，而流入地与流出地的文化差异又将他们置于难以整合的困境。进入城市后呈现出来的马赛克般的群体分割、文化"内卷化"和难以融入城市社会等问题对农民工群体构成了严峻的挑战。这种境况同样投射到了随迁子女的身上。改革开放 40 年来，升学制度始终与户籍制度紧密捆绑。户籍制度作为一种黏合性制度，包含了三项基本功能，即身份识别、资源分配和迁移控制①。户籍壁垒亦构筑了异地升学壁垒。能否打破升学壁垒很大程度上取决于制度设计和政策调控。在三元社会结构长期存在的情况下，通过出台政策来保障随迁子女入学和升学的权利是促进教育公平和社会公平的重要举措。当然，同为随迁子女也不能一概而论，譬如，在发展水平不同的城市中，随迁子女所面临的教育困境亦有所不同。基于城市间的质性区分②，笔者对义务教育阶段中的幼儿园升小学、小学升初中以及非义务教育阶段的异地中考、异地高考的政策流变进行了历时态研究。

第二节　义务教育阶段随迁子女
入学政策流变

一　政策变迁

义务教育阶段随迁子女入学政策历经 20 余年的变迁，从"以流入地政府管理为主，以全日制公办中小学为主"（以下简称"两为主"）到"将农民工随迁子女义务教育纳入各级政府教育发展规划和财政保障范畴"（以下简称"两纳入"）再到"统一'两免一补'资金和生均公用经费基准定额资金随学生流动携带"的政策、统一的城

---

① 王清：《利益分化与制度变迁——当代中国户籍制度改革研究》，北京大学出版社 2012 年版，第 66 页。

② 一线城市是指经济、政治等一系列社会活动均位于全国领先位置，且相对于其他城市而言具有一定主导、带动和辐射效应的大型城市。目前中国能够进入一线城市范围的仅有北京、上海、广州、深圳四个城市（不含所谓"新一线城市"）。二线城市则多为省会城市、东部地区的经济强市或经济发达的区域性中心城市，通常其核心城区人口在 200 万以上，具有一定的经济基础，商业活跃度相对较强。由于在"随迁子女平等接受教育现状调查"中发现，一线城市与二线城市的随迁子女在许多指标上存在显著性差异，因此，在对教育政策的流变进行历时态分析时，也有必要对两类城市进行比较研究。

乡医疗救助制度、统一规范的城乡社会保障制度（以下简称"三统一"）的政策演进，反映了国家对于农民工随迁子女平等接受义务教育的重视与关注。

（一）从"借读制"到"两为主"

20世纪90年代，随着农民工群体"举家迁徙"的规模不断扩大，随迁子女的受教育问题进入大众视野。城市公办学校的有限吸纳能力与随迁子女教育需求之间的矛盾日益突出。自此，国家不断出台政策，力求改善随迁子女在流入地"入学难""升学难"的处境。其中，从"借读制"到"两为主"的政策演进可以划分为以下三个阶段。

第一阶段：从严格控制到有限开放（1996—2000年）。

1996年《城镇流动人口中适龄儿童、少年就学办法（试行）》（政策论述见表2—1）的出台标志着农民工随迁子女受教育问题开始获得国家层面的重视。从"户籍所在地严格控制外流"到"以输入地管理为主"的政策转变，与随迁子女流动性强的时代特点相吻合。这一时期的教育政策尚处于探索阶段，学界对随迁子女的界定尚不明确。尽管政策规定了要"以在流入地全日制公办中小学借读为主"，但"借读费"的存在以及"借读"的概念，间接导致随迁子女在受教育过程中与本地儿童相比处于不平等地位，同时也与限制随迁子女在流入地就学的基调相适应。由于当时中国城市公办校的吸纳能力不足，民办的农民工子弟学校便应运而生，用以满足随迁子女的教育需求。

表2—1　　　　　　　　随迁子女教育政策的相关论述

时间	政策文件	相关政策内容
1996年	《城镇流动人口中适龄儿童、少年就学办法（试行）》	对城镇流动人口中适龄儿童、少年的就学、办学、收费、管理等问题进行了规定，并制定了相应的罚则。"凡户籍所在地有监护条件的，必须在户籍所在地接受义务教育"；"户籍所在地没有监护条件的，流动期间在流入地接受义务教育。以在流入地全日制中小学借读为主，也可以通过各种形式的教学班、组，接受非正规教育"

时间	政策文件	相关政策内容
1998 年	《流动儿童少年就学暂行办法》	流动儿童少年常住户籍所在地人民政府应严格控制义务教育阶段适龄儿童少年外流；流入地人民政府应为流动儿童少年创造条件，提供接受义务教育的机会；流入地教育行政部门应具体承担流动儿童少年义务教育的职责。流动儿童少年就学，以在流入地全日制公办中小学借读为主，也可入民办学校、全日制公办中小学附属教学班（组）以及专门招收流动儿童少年的简易学校接受义务教育；招收流动儿童少年就学的全日制公办中小学，可依国家有关规定按学期收取借读费

第二阶段：从有限开放到均衡发展（2001—2009 年）。

这一阶段学界开始关注随迁子女的受教育权利，政府更加重视各类适龄儿童在义务教育阶段的均衡发展，于政策文件中明确了"流入地区政府"和"全日制公办中小学"在解决随迁子女义务教育问题上的主体地位，并不断进行强化，初步形成了"两为主"政策（政策论述见表2—2）。要求各地各部门在具体执行过程中，坚持"两为主"政策基本责任观，并对具体细节不断加以完善。针对从前政策主体的划分模糊问题，将宽泛的流动人口子女聚焦为"进城务工就业农民子女"，承认其在城市就学方面存在特殊性，并开始有针对性地解决随迁子女在接受教育过程中所面临的各种问题。

表2—2　　　　　　随迁子女教育政策的相关论述

时间	政策文件	相关政策内容
2001 年	《中国儿童发展纲要（2001—2010 年)》	"全面普及九年义务教育，保障所有儿童受教育的权利；流动人口中的儿童基本能接受九年义务教育"；"完善流动人口中儿童就学制度；根据国家推进城镇化的要求，做好教育规划，满足农村适龄儿童向城镇转移后的就学需要"
	《关于基础教育改革与发展的决定》	要重视解决流动人口子女接受义务教育问题，以流入地区政府管理为主，以全日制公办中小学为主，采取多种形式，依法保障流动人口子女接受义务教育的权利

续表

时间	政策文件	相关政策内容
2003 年	《关于做好农民进城务工就业管理和服务工作的通知》	通过"多渠道安排农民工子女就学",并且在"入学条件""学校收费""教育经费"方面进行具体要求,对长期存在的"农民工子女简易学校"加强帮扶,放宽办学标准和审批办法,保障对卫生、安全隐患的控制,大力保证简易学校的师资和教学,"不得采取简单关停办法,造成农民工子女失学"
	《关于进一步做好进城务工就业农民子女义务教育工作的意见》	"进城务工就业农民流入地政府负责进城务工就业农民子女接受义务教育工作,以全日制公办中小学为主。"解决好"进城务工就业农民子女接受义务教育的经费筹措";"减轻进城务工就业农民子女教育费用负担";全日制公办中小学"尽可能多地接收进城务工就业农民子女就学"
2006 年	《关于解决农民工问题的若干意见》	"输入地政府负责农民工子女义务教育经费供给,以全日制公办中小学为主接收农民工子女入学,并按照实际在校人数拨付学校公用经费。城市公办学校对农民工子女接受义务教育要与当地学生在收费、管理等方面同等对待,不得违反国家规定向农民工子女加收借读费及其他任何费用。""对委托承担农民工子女义务教育的民办学校,输入地政府负责支持和指导,提高办学质量"
	《中华人民共和国义务教育法》	"父母或者其他监护人在非户籍所在地工作或者居住的适龄儿童、少年,在其父母或者其他法定监护人工作或者居住地接受义务教育的,当地人民政府应当为其提供平等接受义务教育的条件"

通过分析政策文件可以发现,这一时期流入地区政府和公办中小学的责任逐渐具体化、明确化,强调了流入地政府在筹措教育经费过程中的主体地位。对委托承担随迁子女义务教育的民办学校由积极扶持转向高效管理,由保证数量转向提高质量。在费用方面,从"收取借读费用"转向一视同仁无差别对待,上述种种均显示出了政府应对态度的转变。同时,《中华人民共和国义务教育法》为"两为主"政策的实施提供了法律保障,使其合法性得到进一步增强。

第三阶段:从立足义务教育均衡发展向义务教育后阶段过渡

（2010—2012 年）。

　　国家和地方政府制定的一系列教育政策反映出了对农民工随迁子女受教育问题的极大关注，这也使得随迁子女义务教育阶段的入学问题在一定程度上得以解决。

　　伴随农民工随迁子女年龄的增长和规模的扩大，义务教育阶段后的升学问题日益凸显。2010 年《国家中长期教育改革和发展规划纲要（2010—2020 年）》首次提出要"制定进城务工人员随迁子女接受义务教育后在当地参加升学考试的办法"（政策论述见表2—3）。2012 年《国家教育事业发展第十二个五年规划》再次强调要"推动各地制定非户籍常住人口在流入地接受高中阶段教育，省内流动人口就地参加高考升学以及省外常住非户籍人口在居住地参加高考升学的办法"。上述文件的出台意味着政府已经将农民工随迁子女异地升学问题纳入了政策议程。

表2—3　　　　　　　随迁子女教育政策的相关论述

时间	政策文件	相关政策内容
2010 年	《国家中长期教育改革和发展规划纲要（2010—2020 年）》	明确"切实解决进城务工人员子女平等接受义务教育问题"的战略目标，坚持以流入地政府管理为主、以全日制公办中小学为主，确保进城务工人员随迁子女平等接受义务教育，研究制定进城务工人员随迁子女接受义务教育后在流入地参加升学考试的办法
2012 年	《国家教育事业发展第十二个五年规划》	保障进城务工人员随迁子女享受基本公共教育服务权利。健全输入地政府负责的进城务工人员随迁子女义务教育公共财政保障机制，将进城务工人员随迁子女教育需求纳入各地教育发展规划。加快建立覆盖本地进城务工人员随迁子女的义务教育信息服务与监管网络。推动各地制定非户籍常住人口在流入地接受高中阶段教育，省内流动人口就地参加高考升学以及省外常住非户籍人口在居住地参加高考升学的办法

时间	政策文件	相关政策内容
2012 年	《国务院关于深入推进义务教育均衡发展的意见》	保障进城务工人员随迁子女平等接受义务教育。要坚持以流入地为主、以公办学校为主的"两为主"政策，将常住人口纳入区域教育发展规划，推行按照进城务工人员随迁子女在校人数拨付教育经费，适度扩大公办学校资源，尽力满足进城务工人员子女在公办学校平等接受义务教育。在公办学校不能满足需要的情况下，可采取政府购买服务等方式保障进城务工人员随迁子女在依法举办的民办学校接受义务教育

（二）从"两为主"到"两纳入"

继 2001 年国家出台"以流入地区政府管理为主，以全日制公办中小学为主"（以下简称"两为主"）的政策之后，又在 2014 年出台的《国家新型城镇化规划（2014—2020 年)》中提出了"将农民工随迁子女义务教育纳入各级政府教育发展规划和财政保障范畴"的"两纳入"政策（相关政策论述见表 2—4）。从"两为主"到"两纳入"意味着农民工随迁子女义务教育政策得到了进一步的深化与完善。

表 2—4　　　　　　2013—2015 年随迁子女教育政策的相关论述

时间	政策文件	相关政策内容
2013 年	《中小学生学籍管理办法》	"学生初次办理入学注册手续后，学校应为其采集录入学籍信息，建立学籍档案，通过电子学籍系统申请学籍号。"学籍管理实行"籍随人走"
2014 年 3 月	《国家新型城镇化规划（2014—2020 年)》	"将农民工随迁子女义务教育纳入各级政府教育发展规划和财政保障范畴。"
2014 年 6 月	《关于进一步推进户籍制度改革的意见》	"统筹户籍制度改革和相关经济社会领域改革，合理引导农业人口有序向城镇转移，有序推进农业转移人口市民化。""保障农业转移人口及其他常住人口随迁子女平等享有受教育权利；将随迁子女义务教育纳入各级政府教育发展规划和财政保障范畴；逐步完善并落实随迁子女在流入地接受中等职业教育免学费和普惠性学前教育的政策以及接受义务教育后参加升学考试的实施办法。"

续表

时间	政策文件	相关政策内容
2015年	《关于进一步做好为农民工服务工作的意见》	"保障农民工随迁子女平等接受教育的权利"的前提下，"输入地政府要将符合规定条件的农民工随迁子女教育纳入教育发展规划"

值得注意的是，2013年以来，中国开始尝试接受农业转移人口和其他常住人口在城镇落户，建立城乡统一的户口登记制度。除户籍制度外，为更好地解决随迁子女的受教育问题，中国也开始尝试建立电子学籍系统，这也在一定程度上解决了农民工随迁子女跨省入学与转学的难题。有研究表明，不论是义务教育阶段还是非义务教育阶段，随迁子女的失学比例往往与流动距离相关，失学比例从高到低依次为跨省随迁子女、省内跨市、市内跨县随迁子女且历年趋势相同。[1] 因此，在随迁子女整体失学风险较高的情况下，应给予流动距离跨度较大的儿童更多关注。2013年《中小学生学籍管理办法》的出台标志着全国统一的学籍信息管理制度正式建立。从分省学籍管理到建立全国统一的中小学学籍制度，学籍管理开始实行"籍随人走"，为随迁子女跨省入学和转学提供了便利。

在2015年公布的《关于进一步做好为农民工服务工作的意见》中将以往政策文件里的"流入地"改为了"输入地"。有学者认为，这种表达方式的变化体现出了政府对待随迁子女受教育问题态度上的转变，反映了政府对随迁子女身份以及自身责任的重新解读。"流入地"的称谓是将随迁子女视为政府实施教育的负担，而"输入地"的称谓则是将随迁子女视为政府实施教育的资源。[2] 《国家新型城镇化规划（2014—2020年）》要求"将农民工随迁子女义务教育纳入各级政府教育发展规划和财政保障范畴"，"两纳入"政策意在从教育起点上保障随迁子女平等接受义务

---

[1]　国家卫生和计划生育委员会流动人口司：《中国流动人口发展报告2016》，中国人口出版社2016年版，第28页。

[2]　杨颖秀：《从"两为主"到"两纳入"——进城务工人员随迁子女义务教育政策的新突破》，《教育科学研究》2017年第6期。

教育的权利。要求公办学校普遍对随迁子女开放，与城镇户籍学生混合编班、统一管理。这是在新的教育理念下有效实施"两纳入"政策的有力举措，打破了以往随迁子女和城市户籍子女分校就读、分班就读的隔离壁垒，在保障措施上将随迁子女与城市户籍子女无差别对待，使他们能够感受到与城市户籍子女拥有平等的身份和受教育权利。可以说，"两纳入"政策进一步明确了各级政府及其职能部门在保障农民工随迁子女平等接受义务教育方面的责任，要求将其全面纳入教育发展规划和财政保障范畴，弥补了"两为主"政策的不足。

从"两为主"到"两纳入"，随迁子女教育政策体系呈现出了"渐进式"政策制定模式的发展特点。这种政策制定模式虽有助于规避政策的激进式变迁在实施过程中带来的风险，但政策本身已有的惯性也容易导致政策变革受阻。①

（三）从"两纳入"到"三统一"

2016 年 2 月，国家在《关于加强农村留守儿童关爱保护工作的意见》中指出"各地要大力推进农民工市民化"，对于"符合落户条件的要有序推进其本人及家属落户"。同年 8 月，在"两为主""两纳入"的基础上，国家又出台了"三统一"政策，即统一"两免一补"资金和生均公用经费基准定额资金随学生流动携带、实施统一的城乡医疗救助制度、实施统一规范的城乡社会保障制度（相关论述见表 2—5）。从"两为主"到"两纳入"再到"三统一"，国家在为随迁子女提供公共服务及公共财政保障的同时，也提升了城市教育机构的承载力。教育部于 2018 年 12 月 13 日举行新闻发布会时指出②，在义务教育阶段，随迁子女 80% 进入公办学校就读，另有 7.5% 享受政府购买民办学校学位服务并全部纳入生均公用经费和"两免一补"补助范围，可见，随迁子女在义务教育阶段的求学环境得到了一定程度的改善。

---

① 杨颖秀：《从"两为主"到"两纳入"——进城务工人员随迁子女义务教育政策的新突破》，《教育科学研究》2017 年第 6 期。

② 中国新闻网：《教育部：24 个大城市义务教育免试就近入学比例达 98%》，http：//www. chinanews. com/gn/2018/12－13/8700532. shtml。

表 2—5　　　　　　　　**2015 年以来随迁子女教育政策的相关论述**

时间	政策文件	相关政策内容
2015 年 12 月	《居住证暂行条例》	"公民离开常住户口所在地到其他城市居住半年以上，符合有合法稳定就业、合法稳定住所、连续就读条件之一的，即可以申领居住证，并享有包括义务教育在内的六大基本公共服务和七项便利。"
2016 年 2 月	《关于加强农村留守儿童关爱保护工作的意见》	"各地要大力推进农民工市民化"，对于"符合落户条件的要有序推进其本人及家属落户"
2016 年 8 月	《国务院关于实施支持农业转移人口市民化若干财政政策的通知》	"统一城乡义务教育经费保障机制，实现两免一补资金和生均公用经费基准定额资金随学生流动可携带。""加快落实医疗保险关系转移接续办法和异地就医结算办法，整合城乡居民基本医疗保险制度，加快实施统一的城乡医疗救助制度。""加快实施统一规范的城乡社会保障制度，中央和省级财政部门要配合人力资源社会保障等有关部门做好将持有居住证人口纳入城镇社会保障体系和城乡社会保障制度衔接等工作。"
2019 年 2 月	《中国教育现代化 2035》	"推进随迁子女入学待遇同城化"是实现中国基本公共教育服务均等化的重要政策之一

二　义务教育阶段的"隐性排斥"

近年来，中国农民工随迁子女义务教育阶段的总体入学率有所上升，但无论是流动儿童（包括随迁子女）还是留守儿童，仍然存在一定比例的失学现象。流动儿童的失学比例每年为 4%—5%，而留守儿童的失学比例在 2012 年为 2.94%，2013 年为 3.97%。值得注意的是，初中阶段仍然有部分流动儿童失学，且流动儿童失学比例也相对高于留守儿童。譬如 2013 年流动儿童 14 岁的失学比例为 2.92%，15 岁更高达 7.59%；而 14 岁和 15 岁的留守儿童的失学比例则分别是 0.33%

和 3.28%①。导致流动儿童（包括随迁子女）入学困难或中途失学的原因较为复杂，义务教育阶段存在的"隐性排斥"便是原因之一。

《国家中长期教育改革和发展规划纲要（2010—2020 年)》中明确提出"义务教育是国家依法统一实施、所有适龄儿童少年必须接受的教育，具有强制性、免费性和普及性，是教育工作的重中之重"。应当"适应城乡发展需要，合理规划学校布局，办好必要的教学点，方便学生就近入学。坚持'两为主'政策，确保进城务工人员随迁子女平等接受义务教育。研究制定进城务工人员随迁子女义务教育后在当地参加升学考试的办法。采取必要措施，确保适龄儿童少年不因家庭经济困难、学习困难、就学困难等原因而失学，努力消除辍学现象"②。可以说，"控辍保学"一直是中国义务教育阶段力求达到的目标。虽然国家提出了"两为主""两纳入""三统一"政策，但就现实情况而言，输入地的公立学校学位吸纳能力与随迁子女的受教育需求依然不匹配，常年供不应求。某些地区对随迁子女依然存在歧视现象，通过设置入学门槛、分班编制、分区上课等方式将部分随迁子女隔离在正规的城市教育体制之外，使其难以升读本地的公办中学。以上海市为例，2008 年在上海市教委的推动下兴起了纳民学校，农民工子弟学校全部纳入民办教育管理体系。但随着 2014 年《关于来沪人员随迁子女就读本市各级各类学校的实施意见》的出台，配合"严控特大城市人口规模，优化人口结构"的政策引导，使得 2016 年随迁子女的入学要求进一步升级，令农民工随迁子女的求学大门变得日益狭窄，纳民学校也面临消失③。虽然近 50 万流动儿童在上海接受义务教育，其中公办学校就读率超过 80%，但公办学校就读比例的提高并不意味着随迁子女获得了平等的教育，因为许多孩子在无法满足入学条件后已经离城返乡。

---

① 国家卫生和计划生育委员会流动人口司：《中国流动人口发展报告 2016》，中国人口出版社 2016 年版，第 109—111 页。

② 国家中长期教育改革和发展规划纲要工作小组办公室：《国家中长期教育改革和发展规划纲要（2010—2020 年)》，http://old. moe. gov. cn/publicfiles/business/htmlfiles/moe/info _ list/201407/xxgk_171904. html。

③ 杜茂林：《上海"纳民"十年 一场流动儿童教育实验走向尾声》，http：//www. in-fzm. com/content/136950。

　　从利益博弈的角度看，"两为主"政策并不能很好地协调输入地政府与中央政府以及输出地政府三方关于教育经费支出的问题。在这种"权利与义务不对等，尤其是财权与事权不对称"的情况下，输入地政府为了保障自身利益，便会与中央和输出地政府展开一场"拉锯战"。从部分城市2019年对于随迁子女义务教育阶段入学资格及所需材料的要求来看（见表2—6），城市之间的质性差异在这些要求中亦有明显体现，譬如在某些城市设立积分制等。① 就与户籍制度相挂钩的教育政策而言，积分入户政策只解决了高素质、高收入的外来务工人员子女的受教育问题，而对于处于社会底层的农民工群体来说，其子女的受教育问题仍被悬置，且可能会因为达不到入学门槛而被拒之门外。另外，由于优质教育资源稀缺，义务教育期间"就近入学"政策的实施使得城市市民对于示范校的校区房趋之若鹜，而农民工随迁家庭根本无力负担高昂的购房费用，只能由教育主管部门统一安排进入一些普通校或薄弱校就学。可见，虽然国家一再强调"同城同待遇"、保障随迁子女的受教育机会、使随迁子女能够在输入地"留得下"且"学得好"，但义务教育阶段的"隐性排斥"依然存在。

表2—6　部分城市2019年随迁子女义务教育阶段入学资格及所需材料

城市	幼升小	小升初
上海市	所需材料： 户口簿、《入学信息登记表》、预防接种证、父母一方有效的《上海市居住证》、参加本市职工社会保险证明或《就业失业登记证》以及适龄儿童本人的合法居住证件	来沪人员随迁子女小学毕业后将统筹安排至公办初中就读
广州市	父母条件： 持有在广州市办理《广东省居住证》连续满1年，并在广州市内具有稳定职业、稳定住所且依法缴纳社会保险。 满足积分入学政策者可申请积分入学就读公办学校	入学资格： 非户籍学生可以通过积分入学入读公办初中；亦可直接入读民办学校

① 郑漩等：《对流动儿童小学升初中受教育不连续性问题的原因探究——以广州市八所农民工学校为例》，《中国校外教育杂志》2014年第12期。

续表

城市	幼升小	小升初
北京市	父母（法定监护人）需持在京务工就业证明、在京实际住所居住证明、全家户口簿、北京市居住证（有效期内居住登记卡）等相关材料，到居住地所在街道办事处或乡镇人民政府审核，审核通过可参加学龄人口信息采集，到居住地所在区教育部门确定的学校联系就读	父母（法定监护人）需持在京务工就业证明、在京实际住所居住证明、全家户口簿、北京市居住证（或有效期内居住登记卡）等相关材料，到居住地所在街道办事处或乡镇人民政府审核，审核通过可参加学龄人口信息采集，到居住地所在区教育部门确定的学校联系就读
天津市	所需材料： 有效期内的居住证、居住证持有人的居民户口簿、本市合法居所的证明、本市的务工就业证明以及社会保险缴费凭证、儿童预防接种证	采取登记或对口直升方式入学，对于实行"多校划片"形式确定学生入学的区，继续采取随机派位的方式确定学生入学
合肥市	所需材料： 需提供随迁子女父母或其他法定监护人在本市的居住证（居住证截至 2019 年 8 月 31 日满 1 年）、经商办企业营业执照或合法的劳动合同，以及户口簿、身份证	所需材料： 提供其父母或其他法定监护人在本市的居住证（居住证截至 2019 年 8 月 31 日满 1 年）、经商办企业营业执照或合法的劳动合同，以及户口簿、身份证
哈尔滨市	根据辖区内外来务工人员居住的实际情况，按照相对就近的原则，根据学校容纳空间，统筹安置随迁子女就学 入学资格： 适龄儿童在学区学校入学，要符合"两个一致"的原则 父母条件： 须提供父母双方或一方及随迁子女的户口簿、哈市居住的居住证，到居住地所在区招收随迁子女的小学报名	根据辖区内外来务工人员居住的实际情况，按照相对就近的原则，根据学校容纳空间，统筹安置随迁子女就学

续表

城市	幼升小	小升初
郑州市	所需材料： 本市居住证、父母一方与用人单位签订的劳动合同或工商行政部门颁发的营业执照、户籍所在地的户口簿、父母身份证、儿童预防接种证	公办初中： 需提供"四证"：郑州市居住证、父母一方与用人单位签订的劳动合同或工商行政部门颁发的营业执照、户籍所在地的户口簿、父母身份证 民办初中： 采用电脑派位和学校面谈相结合的方式，实现"一次报名，两所学校，三次机会"
福州市	所需材料： 随迁子女就读公办小学需具备原籍户口簿和父母身份证、父母双方辖区内有效期内的居住证或房屋所有权证（不动产权证书、预告登记证或不动产登记证明）。（2020年起随迁子女入学报名时父母必须持有居住证，暂住登记凭证不再作为入学依据）	入学资格： 1. 在五城区公办小学就读的随迁子女按初招对口方案安排升学； 2. 申请升入五城区公办初中的随迁子女另需填写《福州市五城区初招照顾对象审批表》并提供相关凭证核验
太原市	所需材料： 在本市居住满一年的居住证；有效劳动合同及个人依法连续缴纳社会保险满一年的证明，或一年以上有效营业执照；进城务工人员及其子女原籍居民户口簿；随迁子女出生医学证明和预防接种证	基本原则与所需材料： 1. 凡符合条件的进城务工人员随迁子女小学毕业生，由居住证所在地县（市、区）教育行政部门统筹安排入学，不得择校； 2. 在本市居住满一年的居住证；有效劳动合同及个人依法连续缴纳社会保险满一年的证明，或一年以上有效营业执照；进城务工人员及其子女原籍居民户口簿

续表

城市	幼升小	小升初
成都市	所需材料： 1. 流动人员随迁子女在居住地接受义务教育：申请人须持有效期内的居民身份证和成都市居住证；申请人及其子女同一户籍的原籍户口簿或其他能够证明其法定监护关系的相关材料；与该区域用人单位依法签订的《劳动合同》或在该区域办理的工商营业执照；在本市连续依法缴纳城镇职工基本养老保险满 12 个月的清单；在该区（市）县连续居住满一年的相关材料； 2. 积分达 11 分及以上，但未入户的居住证持有人，其随迁子女在本市接受义务教育：申请人须持有效期内的《居民身份证》和《成都市居住证》；申请人及其子女同一户籍的原籍户口簿或其他能够证明其法定监护关系的相关材料；居住证积分信息	所需材料： 1. 已在成都市小学就读的随迁子女，按规定向居住证（地）区（市）县教育行政部门指定的登记点提交申请，登记点审核通过后，将《成都市流动人员随迁子女接受义务教育通知书》交回原就读小学； 2. 未在成都市小学就读的随迁子女，按规定向居住证（地）区（市）县教育行政部门指定的登记点提交申请，登记点审核通过后，由居住证（地）所在区（市）县教育行政部门统筹安排就学
昆明市	所需材料： 1.《昆明市外来务工人员随迁子女小学一年级入学预登记信息采集表》及在昆务工证明、居住证明和身份证明等相关证明材料； 2. 在昆明市主城区缴纳城镇职工养老保险的，还须提供相应证明材料； 3. 超过法定入学年龄的外来务工人员随迁子女，入学还须提供户籍所在地县级教育行政部门出具的缓学证明	所需材料： 1. 小学阶段已在昆明市享受公费学位的小学毕业生，根据当年的招生政策随就读小学分配入学； 2. 新申请初中公费学位的小学毕业生，其家长需提供在昆务工证明、居住证明、身份证明的原件及复印件

第三节　义务教育后阶段随迁子女
异地升学政策分析

2012 年，教育部、发展改革委、公安部、人力资源和社会保障部联合出台了《关于做好进城务工人员随迁子女接受义务教育后在当地参加升学考试工作的意见》。全国各地积极响应国家号召，陆续出台了各地方的"异地中考"和"异地高考"政策。由于异地升学涉及两个学段，而"异地中考"和"异地高考"政策不尽相同，因此本书将分别对农民工随迁子女"异地中考"和"异地高考"的政策流变进行阐述。

一　"异地中考"政策演进与政策分类

（一）"异地中考"政策演进

1. 自发探索阶段（2003—2008 年）

自 2003 年起，部分地区已经开始尝试出台"异地中考"政策，以保障农民工随迁子女平等接受教育的权利。2003 年，合肥市、哈尔滨市、广州市率先对农民工随迁子女异地中考问题进行探索。2004 年起，更多的城市开始加入制定随迁子女异地中考政策的队伍中来，允许符合条件的农民工随迁子女继续升学。部分地区的随迁子女"异地中考"政策见表 2—7。

表 2—7　部分地区随迁子女"异地中考"政策内容（2003—2008 年）

地区	出台时间	报考学校类别	报考条件
合肥市	2003 年	可报考市级示范高中	家长条件：在合肥市经商或务工，居住 1 年及以上
	2007 年	可报考市级示范高中及省示范高中	家长条件：在合肥市经商或务工，居住 1 年及以上
哈尔滨市	2003 年	允许报考普通高中或职业高中	家长条件：临时户口或暂住证　学生条件：初中学籍，年龄不超过 18 周岁的应届毕业生
广州市	2003 年	普通借读生只允许报考社会力量开办的学校及各类职业学校	无
长春市	2004 年	与本市考生同等待遇	家长条件：有居住证
鞍山市	2004 年	非城市户口的进城务工人员子女有相关手续也可报名参与市内高中录取	学生条件：同本地考生

续表

地区	出台时间	报考学校类别	报考条件
鞍山市	2006 年	有相关手续可报考市内高中	学生条件：城区在读应届的农民工随迁子女，具有在读学校两年以上学籍（含两年）
沈阳市	2004 年	借读生可报考除师范学校以外的其他各类学校	学生条件：学籍证明
	2006 年	借读生可报考除师范学校以外的其他各类学校	家长条件：居住地管区公安派出所证明；父母工作单位证明
深圳市	2004 年	非市属且非省市区重点的公办普高、民办高中、职业高中、部省属（含外省及跨市）普通中专和五年制大专班、技工学校、成人中专普通班	家长条件：非深圳户籍的须凭暂住证
天津市	2005 年	只允许报考中等职业学校（职业高中、普通中专、技工学校）	无
太原市	2005 年	需要在太原市普通高中、职业高中就读的外来务工人员子女，享有与本市学生同等的升学条件	学生条件：学历证明
武汉市	2005 年	户口在外地、进城务工人员的子女和其他借读生，申请参加中考升学的毕业生，到现就读的学校或借读学校报名	学生条件：须取得武汉学籍
乌鲁木齐市	2007 年	非乌鲁木齐市户口的初中毕业生只能报考高中招生计划中的计划外录取计划	家长条件：父母均在乌鲁木齐市务工 学生条件：在乌市教育局注册学籍
许昌市	2007 年	允许在就读学校参加中招考试，并在普高录取时与当地的考生一视同仁	学生条件：初三应届毕业生；具有就读学校学籍的学生
福建省	2008 年	可在流入地参加高中阶段招生考试	由各区教育行政部门自行规定

地区	出台时间	报考学校类别	报考条件
大庆市	2008 年	市区普通高中二类、三类招生学校，其中的艺体特长生可报考普通高中一类招生学校中石油高中、二十三中学、第一中学艺体特长招生学校	家长条件：暂住证；务工证明 学生条件：借读证明；借读学籍
齐齐哈尔市	2008 年	可报考省重点高中指令性计划、重点高中自费和一般高中	学生条件：在城市初中就读两年以上
兰州市	2008 年	可报考城市四区普通高中；报考职业学校和民办高中的考生不受户籍限制	家长条件：有暂住证 学生条件：在城市四区的本市初中应届生

这一阶段的"异地中考"政策具有以下特点：

首先，各地的"异地中考"政策均呈现出自发探索的趋势。从 2003 年起，在国家尚未出台"异地升学"相关文件的情况下，中国部分流动人口较多的地区开始自发探索"异地升学"的方式和办法，以满足随迁子女的升学需求。2003 年至 2008 年间，部分城市根据实际情况，对可报考的学校类别及报考条件进行了规定，也为后期国家出台"异地升学"相关政策提供了重要依据。

其次，各地的"异地中考"政策相对零散，部分限制条件不够清晰。这一时期有关随迁子女"异地中考"的相关规定大多没有以单独的政策文件的形式发布，仅存在于省、市、县、区的普通高中招生工作实施办法、中等学校招生工作规定或意见中。譬如，只有齐齐哈尔市在 2008 年出台了《关于进一步做好农民工随迁子女义务教育工作的意见》，对随迁子女的升学情况进行了规定，明确提出在城市初中就读两年以上，可报考省重点高中指令性计划、重点高中自费和一般高中。其余多数省市都是统一在高中招生工作或中等学校招生考试等文件中涉及随迁子女异地升学的相关内容。此外，对随迁子女异地中考的零星规定也存在一定的模糊性。譬如，随迁子女父母工作的稳定程度就难以准确界定①，而且对家长的限制条件各有不同，有务工证明、暂住证、家长工商营业执照或工作单位证明等条件，五花八门的报考条件也加大了随迁子女的报考难度。

最后，各地的"异地中考"政策对于报考学校类别的规定不尽相同，大致可以分为三种类型。第一类地区全面放开各类高中及职业学校，但是对于报名应具备的学生条件或家长条件仍有限定，如武汉、许昌、长春、太原等城市均属此类。第二类地区虽然放开了普通高中，但同时规定了仅有部分普通高中可以报考，如深圳市规定进城务工人员随迁子女仅可以报考非市属且非省市区重点的公办普通高中；合肥市在 2003 年规定可报考市级示范高中，并在 2007 年将范围扩大到了省级示范高中。第三类地区仅开放各类中等职业学校供随迁子女选择。如天津市只允许报考中等职业学校（职业高中、普通中专、技工学校）；广州市规定普通借读生只允许报考社会力量开办的学校及各类职业学校。在限制条件方面，家长条件多是暂住证、本地居住时间、务工或工作证明，学生条件主要涵盖本地初中学籍、本地初中学习时限、借读证明、应届生证明等方面。这一阶段各地出台的"异地中考"政策虽然开放程度有限，但还是为后续完善相关政策提供了有益参考。

2. 政策推进阶段（2009—2011 年）

2009 年以来，更多的地区开始探索和修订"异地中考"政策方案（相关政策论述见表2—8）。《2010 年教育部工作要点》提出要"研究农民工随迁子女义务教育后参加升学考试办法，推动逐步实现农民工子女入学与城镇居民享有同等待遇"。2010 年 7 月，《国家中长期教育改革和发展规划纲要（2010—2020）》出台，明确指出要"研究制定进城务工人员随迁子女接受义务教育后在当地参加升学考试的办法"。有研究显示②，截至 2010 年 12 月，有 5 个省（直辖市）出台了异地升学政策；同时，有 19 个地级市及 4 个区、县也对随迁子女异地中考作出了明确规定。

这一时期延续了上一阶段对随迁子女"异地中考"政策的类型划分：

---

① 姚晓飞：《我国农民工随迁子女异地中考政策研究》，硕士学位论文，陕西师范大学，2016 年。

② 吴霓：《农民工随迁子女异地中考政策研究》，《教育研究》2011 年第 11 期。

第一类，可在输入地参加中考，且与本地考生享受同等待遇；第二类，可报考部分类别的高中及职业学校；第三类，可报考中等职业学校。但是每一类型的代表城市有所变化，有部分地区对原有政策进行了修正和完善，如哈尔滨、广州、西安、乌鲁木齐、鞍山等城市。譬如，鞍山市规定具有在读学校两年以上学籍的农民工随迁子女与鞍山市本地学生享有同等到校指标待遇，对以往的政策内容进行了完善。乌鲁木齐市将政策调整为有自治区内户口的考生可以报考高中招生计划内的学校，其余考生仍只能按计划外录取。还有部分地区仍然仅允许随迁子女就读中等职业学校，譬如上海市出台了《2010 年上海市部分全日制普通中等职业学校自主招收在沪农民工同住子女方案》，允许随迁子女在上海读中职。总体而言，虽然大部分地区都出台了"异地中考"政策，但是由于部分城市的学校吸纳能力有限且报考限定条件较多使得许多随迁子女仍然无法在输入地顺利升学。

表 2—8　部分地区随迁子女"异地中考"政策内容（2009—2011 年）

地区	出台时间	报考学校类别	报考条件
乌鲁木齐市	2009 年	有自治区内户口的考生可以报考高中招生计划内的学校，其余考生仍只能按计划外录取	学生条件：有自治区内户口可报考计划内的学校
贵阳市	2009 年	只能报考示范性高中类学校择校生、五年制专科学校、一般普通高中学校和中等职业学校	不详
哈尔滨市	2009 年	可报考普通高中、职业高中、高中高职、民办高中及省市重点高中民办公助校	家长条件：具有临时户口和暂住证 学生条件：已在初中学校就读的应届初中毕业生
海南省	2009 年	公办普通高中面向全省招生的公费生计划，只招收本省户籍考生；各市县公办普通高中的公费生计划是否招收非本市县户籍的考生，由各市县（单位）作出决定并公布	学生条件：本省户籍

续表

地区	出台时间	报考学校类别	报考条件
上海市	2010 年	只能报考中等职业学校	学生条件：在全日制初中学校连续就读 2 年及以上，年龄不超过 18 周岁
广州市	2010 年	仅限在广州各区内的"异地借读"；符合条件者可以省内乃至跨省"异地借读"	家长条件：省内乃至跨省"异地借读"需要为殡葬工人或服务连续两年以上的环卫临时工
西安市	2010 年	可报名参加中考，但不能报考职业技术学院和普通中专	家长条件：有较稳定工作和住所 学生条件：适龄子女
鞍山市	2010 年	城区在读的应届生农民工随迁子女，可以报考城区高中。具有在读学校两年以上学籍的农民工随迁子女与鞍山市本地学生享有同等到校指标待遇	学生条件：城区在读的应届生；或具有在读学校两年以上学籍
石家庄	2011 年	具有本市户口的应届初中毕业生；居住市区且长期在市区经营工商企业及外来务工人员的子女且具有市区初中学籍者。上述考生均在就读学校报名	学生条件：具有本市户口的应届初中毕业生；具有市区初中学籍

3. 政策完善阶段（2012 年至今）

2012 年 8 月，《关于做好进城务工人员随迁子女接受义务教育后在当地参加升学考试工作的意见》指出各省、自治区、直辖市人民政府可根据本地实际情况"因地制宜制定随迁子女升学考试具体政策"，并规定"各省、自治区、直辖市有关随迁子女升学考试的方案原则上应于 2012 年年底前出台。"要同时保障随迁子女和本地学生双方的升学权利，"统筹做好随迁子女和流入地学生升学考试工作。"对于解决随迁子女平等接受教育问题，各地区、各有关部门要"加强组织领导和协调配合"。至此，全国各地进入异地中考政策的修订完善阶段。迄今，31 个省份已制定并实施了随迁子女异地中考方案，对随迁子女报考高中的限制条件更为明晰具体。未来的努力方向是要对异地中考的相关配套政策加以落实，以保障随迁子女顺利升学。

（二）"异地中考"政策分类

诚如上述，全国各省、自治区、直辖市人民政府根据所在地区实际情况纷纷出台了农民工随迁子女"异地中考"方案。如表 2—9 所示，各地对于农民工随迁子女"异地中考"的考试及录取规定、准入条件可归纳为四种类型。

类型一：可在就学地参加中考，且与本地考生享受同等待遇。代表地区有蒙、湘、琼、陕等。

类型二：可在就学地参加中考及录取，具体办法由各市（区）教育局（教育行政部门）因地制宜自行研究制定，代表地区有苏、豫、鄂、粤等。

类型三：可报考中等职业学校，代表地区有京、津。

类型四：可在就学地参加中考及录取，需满足积分制条件，代表地区有沪。

无论哪一种类型，学生条件主要包括有本地初中学籍和就读年限、就读连续性、应届毕业生等。家长条件主要包括有合法稳定住所（居住证）、连续居住年限、合法职业（务工证明）、参加社保年限等。

表 2—9　　　　　　农民工随迁子女"异地中考"政策分类

分类	考试及录取规定	代表性地区	准入条件
类型一	可在就学地参加中考，且与本地考生享受同等待遇	陕	学生条件：持有陕西省初中学校颁发的毕业证书 家长条件：父亲或母亲持陕西省居住证 1 年以上，在陕缴纳职工基本养老保险 1 年以上（含 1 年）
		甘	学生条件：具有我省连续两年初中学籍 家长条件：无

续表

分类	考试及录取规定	代表性地区	准入条件
类型一	可在就学地参加中考，且与本地考生享受同等待遇	川	学生条件：在本地就读满一定年限并取得初中阶段学籍 家长条件：在我省有合法稳定职业和住所（含租赁）
		蒙	学生条件：有本地初中学籍且连续就读满1年 家长条件：有合法稳定住所（含租赁）且连续居住、合法职业且纳税（参加社保）均满1年
		湘	学生条件：在流入地接受义务教育并取得当地学籍 家长条件：无
		琼	学生条件：在我省初三年级就读满1年的应届毕业生 家长条件：为在我省就业的常住人员，且具有相关居住证明
		黑	学生条件：在当地初中连续就读 家长条件：有合法稳定职业、合法稳定住所（含租赁）
		吉、辽	学生条件：无 家长条件：有合法稳定职业（务工证明）和合法稳定住所（含租赁）
类型二	可在就学地参加中考及录取。具体办法由各市（区）教育局因地制宜自行研究制定	苏	学生条件：具有我省义务教育阶段学籍 家长条件：无
		鄂	学生条件：在本地初中就读并获得统一学籍号 家长条件：无
		豫	学生条件：初中应届毕业生，有流入地正式学籍 家长条件：父母一方，有合法职业＋稳定住所（含租赁）

续表

分类	考试及录取规定	代表性地区	准入条件
类型二	可在就学地参加中考及录取。具体办法由各市（区）教育局因地制宜自行研究制定	滇	学生条件：在流入地完整接受初中教育，且具有连续三年学籍 家长条件：无
		粤	学生条件：在当地有 3 年完整初中学籍 家长条件：无
类型三	可报考中等职业学校	京	学生条件：2013 年起，具有本市初中 3 年连续学籍 家长条件：持有有效北京市居住证明，有合法稳定的住所，合法稳定职业已满 3 年，在京连续缴纳社会保险已满 3 年 满足以上条件的随迁子女可以在北京中考升学，只可报考中等职业学校
		津	学生条件：同本地考生 家长条件：居住证持有人通过积分方式取得本市常住户口后，其随迁子女按照本市亲属投靠落户政策取得本市常住户口者。 不具有本市常住户口或蓝印户口，但已在我市就读并具有本市学籍的应届初中毕业生。经就读学校所在区县中招办审核同意后，可按外地考生身份报名考试，但只可报考五年制高等职业教育和各类中职学校
类型四	可在就学地参加中考及录取，需满足积分制条件	沪	学生条件：应届初三学生或 18 周岁以下本市往届初中毕业生 家长条件：考生父母一方持有效期内《上海市居住证》且积分达到标准分值，同时持有效期内《上海市临时居住证》 符合以上条件可在学籍学校或考生父母持有的《上海市居住证》上登记地址所在区报名。 未达到一定积分的，其子女可在上海参加全日制中等职业学校的自主招生考试，接受全日制中等职业教育，毕业后可参加本市普通高等职业学校自主招生考试，完成高等职业教育完整学习经历后，可在本市参加普通高等学校专升本招生考试

二 "异地高考"政策分类与政策困境

2012年年末，全国30个省（自治区、直辖市）在国务院办公厅转发的《关于做好进城务工人员随迁子女接受义务教育后在当地参加升学考试工作的意见》的指导下，相继出台了随迁子女异地高考方案。[①]

（一）"异地高考"相关研究分布

以"异地高考"为"篇名""主题"对中国知网"中国学术期刊网络出版总库"2007—2019年的文献进行检索发现，自2012年中国发布了《关于做好进城务工人员随迁子女接受义务教育后在当地参加升学考试工作的意见》之后，异地高考的相关研究成果迅速增多，并且在2013年达到高峰（见图2—2），2014年研究成果总数虽有所下降，但是硕博论文在数量上有所增加，达到了10篇。[②] 如表2—10所示，近年来关于异地高考问题的研究主要集中在对于异地高考政策层面和制度层面的分析上，研究主题涉及政策文本、政策逻辑、政策议程、政策制定、政策过程、政策推进、政策执行、博弈论分析、网络舆情格局分析、风险及规避研究、

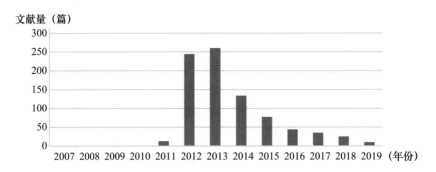

图2—2　随迁子女异地高考问题研究文献的时间分布

① 周正、周佳、刘玉璠：《随迁子女异地高考政策研究》，《黑龙江教育》（高教研究与评估）2016年第12期。

② 周正、刘玉璠：《回顾与展望：随迁子女异地高考问题研究》，《黑龙江高教研究》2017年第1期。

制度改革、制度变迁，等等。部分成果涉及了对异地高考阻力的剖析及对策的研究。这些研究成果体现出了学者们对于随迁子女异地高考问题的极大关注。

表 2—10　　　　　　　　随迁子女异地高考相关研究分布

分类	研究主题	研究视角	学者
政策层面	政策文本	政治社会学视角	李涛、习勇生、陈斌等
		政策逻辑	华桦、张攀等
	政策议程	多源流理论	张建、丁芳等
	政策制定	对话与表达	彭华安等
		制度分析与发展框架	李根等
		责任分析	于川等
		政策过程	孙志远、曾美勤等
	政策推进	国家、地方、个体视角	华桦等
	政策执行	政策网络视角	姚松、邓凡等
		利益相关者视角	曹晶、张鹏莉等
		复杂性视角	蒋园园等
		功能	魏山等
		合理性分析	温正胞、孙新等
		历史视角	童锋、刘希伟等
	博弈论分析	利益博弈	彭华安、夏雪等
		政策博弈	程育海等
		博弈论模型	王玉龙等
		期待与认同调查	冯帮、周秀平等
		网络舆情格局分析	刘惠等
制度层面		风险及规避研究	姚松、伍宸等
		制度改革	赵小翠、黄娉婷等
	制度变迁	社会学视角	刘惠等
		新制度经济学视角	姚松等
		制度变迁视角	孙志远、李明星等

分类	研究主题	研究视角	学者
阻力及对策层面		公共选择理论	余祥、董凌波等
		法律权利视角	管华等
		利益相关者视角	刘培军、刘惠等
		政策分析视角	吴霓、杨颖秀等

（二）"异地高考"政策分类

异地高考政策困境产生的根源，在于中国特殊的"户籍＋学籍"的高考政策和"省内竞争、省内划线、条块分割、各自为政"的高考录取制度。[①] 由于中国优质高等教育资源在区域间配置的极度不均，以及优质高校高考招生分数线在省际高低差别较大，导致了异地高考政策在各地实施过程中不同群体的利益冲突。中国人口流动的趋势是朝向经济发展较好的大城市流动，而这一类城市的教育资源同样优质且丰富，本地考生在高考录取中享有"低分数线＋高录取率"的优势，若随迁子女在输入地参加高考，则会冲击输入地考生的既得利益。为了维护本地考生的"特权"，部分地方政府在异地高考的条件中设置了较高的门槛。从目前各省份发布的"异地高考方案"来看，异地高考可分为四种类型（见表2—11）。

表2—11　　　　　　　　　　"异地高考"政策分类

分类	学生条件	父母条件	代表地区	考试及录取
第一类	本地学籍＋学习经历（赣：1年；其他均3年）	无	鲁、赣、浙	与本地户籍考生同等考试，同等录取

---

① 翟月玲：《"异地高考"的根源、理念探究与对策》，《中国高教研究》2012年第7期。

分类	学生条件	父母条件	代表地区	考试及录取
第二类	本地学籍＋学习经历（冀：2年；黑：3年以上；其他：均3年）	稳定职业＋稳定住所（含租赁）	黑、辽、川、鄂、豫、苏、湘、冀、桂	与本地户籍考生同等考试，同等录取 湘：家长居住（含就业状况信息、房产证或租赁合同等）1年期以上 冀：家长具有居住证、《就业失业登记证》（或《就业创业证》） 桂：学生条件满6年（初中至高中），家长条件满3年以上，可参加高考；学生条件满3年（高中），高考报名截止前户籍迁入广西，家长条件满3年，可参考高考
第三类	本地学籍＋学习经历（吉：3年及以上，其他均3年；黔、粤、蒙需参加本省中考）	稳定职业＋稳定住所＋居住证（明）＋社保年限（皖、甘：未限制年限，其余3年或3年以上）	吉、黔、陕、粤、蒙、闽、皖、甘、渝、晋	吉：家长条件满3年以上；学生条件满参加吉林省中考并取得普通高中学籍或者高一学期转入吉林省并取得普通高中学籍、在吉林省普通高中阶段有完整学习经历（3年以上，含3年）。与本地户籍考生同等考试，同等录取 黔：在贵州省取得初中毕业证书，并满足学生条件3年，家长条件3年及以上，可参加高考，不受报考批次的限制；在我省取得初中毕业证书，并符合学生条件满3年，家长条件2—

分类	学生条件	父母条件	代表地区	考试及录取
第三类	本地学籍＋学习经历（吉：3年及以上，其他均3年；黔、粤、蒙需参加本省中考）	稳定职业＋稳定住所＋居住证（明）＋社保年限（皖、甘：未限制年限，其余3年或3年以上）	吉、黔、陕、粤、蒙、闽、皖、甘、渝、晋	3年，可报考第二批本科院校和高职专科学校；学生条件满12年，其父亲（或母亲）在我省有合法稳定的住所（含租赁）和合法稳定的职业。可参加高考，不受报考批次限制 陕：家长条件符合持陕西省居住证及缴纳职工基本养老保险3年以上（含3年） 粤：参加本省中考，学生条件满3年，家长条件满3年及以上，可报名参加高考，与本地户籍考生同等录取；学生具有我省中职学校3年完整学籍，家长条件满3年以上，可报名参加高职院校招收中职学校毕业生招生考试 闽：学生条件满3年，参加2020年高考，父母一方需缴社会保险费或纳税3年（有从业经历）
第四类	本地学籍＋学习经历（京、云、津：3年，其余6年）	居住证明＋稳定职业＋稳定住所＋社保年限（6年及以上）	京、沪、宁、琼、新、云、津、青	京：家长条件满6年，学生条件满3年，可参加高等职业院校考试、录取 沪：持《上海市居住证》且积分达到标准分值人员连续持有《上海市居住证》3年，其子女为本市高中阶

分类	学生条件	父母条件	代表地区	考试及录取
第四类	本地学籍＋学习经历（京、云、津：3年，其余6年）	居住证明＋稳定职业＋稳定住所＋社保年限（6年及以上）	京、沪、宁、琼、新、云、津、青	段毕业生的，可在本市参加普通高等学校招生考试；持《上海市居住证》且参加本市职工社会保险满6个月，或持《上海市居住证》且连续3年灵活就业，子女参加中等职业学校自主招生考试并具有本市中等职业教育完整学习经历的，可选择在本市参加专科层次依法自主招生考试和"三校生"高考（专科层次），在此基础上具有高等职业教育完整学习经历的，可参加本市普通高等学校专升本招生考试 宁：学生条件及家长条件均满6年，可参加普通高考，允许报考区内所有普通高等学校以及区外除第一批录取以外的本科院校或专业和区内外高职（专科）院校或者专业；学生条件满3年（有高中学籍），家长条件满3—6年（其中社保3年及以上），可报名参加普通高考，允许报考区内除第一批录取以外的本科院校或专业和区内外高职（专科）院校或专业

分类	学生条件	父母条件	代表地区	考试及录取
第四类	本地学籍＋学习经历（京、云、津：3年，其余6年）	居住证明＋稳定职业＋稳定住所＋社保年限（6年及以上）	京、沪、宁、琼、新、云、津、青	琼：学生条件、家长条件均满6年，可报名参加高考，不受报考批次的限制；学生条件、家长条件均满12年（小学至高中），报名参加高考，不受报考批次的限制；学生条件满6年，家长条件满3—6年，只能报考本科B批及高职专科学校；学生符合高级中等教育学校就读经历，家长有合法稳定的住所（含租赁）与合法稳定的职业，只能报考本科B批及高职专科学校 新：学生条件满6年（初中至高中），家长条件满6年，可以报考区内外本专科院校（专业）；学生条件满5年（初中二、三年级至高中），家长条件满5年，可报考区内本科院校和区内外高职（专科）院校。学生条件满4年（初中三年级至高中），家长条件满4年，可报考区内外高职（专科）院校 云：考生与父（母）亲的户籍都在云南，学生条件满3年，家长条件满3年；或考生户籍在云南，学生条件满6年，考生父（母）

分类	学生条件	父母 条件	代表 地区	考试及 录取
第四类	本地学籍＋学习经历（京、云、津：3年，其余6年）	居住证明＋稳定职业＋稳定住所＋社保年限（6年及以上）	京、沪、宁、琼、新、云、津、青	亲户籍不在云南，家长条件满6年，可参考高考，报考省属院校；学生在云南就读但户籍未迁入云南，可报考第三批本科院校或高职专科院校 津：父母积分入户，子女取得本市户籍或者具有本市蓝印户口且符合津教委中〔2009〕6号文件规定，学生条件满3年，可在本市参加高考，与本市户籍考生同等录取；其他考生仅可参加本市高职院校的自主招生 青：落户5年以上，学生条件满3年，可参加高考并报考省内外普通高校；落户3—5年，学生条件满3年，可参加高考并报考省内外三本及以下院校；落户1—3年，学生条件满3年，可参加高考并报考省内三本及以下院校；办理"居住证"的考生，满足学生条件3年，可在本省参加高考并报考省内外高职院校

（三）"异地高考"的政策困境

以往研究表明，主要体现在以下几个方面：

第一，异地高考政策前提的不合理性。[①] 为了解决随迁子女异地升学问题，国家授权"各省、自治区、直辖市人民政府要根据城市功能定位、产业结构布局和城市资源承载能力制定具体办法"[②]。从国家授权的逻辑来看，随迁子女能否在输入地升学的前提是该地区的城市功能定位、产业结构布局和城市资源承载能力，而不是随迁子女享有的宪法赋予的受教育权[③]。这一政策前提在某种程度上为随迁子女异地升学设置了障碍，而这一政策逻辑也使得随迁子女异地升学政策制定的前提与政策的初衷背道而驰。

第二，异地高考政策文本的认可度不高。一项对北京市农民工的调查结果显示，在异地高考方案对家长的限制条件上，66.5%的农民工赞同"父母要有稳定的职业和收入"，但是超过一半的农民工不赞同"父母在流入地要有合法稳定住所"，且近70%的农民工反对"父母应缴纳一定年限的社会保险"[④]。就现实而言，外来务工人员多租住廉租房，部分人员无单位依托，无法缴纳社会保险，这些短时间内难以改变的实际情况使得许多务工人员在"父母条件"上颇感无奈。

第三，异地高考政策执行存在一定的随机性。目前已出台的各省异地高考方案均是由地方政府依本省具体情况制定的。无疑，地方政府既是政策的制定者又是政策的执行者，同时还要兼顾本地考生的利益，这在政策执行的过程中极易呈现出随机性、不确定性的倾向[⑤]。地方政府掌握着自由裁量权，在平衡不同利益群体间的关系时，也可能会因为保护本地考生的利益而设置过高的准入门槛[⑥]，从而与政策目标相偏离。

----

① 周正、刘玉璠：《回顾与展望：随迁子女异地高考问题研究》，《黑龙江高教研究》2017第1期。

② 中华人民共和国中央人民政府：《国务院办公厅转发教育部等部门关于做好进城务工人员子女接受义务教育后在当地参加升学考试工作意见的通知》，http://www.gov.cn/zwgk/2012-08/31/content_2214566.htm。

③ 杨颖秀：《随迁子女异地升学政策的冲突与建议》，《东北师大学报》（哲学社会科学版）2013年第2期。

④ 冯帮、崔梦川：《关于农民工对异地高考政策反响的调查报告》，《上海教育科研》2013年第1期。

⑤ 吴鹏：《异地高考制度的困境与出路》，《中国法律评论》2015年第2期。

⑥ 张攀、姚荣：《从"国家视角"走向"底层关怀"："异地高考"政策制定的逻辑》，《高教探索》2015年第1期。

第四，异地中考与异地高考政策之间衔接不畅。[①] 根据现行政策，北京、天津、上海等地异地高考的准入门槛相对苛刻。北京市只放开随迁子女在京参加高等职业院校招生录取；天津市规定居住证持有人通过积分方式取得本市常住户口后，其随迁子女按照本市亲属投靠落户政策取得本市常住户口的可在当地高考；上海市则要求来沪人员持《上海市居住证》、积分达到标准分值（120 分），父母连续持居住证 3 年及以上，且子女在沪高中毕业方可参加考试，这些地区设置的异地高考的限制条件如此严苛，其主要原因在于当地尚未对随迁子女完全放开普通高中教育。无疑，部分地方政府以屏蔽随迁子女异地中考资格的方式提前阻断了考生的异地高考之路。可见，异地中考政策的滞后直接影响了异地高考政策目标的实现。

三　义务教育后阶段的"显性排斥"

据统计，在 16—18 岁高中年龄段，农民工随迁子女失学比例大幅上升，超过 25% 的流动儿童和 12% 的留守儿童处于失学状态。[②] 流动儿童（包括随迁子女）高中阶段失学比例大大高于留守儿童的原因有二：一是受户籍制度的限制，一部分流动儿童在 16—18 岁，即高中阶段，为了继续学业，不得不返回户籍所在地上学，从而其社会角色由流动儿童转变为留守儿童，推动留守儿童的入学率上升；二是部分留守儿童在完成义务教育后，选择外出打工，又转变为流动儿童，使得流动儿童的失学率进一步提高。无论是流动儿童失学比例的剧烈上升，还是留守儿童失学比例的缓慢上浮，都在一定程度上反映出农民工随迁子女的异地升学之路并非一片坦途。

通过政策分类不难发现，各地的政策都对随迁子女在当地的受教育情况进行了规定。诚然，无论规定随迁子女的学籍年限是三年还是六年，都具有一定程度的合理性，但是，在大部分省市的异地高考方案中还对考生父母提出了要求。父母条件较低的需要提供三年合法稳定职业、合法稳定住所的证明，较高的还需要提供三年居住年限证明或居住证、缴纳三年社

---

① 周正、周佳、刘玉璠：《随迁子女异地高考政策研究》，《黑龙江教育》（高教研究与评估）2016 年第 12 期。

② 国家卫生和计划生育委员会流动人口司：《中国流动人口发展报告 2016》，中国人口出版社 2016 年版，第 109—110 页。

会保险或纳税证明，有的甚至需要满足六年的要求。将随迁子女的高考权益与其父母的职业身份捆绑起来，这无疑是一种显性的社会歧视。就现实情况而言，大部分农民工在城市从事的工作没有单位依托无法缴纳社会保险，或者个人收入尚未达到纳税标准，且他们多居住于廉租房，难以提供稳定住所证明。因此，异地高考政策中对于父母条件的规定，只会令一直处于弱势的随迁子女陷入更为无奈的境地。①

从"异地高考"政策的四种类型来看，前三类的异地高考政策正常显示出了考生所要满足的条件，即使存在教育起点的不公，相对而言差强人意，因为在满足条件的情况下，考生凭借自身努力，还有实现愿望的机会。但是，第四类政策除正常的门槛条件外，还在报考院校方面进行了设定，也就是说，在满足学生条件及父母条件的情况下，考生却仍旧不能正常报考自己心仪的院校。这一现象在流动人口较多且高等教育资源较为丰富的北京、上海、天津，以及被认为是"高考洼地"的宁夏、新疆、云南、青海等省市更为突出。② 在优质教育资源有限的情况下，随迁子女与本地户籍子女之间的利益冲突，使该省政策站在了本地户籍学生一方，部分省市更为倾向于满足"本地民意"，地方保护主义在实际问题面前难以被打破，因此有学者认为异地高考政策仅是一项"象征性"的政策。③

从各省份异地高考方案设置的条件上看，部分方案虽未涉及更多的要求，但其内部也隐藏着诸多潜在条件，且环环相扣。比如，某些省份仅要求考生具有当地高中学籍，但是若要在该地取得高中学籍，根据当地的规定，需要提供父母的暂住证、工作证及缴纳社保情况等证明，这足以说明异地高考的部分"门槛"是以其他"门槛"为前提的。④

就学生而言参加异地高考的升学条件主要包括学生户籍、学籍和求学经历三个方面。除个别省份外，大多数省份要求学生必须提供输入地学

---

① 周正、周佳、刘玉瑶：《随迁子女异地高考政策研究》，《黑龙江教育》（高教研究与评估）2016年第12期。

② 周正、周佳、刘玉瑶：《随迁子女异地高考政策研究》，《黑龙江教育》（高教研究与评估）2016年第12期。

③ 姚荣：《回归公共性："异地高考"新政的反思》，《教育理论与实践》2013年第14期。

④ 周正、刘玉瑶：《回顾与展望：随迁子女异地高考问题研究》，《黑龙江高教研究》2017年第1期；吴霓、朱富言：《流动人口随迁子女在流入地升学考试政策分析》，《教育研究》2014年第4期。

籍，特别是提供高中阶段学籍以证明具备完整的学习经历。在"异地高考"政策中，完整的高中阶段学籍和连续性的高中学习经历是大多数省份所要求的基本条件，是随迁子女参加高考的入门券。于家长而言，应满足的条件主要有暂住证（居住证）、户籍、合法稳定的职业、合法稳定住所和缴纳社会保险等。对于各项条件完成的年限各地存在差异，合法稳定职业有1—3年不同的要求，居住证年限也有地区作出3年的规定，缴纳社会保险有1年、3年甚至6年的不合理要求。对于农民工群体来说，稳定的住所、稳定的职业实属不易，居住证、务工证明对于部分农民工也是一个壁垒，更难满足缴纳社会保险的这样过高的要求。如果说义务教育阶段的教育存在"隐性排斥"，那么义务教育后阶段根据地方设立的异地高考政策中对父母条件的规定，鲜明地划分出了社会阶层，对随迁家庭来说，这无疑是一种"显性排斥"。

随迁子女"异地升学"问题是一个涉及政策、伦理、教育以及管理的综合性问题。[①] 高考制度既是随迁子女实现社会向上流动的主要途径，又是城市中上层子女实现代际传递和阶层再造的重要通道。而"异地高考"问题的出现就其本质而言既是随迁子女家庭对受教育权利和教育资源再分配的诉求，是对现有制度供给的调整，也是对公正筛选与合理流动的期望。[②] 基于家庭地位的劣势和制度的缺失，随迁子女平等接受教育的权利更加难以彰显。此外，随着随迁子女数量日益增加，如何合理地分配教育资源和录取指标也加剧了政策实施的复杂性。

第四节　一线城市与二线城市"异地升学"政策差异分析

一　政策比较

全国各个省市基于本地实际情况均已出台"异地中考"政策和"异

---

① 周正、刘玉璠：《回顾与展望：随迁子女异地高考问题研究》，《黑龙江高教研究》2017年第1期。

② 陈斌：《异地高考政策复杂性探微——基于省略直辖市异地高考方案的内容分析》，《教育科学》2015年第1期。

地高考"政策（如表2—12所示）。从纵向上来看，同一地区的"异地中考"和"异地高考"政策是相互衔接的，"异地高考"的准入条件明显要多于"异地中考"。从横向上来看，各地的"异地中考"和"异地高考"政策在考试及录取规定上存在差异。对于一线城市，农民工随迁子女只可报考中职学校及高职院校的代表地区有北京市，积分达到标准分值且满足其他条件方可在当地报名高考的地区有上海市，符合"四个三"条件的随迁子女才能报考公办高中的代表地区有广州市；对于二线城市，可与当地户籍考生享受同等待遇的代表城市有哈尔滨、沈阳、长春、郑州和福州等。

表2—12　　　　　　　　一线城市与二线城市异地升学政策比较

城市分类	考试及录取规定	代表地区	异地"中考"准入条件及材料	异地"高考"准入条件及材料
一线城市	农民工随迁子女只可报考中职学校及高职院校	北京	随迁子女报考中等职业学校申请条件：1. 进城务工人员持有在有效期内的北京市暂住证（或居住登记卡、居住证）或工作居住证；2. 进城务工人员在京有合法稳定的住所；3. 进城务工人员在京有合法稳定职业已满3年；4. 进城务工人员在京连续缴纳社会保险（医疗保险或养老保险）已满3年（不含补缴）；5. 随迁子女具有本市学籍且已在京连续就读初中3年学习年限	1. 进城务工人员持有在有效期内的北京市暂住证（或有效居住登记卡、居住证）或工作居住证；2. 进城务工人员在京有合法稳定住所；3. 进城务工人员在京有合法稳定职业已满6年；4. 进城务工人员在京连续缴纳社会保险中的基本养老保险或基本医疗保险已满6年；5. 随迁子女具有本市学籍且已在京连续就读高中阶段教育3年学习年限。符合条件的随迁子女可以申请参加高等职业学校招生考试

续表

城市分类	考试及录取规定	代表地区	异地"中考"准入条件及材料	异地"高考"准入条件及材料
一线城市	积分制、积分入户可在当地报名高考	上海	考生父母一方持《上海市居住证》和身份证、积分通知单，考生本人《上海市临时居住证》、户籍证明（必要时提供亲子关系证明）等。持居住证积分未达到120分考生：可报考上海市中专、职校、技校、国际学校；无居住证：回户籍所在地参加中考	持《上海市居住证》且积分达到标准分值人员连续持有《上海市居住证》3年，其子女为本市高中阶段毕业生的，可在本市参加普通高等学校招生考试；持《上海市居住证》且参加本市职工社会保险满6个月，或持《上海市居住证》且连续3年灵活就业，子女参加中等职业学校自主招生考试并具有本市中等职业教育完整学习经历的，可选择在本市参加专科层次依法自主招生考试和"三校生"高考（专科层次），在此基础上具有高等职业教育完整学习经历的，可参加本市普通高等学校专升本招生考试
	符合"四个三"条件的随迁子女才能报考公办高中	广州	1. 具有合法稳定职业的证明：随迁子女父母一方或其他监护人在广州市范围内与用人单位签订了劳动合同、建立劳动关系满三年；或在广州市领取营业执照从事合法个体经营活动满三年以上	随迁子女在我省就读普通高中，并同时符合： 1. 父亲或母亲在我省具有合法稳定职业； 2. 父亲或母亲在我省具有合法稳定住所； 3. 父亲或母亲持有我省居住证，连续3年以上（含3年）； 4. 父亲或母亲在我省依法参加社会保险缴费累计3年以上（含3年）； 5. 随迁子女在我省参加中考； 6. 随迁子女在父亲或母亲就业所在地市具有高中阶段学校3年完整学籍可在我省报名参加高考

续表

城市分类	考试及录取规定	代表地区	异地"中考"准入条件及材料	异地"高考"准入条件及材料
一线城市	符合"四个三"条件的随迁子女才能报考公办高中	广州	2. 具有合法稳定住所的证明：随迁子女父母一方或其他监护人在广州市拥有自有住房的；或在广州市有合法租赁住房并到有关房地产租赁管理部门登记满三年的；或在广州市服务单位提供住所居住满三年的 3. 具有购买社会保险的证明：随迁子女父母一方或其他监护人按国家规定在我市范围内参加社会保险并缴费累计满三年 4. 随迁子女在广州市具有初中阶段三年完整学籍的相关证明	随迁子女在我省就读普通高中，并同时符合： 1. 父亲或母亲在我省具有合法稳定职业； 2. 父亲或母亲在我省具有合法稳定住所； 3. 父亲或母亲持有我省居住证，连续3年以上（含3年）； 4. 父亲或母亲在我省依法参加社会保险缴费累计3年以上（含3年）； 5. 随迁子女在我省参加中考； 6. 随迁子女在父亲或母亲就业所在地市具有高中阶段学校3年完整学籍可在我省报名参加高考
二线城市	基本可与当地户籍考生享受同等待遇	哈尔滨	随迁子女父母在黑龙江具有合法职业、合法稳定住所，其子女可报考普通高中志愿；在哈市九区初中学校就读，参加全部学业考试，并延续在哈市就读至毕业，父母双方或单方在我市工作5年以上，可报考重点高中统招志愿	具有本省高中学籍；在本省连续实际就读3年以上；父母在本省有合法职业和合法稳定住所（含租赁）

城市分类	考试及录取规定	代表地区	异地"中考"准入条件及材料	异地"高考"准入条件及材料
二线城市	基本可与当地户籍考生享受同等待遇	郑州	满足父母一方有合法职业；稳定住所（含租赁）；父母一方在郑缴纳社会保险1年以上，在学籍注册学校连续就读3年	父母一方须有合法职业和稳定住所
		沈阳	具有我市学籍的应届初中毕业生可参加中考	在辽宁省高中阶段有三年学籍，并有完整学习经历，同时父母在我省有合法稳定职业和住所（含租赁），方可在我省报名参加普通高校招生考试
		福州	在五城区满三年可与本地学生一样可报考面向本地招生的各级各类学校	具有我省高中阶段学校学籍并有三年完整学习经历的毕业生，可在我省就地报名参加普通高考，允许参加本科、专科层次录取，并与当地考生享受同等的录取政策
		长春	进城务工人员随迁子女在就读学校或居住地招生办报名，享受本市户籍考生同等待遇	父母一方须在我省有合法职业、合法稳定住所（含租赁）并连续缴纳社会保险满三年以上，考生在我省有完整普通高中阶段学习经历并参加我省普通高中学业水平考试

（一）一线城市"异地升学"政策的特点及其成因

如表2—12所示，一线城市"异地升学"政策的基本特点是报名门槛高、限制条件多、选择空间小。这种政策特点的成因有二：一是为了应对流动人口大幅增长带来的压力；二是为了保护本地学生的既得利益。

《2010年第六次全国人口普查主要数据公报》显示，上海市常住人口呈现快速增长态势，2000—2010年增加了628.1万人，年均增长率为

3.2%，是全国人口年均增长率的 5 倍，其中外来常住人口增长 551.2 万人，占增长人口的 87.8%。广东省和上海市相似，人口也出现大规模增长，广东省总人口中，2149.9 万人是跨省流入人口，占常住人口的 20.6%。省外人口比 2000 年增加了 643.4 万人，增长了 42.7%，说明广东省在这 10 年增长的人口有三分之一以上来自省外人口的流入，一线城市流动人口的大幅增长，给城市公共服务带来了巨大压力。

　　2014 年 7 月，《国务院关于进一步推进户籍制度改革的意见》指出要"努力实现 1 亿左右农业转移人口和其他常住人口在城镇落户"，这意味着推进户籍制度改革开始进入全面实施阶段。到 2016 年 2 月底，出台具体实施意见的省份数量已增加到 27 个。在国家政策的推动下，中国户籍人口城镇化速度逐步加快。2015 年户籍人口城镇化率增长最快，城镇户籍人口对应增加 4100 万人，比 2014 年的增量多出 2000 万人，其中相当一部分新增的城镇户籍转移人口是由流动人口转化而来，这也就意味着在统计口径上，一部分"流动人口"成为"常住人口"①。然而，"流动人口"本身也有质性区分，能够从流动人口转变为常住人口的，往往是有能力达到规定积分的外来务工人员，其中不乏高学历人才，但反观农民工群体，大多处于社会底层，在城市中从事底薪工作，很难达到积分要求，因此，农民工随迁子女的异地升学问题依然要靠国家和地方的政策支持来加以解决。

　　对于流动人口比较集中的一线城市而言，在制定"异地高考"政策的过程中，会明显受到国家行政部门的层级性约束②，为了缓解对国家政策的执行压力，地方政府往往会提出基于地方保护主义的应对策略。如 2014 年 7 月，《国务院关于进一步推进户籍制度改革的意见》指出："严格控制特大城市人口规模，改进城区人口 500 万以上的城市现行落户政策，建立完善积分落户制度。"对此，北京市采取的措施就是严格审查 2014 年秋季义务教育阶段非京籍学生入学的资格条件。依据意见要求，

---

①　国家卫生和计划生育委员会流动人口司：《中国流动人口发展报告 2017》，中国人口出版社 2017 年版，第 11—20 页。

②　程育海：《"异地高考"的政策博弈：中国地方政府间关系研究》，硕士学位论文，复旦大学，2013 年。

对家长条件和学生条件严格控制，使得大批农民工随迁子女无法进入公办学校和民办学校。通过划定城市空间增长边界和人口规模上限、提高落户门槛、疏解中低端产业等方式控制人口规模、优化人口结构，这在一定程度上影响了人口的流动和定居选择。可以说，一线城市对于异地升学的种种限制，直接剥夺了某些农民工随迁子女的升学机会，亦成为随迁子女进行身份置换和向上流动的根本性障碍。

（二）二线城市"异地升学"政策的特点及其成因

相比一线城市的种种条件限制，二线城市中的农民工随迁子女基本上可以和本地儿童享有平等的入学和考试待遇。因此，二线城市"异地升学"政策的特点是门槛较低、条件宽松、普惠大众。

在访谈中，二线城市的教育局工作人员也对这一点给予了肯定。

问：在我市公布的异地中考和异地高考政策中，对外地户籍的学生及其家长提出了一些基本要求，那么，外地学生和家长都能达到这些要求和条件吗？

答：绝大多数都能达到，现在我们这类城市异地升学政策的门槛是很低的，不是用来卡人的。（He01）

问：我市的异地升学政策是省内通行还是全国通行？比如我不是本省人，我是跨省流动过来的农民工随迁子女，那么，我能不能享受这个待遇？

答：都享受。所有外地户籍人口，无论是本省还是外省我们都一视同仁。（He01）

可见，在二线城市，随迁子女异地升学的政策更为宽松，基本上只要其家长满足拥有合法住所和合法稳定职业这两个条件，其子女就能够在本地参加考试并升学。笔者认为，二线城市的异地升学政策之所以相对宽松是因为这类城市不存在明显的学位供给与教育需求之间的矛盾。

笔者曾在 H 市一所农民工随迁子女占比较高的公办小学以校外兼职教师的身份参与观察过一个学期。在与该校校长及教师的日常谈话中发现，如果该校不大量招收外地学生，那么学校就会因生源不足而面临关闭。也就是说，由于优质教育资源分配不均，一些普通校和薄弱校面临着生源危机，而外地学生的输入恰好可以缓解招生难的尴尬局面。正因如此，大多数的二线城市"异地升学"政策的门槛都比较低、条件也相对宽松。然而，值得注意的是，虽然可以在城市异地升学，但这并不意味着"隐性排斥"的消除。毕竟随迁子女从义务教育阶段开始就因为家庭经济资本、文化资本、社会资本的占有量较低而难以进入示范校去享受优质教育资源，所以在后续的升学竞争中也较难考取心仪的高中或大学，家庭资本的代际传递依然存在。

二 哀默群像与多元博弈

随迁子女在输入地平等接受教育的诉求与两个阶段直接相关，即义务教育阶段和义务教育后阶段。在这两个阶段中有任何一个环节出现问题，都会导致随迁子女无法享有平等接受教育的机会。与义务教育阶段相比较，非义务教育阶段的异地升学问题是一切矛盾的焦点。可以说，异地升学政策的执行涉及多方利益，也由此引发了利益相关者之间的多元博弈。

异地升学是一个包含多元主体的具有长期性、复杂性的博弈，其实质是随迁子女与本地学生教育资源分配的利益博弈。中央政府、地方政府（输入地政府与输出地政府）、随迁子女及家长、本地考生及家长作为主要的利益相关者，为争取优质教育资源，谋求政策改革的自身利益最大化而展开多元博弈（见图2—3）。利益相关者之间的博弈主要表现为随迁子女家长与其他利益相关者的博弈（①随迁子女家长与本地考生家长的利益博弈；②随迁子女家长与政府间的利益博弈）；地方政府与其他利益相关者的博弈（③地方政府与中央政府间的政策博弈；④地方政府间的政策博弈；⑤输入地政府与输出地政府的博弈）。此外，本地考生家长与地方政府、中央政府也存在着利益博弈。

（一）随迁子女家长与其他利益相关者之间的博弈

1. 随迁子女家长与本地学生家长的利益博弈

随迁子女与本地考生作为"异地升学"政策的核心利益相关者，两者的博弈主要是通过其家长的行动来完成的。本地学生家长出于地方保护主义，从保护现行教育制度、城市负荷压力、与政府协商等方式极力维护其子女对城市优质教育资源的垄断与独占；随迁子女的家长则通过呼吁教

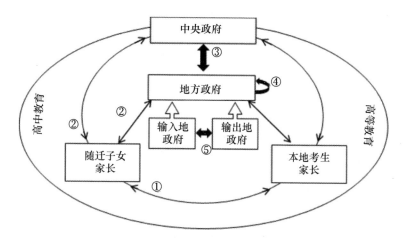

图2—3 "异地升学"政策利益相关者关系

育公平、城市贡献、与政府沟通等方式努力为其子女争取平等接受教育的权利，希望其子女能够通过异地升学实现身份置换与向上流动。

目前，各地区出台的异地升学政策大多向随迁子女倾斜，除京沪地区以外的其他城市均已不同程度地开放异地升学渠道。在原有的"学籍 + 户籍"双认证的高考制度框架下，本地考生可以独享优质的公共教育资源，而如今伴随异地升学政策的全面实施，随迁子女也要参与分享资源时，本地考生家长和随迁子女家长就要围绕优质教育资源的争夺展开激烈的零和博弈①。各地区异地升学政策的出台，一定程度上反映了随迁家庭依靠国家的力量在博弈过程中为其子女争取到了有限的受教育机会。

然而，在北京、上海等一线城市，随迁子女的家长与本地学生家长之间的博弈正在持续进行中。中国现行的高考实行分省定额录取制度，使得北京、上海等城市在考试人数、录取分数和录取率上优越于其他城市，成为众人向往的"高考洼地"。对于异地升学政策，作为既得利益群体的京籍家长曾陆续发表《北京家长针对"异地高考"等问题的几点意见》及《北京市民致教育部的公开信》。京籍家长认为，京沪地区放开高考政策就意味着随迁子女可以参加本地高考，势必会造成对本地考生的冲击；因

---

① 曹晶：《利益相关者视角下的"异地高考"政策执行研究》，《教育理论与实践》2016年第11期。

"洼地效应"而吸引的高考移民,也会加剧城市的承载压力。如果北京放开异地高考,每年将有7万外地籍学生参加高考,由此引发的利益冲突不仅表现在激烈竞争背景下的较低的录取比例,也表现在城市教育、医疗、交通各方面的压力过大。[①]

可见,随迁家庭与本地家庭的博弈都将希望寄托于政府,政府是政策的制定者,获得政府的支持就会享有政策的青睐。如果随迁家庭和本地家庭一直坚持自己的利益,这场博弈将陷入僵局。

2. 随迁子女家长与政府间的利益博弈

从批判理性决策模式的角度出发[②],输入地政府是一个有自身利益的"理性经济人"组织。虽然流动人口为城市建设做出了贡献,但是二者之间也存在着利益的冲突与对抗。输入地政府在财政上主要依赖于本地人口,与本地人口利益同构。此外,如果随迁子女要享受本地教育资源则政府要面临着财政投入、教育场地供应、办学条件和师资配备等现实问题,不能一蹴而就。输入地政府从本地区的利益出发,不会倾向于全面开放"异地升学"的渠道。

随迁子女作为利益相关者,只有将自身的利益诉求与政策制定相融合,不断通过给中央政府施加压力来影响地方政府政策的制定与执行才有可能达成利益目标。此时,随迁家庭博弈的对象就由中央政府转化为地方政府,从有限开放异地升学到全面开放异地升学仍需要长期的博弈,才能最终实现随迁子女平等接受教育的诉求。

(二) 地方政府与其他利益相关者之间的博弈

1. 输入地政府与中央政府的利益博弈

地方政府与中央政府存在着层级关系,在公共利益上具有一致性,共同致力于促进社会公平、维持社会稳定。对于随迁子女异地升学问题,中央政府是政策的主导者,将权力下放给地方政府,地方政府在政策制定上享有充分的自主权,也是政策的执行者。正常情况下,地方政府会结合本地区的实际情况,最大限度地满足随迁子女的利益需求以及本地生源的既

---

① 民主与法制网:《临川中学的"北京样板"》,http://www.mzyfz.com/cms/minzhuyu-fazhizazhi/jujiaoyuzhuanti/html/696/2012 - 09 - 11/content - 506875. html。

② 刘惠:《我国"异地高考"问题的利益相关者分析》,《上海教育科研》2014年第9期。

得利益。由于地方政府一方面要贯彻执行中央政府的政策部署，另一方面又要追求地方利益的最大化，由此便引发了地方政府与中央政府之间的博弈，其中以输入地政府与中央政府的博弈最为突出。由于地方政府拥有信息资源，在与中央政府之间的不合作博弈关系中占据绝对优势①，从而就可能导致政策改革的初衷与结果大相径庭，利益天平会驱使不同地区的政府做出不同的政策行为选择。

地方政府在与中央政府不断博弈的过程中往往会出现两种行为。一种是按照中央政府的部署，贯彻异地升学政策改革。如上海市、天津市将异地升学与外来人口居住证和积分制挂钩；广东、海南等省份将学籍、五证审核或其中几项作为异地升学的限制条件；江西、山东、浙江等省份异地升学的门槛较低，积极响应中央政策，鼓励外来人口融入城市。另一种则是从本地考生的利益出发，采取地方保护主义，异地升学的限制条件相对严苛，如北京市，目前为止只允许外地考生报考中职学校和高职院校。对于输入地政府而言，这样的政策改革既维护了本地考生的利益，又贯彻了中央政策。可见，地方政府会根据政策为其带来的利益多寡而选择不同的博弈策略，同时根据中央政府对其地方保护行为是否监管而选择不同的执行策略②。

2. 输入地政府间的政策博弈

在政策研究领域，复杂性理论将政策制定过程视为一个混沌的过程，参与其中的各利益主体因持有不同观念而构成了过程的复杂性。③ 中央政府在政策制定方面给了地方政府很大的自主性，而地方政府制定政策的不同立场会导致政策内容存在很大偏差，直接表现为各地对于异地升学的开放程度不同，地方政府之间由此形成了竞争博弈。

京沪等发达城市集中了优质的教育资源，受到来自内部和外部不同性质的改革压力。京沪本地考生竞争压力小、录取分数低、录取概率大，这

---

① 陈坚：《"比较制度分析"视角下的农民工随迁子女教育问题研究》，《教育科学研究》2017 年第 2 期。

② 曹晶：《利益相关者视角下的"异地高考"政策执行研究》，《教育理论与实践》2016 年第 11 期。

③ 刘谦等：《随迁子女教育政策复杂性研究——以北京市 C 区为例》，《中国教育学刊》2015 年第 6 期。

样的优势"高考洼地"使得本地居民与随迁家庭在博弈过程中引发的教育呼声与舆论压力给政策制定带来了外部性压力，在抵制与保护两种呼声环绕的京沪地区所面临的政策改革压力明显大于中西部地区的城市。相比较而言，中部地区高考大省以及二线城市对"异地高考"政策的支持呼声更高，从利益角度考虑，一方面可以吸引高考生源，利于本省高考招录工作顺利进行；另一方面，严格贯彻执行中央政府的工作指示，政治立场明确，也有利于实现社会公平与社会稳定发展。教育欠发达的西部地区高考移民现象较为严重，通过政策改革，力求平衡高等教育资源来减少高考移民现象。地方政府间很少涉及层级控制，因而北京、上海、天津等城市与中西部地区的政策制度之间的竞争性博弈难以避免。

3. 输入地政府与输出地政府的博弈

输入地政府与输出地政府之间处于同级，没有层级关系，但在随迁子女的利益问题上，两地政府存在明显的利益冲突。从利益博弈的角度来看，自"两为主"政策实施起，输入地政府与输出地政府、中央政府三方关于教育经费的争议持续不断。这种权责不对等引起了输入地政府与中央政府和输出地政府的利益博弈。输入地政府面临教育供需矛盾、教育资源紧张的利益剥夺现状，往往会通过在较长一段时间内"不作为"或者通过系列限制政策抵制处于底层随迁子女的教育诉求来为自身争取时间和利益。亚当·斯密曾指出个体和立法者的关系，"如果它们能够相互一致，按同一方向作用，人类社会的博弈就会如行云流水，结局圆满。但如果两者相互抵触，那博弈的结果将苦不堪言，社会在任何时候都会陷入高度的混乱之中"①。输入地政府在政策制定中占有重要地位，对中央政策的支持与反对会直接影响农民工随迁子女的利益。从"两为主"到"两纳入"再到"三统一"，国家政策进一步明确了由输入地政府承担随迁子女管理的责任，并将随迁子女义务教育纳入教育发展规划和财政保障范畴，其目的就是要输入地政府负起责任，在最大限度上满足随迁子女的教育需求。

随迁子女在输入地与输出地之间迁移往返，形成了两大特殊的儿童群

---

① 陈坚：《"比较制度分析"视角下的农民工随迁子女教育问题研究》，《教育科学研究》2017 年第 2 期。

体，即流动儿童群体（包括随迁子女）和留守儿童群体。输入地流动儿童的增多意味着输出地留守儿童的减少。然而对于输入地政府而言，无疑增加了政府的责任与压力。此外，两地政府在教育资源与教育财政经费来源方面仍存在利益冲突。两地政府的利益博弈，还要寄希望于中央政府的协调。① 如何在保障随迁子女平等接受教育的前提下，平衡输入地政府与输出地政府的利益关系是中央政府亟待解决的重要问题。

　　根据"阿罗不可能性定律"② 的分析，异地升学政策的执行涉及多方利益，理想的状态是既不损害本地学生群体的利益又能满足随迁子女的诉求，这在目前的情况下几乎是不可能完成的任务③。也有研究者表示，博弈论可为异地升学的政策制定提供理论基础，在理论上能够证明异地升学可以在既不损害本地学生利益又能保证随迁子女平等接受教育的条件下实现博弈均衡。④ 中央政府与地方政府之间的博弈达到帕累托最优，异地升学问题便可迎刃而解。只有各地政府之间建立合作，与中央政府同心协力，才能使围绕异地升学政策展开的竞争性博弈走向合作性博弈，进而实现共赢。

---

　　①　王燕：《农民工随迁子女"异地高考"中的利益博弈》，《教学与管理》2017 年第 33 期。

　　②　"阿罗不可能性定律"认为，由于每个社会成员或组织具有不同的利益诉求和政策偏好，而社会又有多种备选方案，那么在民主的制度下不可能得到令所有的人都满意的结果。

　　③　刘惠：《我国"异地高考"问题的利益相关者分析》，《上海教育科研》2014 年第 9 期。

　　④　王玉龙、王波：《异地高考的博弈论分析》，《上海理工大学学报》2015 年第 2 期。

第 三 章

影响农民工随迁子女平等接受
教育的文化因素分析

诚如前述，教育体系本身是一个多元力量共存的体系，国家、教育组织、个人是教育场域三个层次的利益主体，分别具有各自不同的教育利益目标。为了实现各自的目标，这三大利益主体必然会对个体的教育选择及受教育过程施加影响，从而使政策因素、文化因素、学校因素、个人及其家庭因素成为了干预个体教育选择及受教育过程的一系列重要因素。上文重点阐释了教育政策对农民工随迁子女教育选择的引导作用，本章将就文化因素对随迁子女平等接受教育的隐性影响进行分析。

新制度主义社会学认为，文化是非正式制度中最主要的因素。文化具有极强的刚性，不能随意更改。它沉淀在人们心中，稳定且持久。同时，文化也通过型构人们的主观模型来影响个人的选择。文化作为一种非正式社会制度，非常类似于凡伯伦眼中的制度："制度实质上就是个人或社会对有关的某些关系或某些作用的一般思想习惯"，它可以作为"在某一时期或社会发展的某一阶段通行的制度综合"而存在的一种生活方式，因此，人们以这样的方式生活，即"生活在制度——也就是说思想习惯——的指导下"，而这些制度是通过"淘汰的、强制的过程"而改变或加强的"对过去遗留下来的事物的观点或者精神态度"①。由于它潜在的存在形式是人们对过去事物的一种观念意识，因而相对整个社会而言也就是一种普遍的社会记忆，或者用迪尔凯姆的术语来说就是一种

---

① ［美］凡伯伦：《有闲阶级论》，蔡受百译，商务印书馆1964年版，第139—140页。

"集体意识"①。人们的教育行为，譬如是否接受教育、接受什么样的教育等不可避免地也会受到自身文化背景及所处文化环境的影响。

在现代社会中，大众传媒已然成为了文化传播最为重要且高效的载体。作为塑造和传播农民工随迁子女形象的重要途径，大众传媒的报道对于人们认识随迁子女具有重要影响。对大众媒体关于随迁子女的报道进行内容分析，概括其媒体形象，也可以从一个侧面了解随迁子女所处的文化舆论环境。

第一节　群像建构：大众传媒眼中的随迁子女

本书将大众传媒对于农民工随迁子女的新闻报道进行了内容分析，归纳出了大众传媒眼中的随迁子女形象。

一　媒体信息选取

为保证信息搜索的可信度与针对性，剔除学术论文、广告等无关信息，在百度新闻、搜狐新闻、360新闻、搜狗新闻等大众网站进行信息检索，由于每个网站提供的信息数量有差距，但内容基本相似，因此，本次样本选取选择对百度新闻进行检索。笔者通过对"农民工子女""外来务工人员子女""随迁子女""民工子弟""农民工随迁子女"等关键词在百度新闻搜索系统进行检索，收集到了2010—2019年大众媒体关于随迁子女的报道共84612篇。由于黄兆信等学者曾经对2010—2015年的媒体报道进行过分析②，因此本书在剔除与主题无关、文字重复的内容后，将目标锁定在2016—2019年发表的989篇报道上，采用内容分析法对报道的主题和类型等进行定量编码分析，并与以往研究进行了比较。

二　新闻内容分析

2010年以来，根据国家政策与媒体关注程度的变化，有关随迁子女

---

①　周正、李健：《干预个体选择职业教育的文化因素探析》，《黑龙江高教研究》2010年第6期。

②　黄兆信、万荣根：《大众传媒中的农民工随迁子女形象研究——基于社会融合视角》，《浙江社会科学》2016年第10期。

的新闻报道可以分为两个阶段。

第一阶段：2010—2015 年。

已有研究显示①，这一阶段农民工随迁子女的新闻报道主要有政策宣传类、公益援助类、社会问题类、媒介形象类，从数量统计分布来看，公益援助类居首（占比 62.4%），其次是政策宣传类（占比 17%）；从报道题材上看，以消息类为主，其次是政策宣传报道角度；从报道内容来看，以社会活动和教育政策为主，其中对社会活动内容进行了详细划分，可以概括出 27 种。2012 年中国发布《关于做好进城务工人员随迁子女接受义务教育后在当地参加升学考试工作的意见》之后，异地升学问题开始引起重视，相关报道逐渐增多。

第二阶段：2016—2019 年。

这一阶段，大众媒体对随迁子女的报道与政策趋向一致，各个省份都针对本省的实际情况，出台意见，对随迁子女入学及升学给予政策扶持。通过浏览新闻标题，笔者发现，这一阶段有关随迁子女的新闻报道类型同样集中在政策宣传类、公益援助类、社会问题类、媒介形象类四个方面（见表 3—1）。

表 3—1　　　　随迁子女新闻报道类型（2016—2019 年）

类型	研究方向	频次（N）	百分比（%）
媒介形象类	随迁子女的传媒形象	36	3.64
社会问题类	城市化问题	110	11.12
	医疗层面		
	法律层面		
	健康层面		
	教育层面		
	安全问题		

① 黄兆信、万荣根：《大众传媒中的农民工随迁子女形象研究——基于社会融合视角》，《浙江社会科学》2016 年第 10 期。

续表

类型	研究方向	频次（N）	百分比（%）
政策宣传类	招生政策	545	55.11
	就学政策		
	政策解读		
	政策宣传		
	政策落实		
公益援助类	关爱行动	298	30.23
合计		989	100.0

从随迁子女新闻报道类型分布上来看，有关政策宣传类新闻最多，占比55.11%，其次是公益援助类，占比30.23%。国务院在2014年9月12日发布了《关于进一步做好为农民工服务工作的意见》，为农民工创业就业、子女升学及就业、落户等方面给予政策支持。同年还印发了《关于进一步推进户籍制度改革的意见》和《国务院关于深化考试招生制度改革的实施意见》，至此，户籍制度改革、随迁子女就学与升学考试改革等制度问题逐渐引起重视。目前，已有30个省份出台了户籍制度改革方案，普遍提出取消农业户口与非农业户口的质性区分。这一时段媒体报道的内容亦是积极响应了政策号召，进行了一系列政策宣传与解读。另外，这一阶段有关社会问题和随迁子女媒介形象的报道较少，然而，从较少的媒介形象和较多的社会问题的角度去建构随迁子女的形象容易形成片面的认知误区，不利于大众形成对随迁子女形象的客观认识，也会影响随迁子女的城市适应与社会融入。

在上诉四类报道中，"政策宣传类"新闻报道以宣传教育政策为主，包括招生政策、入学政策与升学政策等，比如《三亚"摇号"安排外来工随迁子女入学》①《随迁子女年均增4万　东莞出台积分入学新

---

① 海南省人民政府：《三亚"摇号"安排外来工随迁子女入学》，http：//www. hain-an. gov. cn/hainan/sxian/201706/afefbbcf46374ac9858c9efb98d69c70. shtml。

政》①《随迁子女能就地参加高考？多地解读最新标准》② 等。政策落实多以消息类题材呈现，比如《济南2017简化外来务工人员随迁子女入学材料》③《以专项转移支付保障随迁子女在城市就读义务教育》④ 等。"政策宣传类"新闻报道可以在一定程度上帮助人们了解政策走向，以便进行教育选择和规划。比如，通过观看或收听新闻，人们可以发现各省份近年来为解决随迁子女入学难问题，已经根据其实际情况出台了一系列规定。已出台的就学规定有：积分制入学；"摇号"模式；入学报名需"五证"或"四证"；以公办校为准、不单独设校编班、采取混合编班等。大众传媒对相关政策进行传达与解读是好的，但有关随迁子女家庭对政策的了解情况及认可程度的报道则少见于报端。

"社会问题类"新闻报道主要集中在教育、医疗、法律、安全等层面。譬如《外来务工人员子女教育问题多：教师流动性大　生源质量弱》⑤；《中国民工子女教育困境：上学成本高　父母关爱不够》⑥；《福建龙海市检察院多举措维护外来务工人员子女合法权益》⑦；等等。有关随迁子女社会问题的新闻报道一般只是停留在反映问题上，缺少对于问题是否得以解决的后续报道。

"公益援助类"新闻报道主要集中在对随迁子女的关爱行动方面。笔者将"公益援助类"新闻报道的内容归结为八大类别（见表3—2）：心理健康、公益活动、校园活动、学校教育、课程培训、助学活动、家庭教

---

① 金羊网：《随迁子女年均增4万　东莞出台积分入学新政》，http：//ep. ycwb. com/epa-per/ywdf/html/2017 – 05/16/content_85674. htm。

② 中国教育在线：《随迁子女能就地参加高考？多地解读最新标准!》，https：//gaozhong. eol. cn/news/201610/t20161030_1463030. shtml。

③ 中国山东网：《济南 2017 简化外来务工人员随迁子女入学材料》，http：//edu. sdchina. com/show/4105764. html。

④ 网易新闻：《以专项转移支付保障随迁子女在城市就读义务教育》，http：//news. 163. com/17/0312/06/CFACDHLA00018AOP_mobile. html。

⑤ 东方网：《外来务工人员子女教育问题多：教师流动性大　生源质量弱》，http：//sh. eastday. com/m/20160707/u1ai9507495. html。

⑥ 网易财经：《中国民工子女教育困境：上学成本高　父母关爱不够》，http：//mon-ey. 163. com/17/0402/06/CH0E34JD002580S6. html。

⑦ 正义网：《福建龙海市检察院多举措维护外来务工人员子女合法权益》，http：//www. jcrb. com/procuratorate/jckx/201605/t20160531_1619338. html。

育、安全问题。以往研究对 2010—2015 年的关爱行动进行了总结和归纳①，发展到 2019 年，关爱行动的开展方式更加多元化，比如增加了安全教育、节日活动、公益演出等形式，在一定程度上丰富了随迁子女的生活。

表 3—2　　　　　　　"公益援助类"新闻报道的内容

视角	主要内容	2010—2015 年		2016—2019 年	
		频次（N）	百分比（%）	频次（N）	百分比（%）
心理健康	心理问题	7	5.00	11	8.83
	心理疏导	0		15	
	身份歧视	8		11	
公益活动	圆梦活动	60	45.00	27	42.00
	参赛活动	5		6	
	游戏活动	4		12	
	感受城市	2		1	
	共享快乐	4		13	
	展示活动	5		14	
	乐园之家	2		2	
	夏令营	7		11	
	免费观影	9		7	
	公益宣传	1		16	
	节日活动	0		19	
	公益演出	0		16	
	外出体验	30		13	
	书屋书库	6		19	
校园活动	毕业联欢会	0	4.33	3	1.43
	集体生日会	2		3	
	运动会	2		0	
	七彩屋	9		0	

---

① 黄兆信、万荣根：《大众传媒中的农民工随迁子女形象研究——基于社会融合视角》，《浙江社会科学》2016 年第 10 期。

视角	主要内容	2010—2015 年		2016—2019 年	
		频次（N）	百分比（%）	频次（N）	百分比（%）
学校教育	融合教育	0	0.00	11	15.99
	入学问题	0		50	
	身体健康	0		6	
课程培训	艺术培训	34	15.67	6	8.35
	文化培训	2		2	
	免费授课	7		12	
	免费辅导	4		15	
助学活动	物质资助	58	20.00	47	11.69
	荣誉称号	2		2	
家庭教育	家庭教育	0	3.33	5	6.92
	家庭情感	6		20	
	义务家教	3		2	
	家长学校	1		2	
安全问题	违法犯罪	20	6.67	2	4.77
	安全教育	0		13	
	普法活动	0		5	
合计		300	100.0	419	100.0

如表3—2所示，在心理健康方面，两个阶段的相关报道分别是15次和37次，2016—2019年较之前涉及的心理问题报道增多，且增加了心理疏导的内容，比如《镇海"农民工子女心理疏导"项目获中央财政支持》[①]等。可见，随迁子女的心理健康教育问题正逐渐受到重视。

在公益活动方面，2010—2015年共报道135次，其中报道圆梦活动60次，报道外出体验30次。2016—2019年共报道176次，报道的内容涉及方方面面，包括圆梦活动、参赛活动、游戏活动、感受城市、共享快乐、展示活动、乐园之家、夏令营、免费观影、公益宣传、节日活动、公

---

① 浙江在线：《镇海"农民工子女心理疏导"项目获中央财政支持》，http：//cs.zjol.com.cn/system/2017/05/11/021511900.shtml。

益演出、外出体验、书屋书库等。比如《圆梦活动：帮助外来务工子女实现"微心愿"》①；《潮州情系异地务工人员 65 名子女获专项助学金》②等。丰富的活动形式与多元化的感官体验，在增长见识的同时，对于农民工随迁子女的城市社会融入也大有裨益。

在校园活动方面，2010—2015 年共报道 13 次，2016—2019 年共报道6 次，毕业联欢会及集体生日会等活动的开展更加体现人文关怀，有助于随迁子女适应城市学校的文化生活。

在学校教育方面，2016—2019 年共报道 67 次，大众传媒对农民工随迁子女的入学问题更加关注，另外，如何推进融合教育开始得到重视。

在课程培训方面，2010—2015 年共报道 47 次，其中艺术培训比重最大，报道 34 次；2016—2019 年共报道 35 次，包括艺术培训、文化培训、免费授课、免费辅导等内容，舞蹈、国学、书法等免费艺术培训，有助于提高随迁子女的艺术与审美能力，义务课程辅导可以帮助随迁子女提高学习成绩，更好地适应城市学校的学习生活。

在助学活动方面，2010—2015 年共报道 60 次，2016—2019 年共报道49 次，奖学金及助学金的资助，桌椅、图书等物品的捐赠，对于减轻随迁子女家庭的经济负担，鼓励随迁子女努力学习、积极进取颇有助益。

在家庭教育层面，2010—2015 年共报道 10 次，2016—2019 年共报道29 次，主要包括家庭情感、义务家教、家长学校等。特别值得注意的是，家长学校的建立对于提高随迁子女家长的"学伴"能力、形成正确的家庭教养方式具有重要作用。

在安全问题方面，2010—2015 年就"违法犯罪"问题报道了 20 次，与这一阶段相比较，2016—2019 年大众媒体更加重视对安全教育的报道。对"黑中介"的抵制、普法活动的开展、"安全实验室"模拟都体现了对随迁子女安全问题的关注。

---

① 中国青年网：《圆梦活动：帮助外来务工子女实现"微心愿"》，http：//news. youth. cn/gn/201604/t20160421_7891408. htm。

② 工人在线：《潮州情系异地务工人员 65 名子女获专项助学金》，http：//www. grzx. com. cn/news/yw/201801/t20180115_919880. htm。

三 随迁子女的媒体形象

有学者曾经将随迁子女的媒体形象概括为"沐恩戴德者""逆境拼搏者""早熟懂事者""无知少识者""低人一等者""少年犯罪者"六大类。[①] 时至今日，这些媒体形象依然会折射出随迁子女的影子。随迁子女的形象既有其外在形象，也有其内在形象，既有正面形象，也有负面形象。根据 2016—2019 年有关随迁子女的新闻报道，在已有研究的基础上，笔者对随迁子女的媒体形象进行了补充分析。

（一）积极乐观者

此类形象在媒体中多是宣传的典型。即使生活条件与学习环境较差，但部分随迁子女依然乐观进取，对生活充满期待。比如，《纪实盘点农民工子女的童年》[②] 这篇报道就描述了这样一群孩子，无论生活怎么艰苦，他们却很少抱怨，总是怀揣美好的愿望，憧憬着在宽敞明亮的教室里学习。虽然他们没有机会接受更好的教育，但艰苦的生活环境并没有影响他们积极乐观的心态。报道中记录下了这样一幕：在浙江嘉兴，一群随迁子女在简陋的居住条件下，仍然开心嬉闹、用凉水冲澡、在服装店门口写作业的场景。虽然条件艰苦，但是他们积极向上、乐观开朗，塑造了积极乐观者这一媒体形象。这类报道有助于改变以往城市居民对随迁子女的不良印象，有助于农民工随迁子女的城市社会融入。

（二）信念缺失者

这类形象在媒体报道中比较常见。由于家庭教育的缺失，缺少正确的价值观引导，部分随迁子女崇尚知识无用论，没有形成正确的理想信念。比如，《我省更多农民工子女将拥有"心灵营养师"》这篇报道[③]的调查结果显示，部分随迁子女认为读书没有用，不爱学习，不知道自己为什么要上学，对自我缺少认知，没有理想也没有方向。由于这类报道较为常

---

① 黄兆信、万荣根：《大众传媒中的农民工随迁子女形象研究——基于社会融合视角》，《浙江社会科学》2016 年第 10 期。

② 齐鲁网：《纪实盘点农民工子女的童年》，http：//yx. iqilu. com/2017/0418/3506129. shtml #1。

③ 中国吉林网：《我省更多农民工子女将拥有"心灵营养师"》，http：//news. cnji-wang. com/sqpx/201602/1992119. html#20935。

见，容易被聚焦、放大，从而在城市居民心目中形塑出农民工随迁子女无知、成绩差等负面形象，而这种形象恰恰是城市居民对其产生歧视心理的主要缘由。

（三）心理矛盾者

这类形象是一个矛盾的综合体，时而成熟懂事，时而内向自卑。这种自尊与自卑并存的心理冲突，导致部分随迁子女的情绪易波动，人际交往困难。比如，在《小记者倡议尊重接纳随迁子女，倡导融合教育》① 这篇报道中，记者通过调查了解到很多随迁子女的心理健康状况与普通孩子无显著差异，但语音障碍与生活环境的变化，使其产生了自尊与自卑并存的矛盾心理，自尊要求其能理解父母的辛苦，要成熟懂事，他们喜欢参与集体活动，但现实条件的差异又使其自卑，他们往往在人际交往中封闭自己，采取不合作的态度。值得注意的是，大众传媒进行此类报道的初衷是好的，希望能够通过心理援助来帮助这部分随迁子女逐步适应城市生活，改变其紧张、敏感的焦虑状态，但是也可能会"误伤"随迁子女，使一些城市居民误以为随迁子女普遍存在心理问题，因此，媒体的报道在写实的基础上也要尽量避免误解的产生。

（四）城市中的失落者

有这样一群随迁子女，达不到城市入学所需的条件，从城市回流，回到"再留守"的状态，但又由于种种原因无法适应老家的生活，成为了"回不去的一代"。这样一个群体游走在城市与乡村的边缘，无奈地成为了城市中的失落者。在《外媒称农民工子女成中国失落一代》② 这篇报道中，描述了作者眼中农民工随迁子女的日常生活状态：父母无暇照看，孩子没有接受过真正的家庭或者学校教育，缺少关爱和社会交往，缺少生活常识，同时家庭也缺少城市社会保障。失落一族表现在两个方面，一是孩子跟随父母来到城市，脱离了4—2—1家庭结构，家庭结构处于瓦解状态；二是农民工随迁子女获得良好教育的途径有限。另外，在《教育思

---

① 新华报业网—南京晨报：《小记者倡议尊重接纳随迁子女，倡导融合教育》，http：//njcb. xhby. net/mp2/pc/c/201703/15/c295105. html。

② 网易财经：《外媒称农民工子女成中国失落一代》，http：//money. 163. com/api/15/0815/14/B12KJCD8002524T6. html。

考：进城随迁子女离城市生活还有多远》》① 这篇报道中提到，随迁子女即使可以在城市就学，也面临着城市融入难的问题，生活环境与家庭资源都处于弱势，加之部分城市人的歧视与排斥，会加重随迁子女的自卑感和失落感。长期生活在城中村、城郊等与城市脱节的边缘地带，容易诱发不良行为甚至犯罪。毋庸置疑，这类报道对随迁子女生活状态的描述以及将其归因于家庭教育的缺失很可能会对随迁子女的群体形象带来负面影响，容易导致随迁子女陷入"被污名化"的困境，进而影响其对城市生活的认同。

综上所述，媒体是参与随迁子女形象建构的重要力量。通过对2016—2019年的新闻报道的分析，我们发现这一阶段的媒体报道仍然主要是从政府的角度出发，更多的是为政府、城市主流群体发声，至于农民工随迁子女及其家长的诉求却较少得到关注。从媒体报道的类型来看，政策宣传类与公益援助类仍居主要地位。报道内容涉及方方面面，以公益帮扶活动居多。随迁子女的媒体形象既有积极形象也有消极形象，以消极形象为主。随迁子女目前的媒体形象比较容易引起人们的误解，而原因就在于大众传媒在某种程度上掩盖了随迁子女自己的声音。随迁子女的"失语"不仅不利于人们正确看待这一群体，而且消极的刻板印象又会给随迁子女的城市学校适应与社会融入造成障碍。因此，大众传媒在多角度、多层次进行报道的同时，如何反映出随迁子女的真实诉求，如何树立随迁子女的良好形象，进而消解城市居民对于随迁子女的不良印象，为随迁子女的城市社会融入创造一个优质的文化舆论环境仍然是一个需要持续关注和思考的重要问题。

第二节 单维文化适应：互融文化的缺失

人类学家 Robert Redfield 等将文化适应定义为"由个体组成的，且具有不同文化的两个群体之间，发生的持续的、直接的文化接触，导致一方

---

① 搜狐教育：《教育思考：进城随迁子女离城市生活还有多远》，http：//www.sohu.com/a/108788123_387118。

或双方模式发生变化的现象"①。这种变化通常表现为两种文化在文化价值观、风俗习惯、人际交往方式、行为准则、自然环境等适应上所体现的身心变化。社会文化适应是考察移民融入当地社会的一项重要指标。帕克等人认为，来自不同文化背景的人在交往中，通过共享历史和经验，相互获得对方的记忆、情感、态度，最终会整合于一个共同的文化生活之中。② 文化适应是一个复杂且漫长的过程，很多社会和环境条件或限制的存在都会在某种程度上决定个体或群体在新移民适应过程中可用的策略。③

一　文化适应的形成：单维度模型

文化适应单维度模型的发展历史较为长久，在 20 世纪前期和中期一直处于统治地位。文化适应由 Parks 和 Miller 在 1921 年提出，其初始状态是单维单向的，之后在 Gordon 等人的努力下取得长足发展。④ 对于文化适应的单维理论可以这样理解，如果把文化适应过程比作一条线，那么个体拥有的完全的原有文化（culture of heritage culture）与完全的主流文化都位于这条线上。对个体而言，在文化适应的过程中，他们总是处于从完全的原有文化到完全的主流文化这个连续体上的某一个点，最终结果是个体会到达完全的主流文化这一终点。这就意味着，个体初到一个新的文化环境，其文化适应的最终结果必然是原有文化被主流文化所同化。个体受到的主流文化影响愈多，原有的母体文化对其自身的影响就愈少。这个连续体的中点表现为一种双文化状态，处于这种状态的个体既受到主流文化的同化，也维持原有文化的影响。⑤ 基于单维度理论框架，诸多主流文化的研究者展开了对文化适应结构的分析。通过量表测量

---

① Robert Redfield, Ralph Linton, Melville J. Herskovits, "Memorandum on the study of acculturation", *American Anthropologist*, Vol. 38, No. 1, 1936, pp. 149 – 152.

② Robert E. Park, Ernest W. Burgess, *Introduction to the Science of Sociology*, Chicago: University of Chicago Press, 1923, p. 735.

③ 史斌：《不再沉默的"城市他者"——新生代农民工社会距离研究》，浙江大学出版社 2014 年版，第 110 页。

④ Wm. Peter Flannery, Steven P. Reise, Jiajuan Yu, "An empirical comparison of acculturation models", *Personality and Social Psychology Bulletin*, Vol. 27, No. 8, Augest 2001, pp. 1035 – 1045.

⑤ 余伟、郑钢：《跨文化心理学中的文化适应研究》，《心理科学进展》2005 年第 6 期。

的方式对文化群体进行调查，常见的单维度量表有 ARSMA（the Accultu-
ration Rating Scale for Mexican Americans）量表和 SL-ASIA（the Suinn-Lew
Asian Self-Identity Acculturation Scale）量表，分别用来研究拉美移民以及
亚洲移民的文化适应问题。有研究运用 SL-ASIA 量表对韩裔美国人的文化
适应情况展开调查，调查结果显示，研究群体可以划分成传统型、双文化
型以及同化型三种类型。[①] 实证研究结论从另一个角度对文化适应单维度
模型给予了支持。

　　在中国城市化进程中，农民工及农民工随迁子女在空间上位移到
城市，必然会面临着文化冲击与文化适应问题。根据《中国流动人口
发展报告 2018》显示，从 2015 年起，虽然中国流动人口数量已经连
续三年下降，但 2017 年仍高达 2.44 亿。从流动人口的发展趋势来
看，县内、县际、省际的人口流动情况有所不同。近年来，县内流动
人口的比重均有所下降，而省内县际的流动人口和省际的流动人口比
重有所上升，由此可见，城市群对流动人口的吸引力日益加强。[②] 大
量流动人口来到陌生的城市，原有文化与当地文化的差异形成了文化之间
的碰撞。同时，农民工群体的认知水平与当地居民也有所不同，难以融入
城市的主流文化当中。在文化适应的过程中，农民工群体逐渐形成拥有自
身独特文化的城市新群体。值得注意的是，农民工及农民工随迁子女目前
在城市的处境可谓处于一种单维文化适应的环境中。他们在进入流入地城
市后，与当地居民之间存在着许多文化和认知上的差异，担任了一种与以
往不同的社会角色，这种环境和社会角色的变化，使得他们不得不在经济
交往、社会交往、价值观念等方面进行调整。[③] 正是由于随迁子女在文化
适应过程中的现实处境，使得单维度文化适应的研究仍有其存在的客观基
础和必要性。

---

① Yoon Ju Song, Richard C. Hofstetter, et al., "Acculturation and health risk behaviors among
Californians of Korean descent", *Preventive Medicine*, Vol. 39, No. 1, July 2004, pp. 147–156.

② 中华人民共和国国家卫生健康委员会:《国家卫生健康委员会 2018 年 12 月 22 日新闻发
布会散发材料之八:〈中国流动人口发展报告 2018〉内容概要》, http://www.nhc.gov.cn/wjw/
xwdt/201812/a32a43b225a740c4bff8f2168b0e9688.shtml。

③ 孙丽璐:《农民工的文化适应研究》, 博士学位论文, 西南大学, 2011 年。

二　文化适应的发展：单维转向多维

自 20 世纪 70 年代起，文化适应单维模型不断遭遇挑战，各种文化适应双维模型理论相继得到发展。其中，心理学家约翰·贝利的双维理论模型应用较为广泛，颇具代表性。文化适应着重关注两类问题，一是文化的维持（cultural maintenance）情况；二是对文化的接触和参与（contact and participation）情况①。基于这两个维度，Berry 对加拿大移民问题展开研究，根据文化适应中的个体对其原来所属的群体和正在交往的新群体的态度区分出文化适应策略的四种模式：文化整合（integration）、文化同化（assimilation）、文化分离（separation）与文化边缘化（marginalization）②。

文化群体对原有文化和身份的认同与对主流文化的交流互动情况是相互独立的，即对其中一种文化的高认同并不代表对另一种文化的低认同。文化群体基于对原有文化与主流文化的认同与互动情况，对应选择不同的文化适应策略。在 Berry 的双维理论模型的基础上，可以绘制出适用于随迁子女文化适应策略的选择形成过程图示。图 3—1 可以较好地呈现这一策略选择的过程。假定弱势文化群体拥有选择自己文化互动模式的自由，文化群体在维持对原有文化和身份的认同的情况下，如果在日常生活中寻求与主流文化的积极互动，采取的是文化整合适应策略；如果不愿意同主流文化进行互动，采取的则是文化分离适应策略。文化群体在没有意愿维持原有文化和身份认同的情况下，如果在日常生活中寻求与主流文化的积极互动，采取的是文化同化适应策略；如果同主流文化也不愿意进行互动，采取的则是文化边缘化适应策略。

与单维度理论模型类似，应用双维度理论模型来研究文化适应的方法在实证研究中也获得了进一步的发展。Soo Kyung Lee 等的研究结果指出，文化群体存在文化整合、同化和分离三种文化适应模式。具体表现为，在美国出生的韩裔以及在年龄很小时就移民到美国的群体采用的是同化策略；虽然生活在美国，但比较适宜生活在韩国文化背景的群体采用的是分

---

① 王丽娟：《跨文化适应研究现状综述》，《山东社会科学》2011 年第 4 期。

② John W. Berry, "Social psychological costs and benefits of multiculturalism: A view from Canada", *Trames*, Vol. 2, No. 3, 1998, pp. 209 – 233.

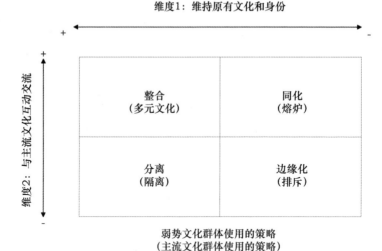

图3—1 文化适应策略选择过程

离的策略；能够进行文化整合的群体保持了美国与韩国双文化的交往圈子与群体活动。①

　　如前所述，单维文化适应理论认为文化适应是一个单向的融入过程，多指摒弃原有的文化基础对流入地文化的单向融入；双维文化适应理论是在融入的过程中，个体还有保留自身文化的可能。它强调文化适应并不是单向过程，文化适应是一个相互渗透、相互融合的过程。随着文化适应研究的深入发展，Berry 等人在原有双维文化适应理论的基础上又增加了一个维度，即主流文化群体对文化适应采取的干预措施。主流文化群体在与文化适应预期结果的互动中扮演重要角色，如果主流文化群体采取强制手段，推行或者限制弱势文化群体选择文化互动模式的自由，文化适应的模式则与双维文化适应理论的结果截然不同。如图 3—1 所示，当主流文化群体采取一些手段推动弱势文化群体选择"同化"的文化互动模式时，此时的"同化"类似于一个大"熔炉"。如果这种同化的文化互动模式带有强制性，则"熔炉"更容易发展为"高压锅"，试图将弱势群体文化都

---

① Soo Kyung Lee, Jeffery Sobal, Edward A. Frongillo, "Comparison of models of acculturation: the case of Korean Americans", *Journal of Cross-cultural Psychology*, Vol. 34, No. 3, May 2003, pp. 282 – 296.

熔化进去。以此类推，当主流文化群体倾向于"分离"的文化互动模式时，弱势文化群体适用的就是"隔离"；当主流文化群体要求弱势文化群体"边缘化"时，采用的则是"排斥"策略①。还有一种最为重要的文化适应模式，当弱势文化群体身处高度自由、开放的多元社会，主流文化群体承认其他文化，追求文化的多样性时，就会出现与"整合"一致的"多元文化"。显而易见，在四种文化适应模式中，"文化整合"是最理想的文化适应策略，在文化适应过程中兼顾原有文化与主流文化，将二者的精髓吸收并用。

鲍里斯等人提出了一种文化适应的多维模型，即交互性文化适应模型（the interactive acculturation model）。② 多维文化适应理论是由单维文化适应到双维文化适应理论不断推演过来的。多维文化适应理论将文化融合看作一种互动的、双向的融合，加入了主流社会对流动人口的态度取向和作为流动人口的主观能动性。只有在主流群体成员和移民均采取融合、同化或者个人主义三种文化适应取向时，才会形成"和谐的"群际关系。③ 近年来，文化适应多维理论模型受到了越来越多研究者的支持与认可。

三　文化适应的归宿：双文化认同融合

就理论分析而言，文化适应过程中文化模式的变化是双向的，产生文化接触的两个群体的文化模式都要发生改变，但实际情况却是弱势文化群体并没有选择文化互动模式的自由。在两个群体接触的过程中，往往是弱势群体进行更多的改变，被要求去适应新的文化模式。

在文化相对论的原则下，农村文化与城市文化并无优劣之分，它们的存在具有各自的合理性与运行逻辑。然而，农民工随迁子女从农村走向城

①　John W. Berry, "Conceptual approaches to acculturation", in Kevin M. Chun, Pamela Balls Organista, Gerardo Marín, Eds. *Acculturation：Advances in Theory, Measurement, and Applied Research*, Washington DC：American Psychological Association, 2003, pp. 17－37.

②　Richard Y. Bourhis, Léna Céline Moïse, et al., "Towards an Interactive Acculturation Model：A Social Psychological Approach", *International Journey of Psychology*, Vol. 32, No. 6, 1997, pp. 369－386.

③　石长慧：《认同与定位北京市农民工子女的社会融合研究》，中国社会科学出版社 2013 年版，第11—12页。

市，他们所面对的不仅仅是空间的位移，也是农村文明适应城市文明的过程。[①] 农民工随迁子女作为弱势文化群体，在文化适应的选择上更多地反映为一种单维文化适应。在文化适应单维模型的阐述中，曾经提到过"双文化状态"，在此，需要明确的是，文化适应单维模型中的"双文化状态"强调的是过程，完全的主流文化才是其发展的最终结果。但是个体在文化适应过程中，不应该仅面对单一的原有文化或者主流文化，而应该面向一种涵盖两类文化的新融合文化。双主体自我、双文化个体才是文化融合的结果，才是文化适应最好的归宿，也是实现多元文化认同的可行路径。

值得注意的是，在区域文化发展的过程中，逐渐形成了区域文化自我。中国传统文化与西方文化作为两种主流文化存在巨大的差异，双文化自我在这样的背景下应运而生。区域文化自我的发展在跨区域的发展中，也必然存在双文化自我现象。[②] 上文中提到的单维文化适应的连续体的中点表现为一种双文化状态，而双文化自我现象就可以看作双文化状态的一种体现。双文化自我的文化适应是强烈的自我冲突的结果。个体在完全内化异己文化后，自我冲突会随之减弱。个体内化两种文化的同时，又生成新的自我，即"折中自我"，它拥有两种文化下自我所需要和遵守的道德法则、行为规范与准则。"折中自我"在不同的文化适应中并不完全一致，它是内化两种文化系统而形成的动态结构系统，可以自如调整并解决不断变化的文化冲突。这样一种"折中自我"，可同时表达人类基本的个人"独特性"与人际"关联性"的双重需求。[③]

文化对个人的影响具有非常鲜明的情境性与动态性。每一个个体都可能受到多元文化的影响，可能面对相似、共通的价值取向，也可能会面对对立、冲突的文化规范[④]。社会心理学从情境的角度研究在不同文化环境

---

① 刘谦、冯跃、生龙曲珍：《家庭教育与学校教育互动的文化机理初探——基于对北京市农民工随迁子女教育活动的田野观察》，《教育研究》2012 年第 7 期。

② 姜永志、张海钟：《中国人自我的区域文化心理学探析——双文化自我与文化适应》，《江汉大学学报》（人文科学版）2010 年第 3 期。

③ 杨国枢、陆洛：《中国人的自我：心理学的分析》，重庆大学出版社 2009 年版，第 134—153 页。

④ 吴莹：《文化、群体与认同：社会心理学的视角》，社会科学文献出版社 2016 年版，第 17—18 页。

中生活的个体的身份认同,并将这样的人群称为双文化个体。① 双文化个体与单文化个体相比,有更丰富的文化认知,能够对接触的文化建立一套完整的体系结构,在不同的文化环境中会根据生活方式的变化而改变他们的认知方式、行为方式及价值观念。双文化个体的身份认同,一方面,是对特定文化社会语境的被动反应,自我认知和身份建构会被外在的社会文化语境所限制;另一方面,个体也会寻求积极的身份认同,主动管理并调整自我认知,接受新文化语境下的自我身份。② 在制度舆论环境的影响下,农民工随迁子女的受教育状况及农民工群体的社会保障逐步得到改善,"城""乡"二元对立的身份兼容性获得认可,双文化个体身份逐渐凸显。

城乡文化的相遇、碰撞、渗透、影响、交融与共生塑造了随迁子女不同的身份认同,也迫使他们对自己的双重身份进行选择、管理与整合。文化会聚心理学为个体在多元文化情境中选择、管理、协调文化认同提供了新的研究视角。文化会聚心理学认为,认识文化与心理互构过程,关键在于将文化视为影响人们心理与行为的动态性、间断性与情境性影响因素,而非固化的、静态的、持久不变的影响过程。③ 这意味着个体的身份和认同并非受单一文化形态的影响,个体身份可以具有多重性,个体认同也可以呈现多元形态;并且能够在特定的文化情境中激活特定的身份认同。随迁子女文化适应的过程不是农村文化与城市文化间的简单取舍,亦不是放弃对农村文化群体的认同,获得城市主流文化群体认同的过程,而是城乡不同身份认同相互转化、相互协调的过程。文化会聚主义倾向于鼓励随迁子女在城乡文化间的接触、对话与沟通,彼此相互影响、彼此关联,共建"各美其美,美美与共"的文化格局与文化愿景。

总之,真正的文化适应绝非单方面的文化适应,而是两类不同的群体,相互学习交流、相互了解、接纳以及认同对方的文化,从而实现不

---

① Sonia Roccas, Marilynn B. Brewer, "Social Identity Complexity", *Personality and Social Psychology Review*, Vol. 6, No. 2, May 2002, pp. 88 – 106.

② 吴莹:《文化、群体与认同:社会心理学的视角》,社会科学文献出版社 2016 年版,第17—18 页。

③ 吴莹:《文化、群体与认同:社会心理学的视角》,社会科学文献出版社 2016 年版,第17—18 页。

同地域的人相互适应、相互融合的目标。事实上，互融文化的缺失，往往会导致农民工随迁子女的"内卷化"，即减少与城市居民的接触并拒绝主动适应城市文化，这也在一定程度上体现出了单维文化适应的问题与弊端。

第三节　区域文化差异：文化认同的规约

中国幅员辽阔，从文化地理学上又能划分出齐鲁文化、草原文化等数十个文化区，由于地理环境、经济发展、人文历史、文化习俗的不同，各个地区的居民在价值观念、行为准则、认知水平等方面也存在着一定的差异。虽然随迁子女面临的是区域上的位移，但是文化冲击与文化差异所带来的影响亦不容忽视，随迁子女的区域文化适应仍需被给予特别关注。从区域心理学微观文化视角着眼，对文化自我进行分解，可以将中国文化看作一个平面，这个平面由许多线条和点构成，线条与点的密度亦存在一定差异。其中，线条代表着中国不同的区域文化与城乡文化，点则代表区域文化中具体的省域、市域以及更为微观的文化。[①] 生活在不同区域文化下的群体，会发展出适合该地区的生存方式，进而影响其民族构成、文化传统、思维方式与价值观念的发展。

与第一代农民工相比较，新生代农民工及其子女面对的是更为剧烈的文化震荡。社会文化的差异会影响社会距离。农民工随迁子女从小生活的环境、所受教育、周围文化环境等与城市儿童有着诸多不同，这些差异对随迁子女的思维方式、行为方式、生活方式都会产生潜移默化的影响。费孝通先生将乡土社会称作"熟人社会"，而城市社会就是由陌生人组成的社会。随迁子女从农村来到城市，即是由"熟人社会"转向"陌生人社会"。

跨区域流动的农民工及农民工随迁子女在进入流入地城市后，面临的文化适应更多地表现为区域文化适应。研究表明，随迁子女的城市适应与文化适应存在密切联系，而区域文化适应对城市适应具有显著预

---

① 姜永志、张海钟：《中国人自我的区域文化心理学探析——双文化自我与文化适应》，《江汉大学学报》（人文科学版）2010 年第 3 期。

测作用。① 区域文化适应是一个复杂的过程，受到诸多因素的影响。相关研究显示，随迁子女在进入公立学校读书后，因文化差异造成城市融入过程中的许多困难，譬如，同学关系的冲突、师生关系的距离感、学习基础薄弱、对于前途的焦虑不安等。②

在国内外的移民文化适应研究中，沃德的两维度文化适应标准最受认可，分别是心理适应和社会文化适应。也有研究指出，随迁子女面临的城市适应困境包括自卑感、孤独感、焦虑心理等心理适应与语言交流障碍、城乡风俗习惯差异大等社会文化适应两个方面。③ 此外，从城乡差异的角度出发，有学者将随迁子女城市文化适应困难归因为城乡语言文化差异、城乡生活环境差异、城乡家庭教育差异以及城乡学校办学条件差异等四个方面。④ 基于对北京市城乡接合部随迁子女的问卷调查与访谈研究，研究者认为户籍制度与身份认同、城市教育对非户籍人口的排斥、农民工的受教育程度及收入、农民工家庭的社会网络、父母与儿童的交流情况等是随迁子女城市文化适应的重要影响因素。⑤

农民工随迁子女作为城市移民中的特殊群体，文化适应是其成功融入城市生活的必然要求。了解城乡文化差异，对随迁子女的城市适应具有重要意义。在已有研究的基础上，本书将从文化身份的认同差异与多元环境的文化差异两个层面对城乡文化差异进行分析。

一　文化身份的认同差异

同一主流文化群体根据不同的地域、性别、年龄、受教育情况等形成了个体文化身份，也随之形成个体所属的文化信念、价值观念和行为准

---

① 王中会、孙琳、蔺秀云：《北京流动儿童区域文化适应及其对城市适应的影响》，《中国特殊教育》2013 年第 8 期。

② 程仙平：《城乡文化差异与城市农民工子女学校融入问题探析》，《教育理论与实践》2011 年第 12 期。

③ 龚琳涵、谭千保：《积极心理品质培养：流动儿童城市适应的助推器》，《当代教育理论与实践》2016 年第 8 期。

④ 李红婷：《城区学校农民工子女文化适应的人类学阐释》，《湖南师范大学教育科学学报》2009 年第 2 期。

⑤ 巩在暖、刘永功：《农村流动儿童社会融合影响因素研究》，《国家行政学院学报》2010 年第 3 期。

则，具有其独特的文化特质。格尔茨指出，个体出生成长于某个群体，与群体中其他成员的联系是基于直接的血缘、地缘，特定的宗教、语言、社会习俗以及其他既定的文化属性的原生依附（primordial attachment）。① 血缘、语言、习俗等即所谓的"既定资赋"，由此形成的纽带对群体的凝聚具有某种不可估量的重要性。

西方教育人类学家指出，个体在出生后，必然最先在家庭和社区习得该群体的传统语言和文化，每个人都必然归属于某种文化群体。人们普遍认为，语言能力和社会风俗习惯是最能体现社会文化差异的指标，对农民工随迁子女而言，能听懂本地方言将有助于减少排斥预期，能讲本地方言、接受本地价值观则有助于提高融入意愿。② 随迁子女在日常生活中需要应对学生家庭用语、学校教学用语以及师生沟通方式三者的语言差异，这三者的差异来源于两个层面，一是族群语言与文化的差异；二是社会阶层语言的差异。处于不同社会阶层的文化都有其独特的"语言与符号资本"，由此形成不同的"言语类型"。城乡之间语言文化的差异，导致大部分随迁子女具有的"语言与符合资本"与学校的"语言与符合资本"存在的差异极其明显。③ 语言的差异不仅对课程学习造成困扰，也影响着随迁子女与同辈群体的人际交往。

相关研究表明，随迁子女进城前期存在语言交流的困难，卫生习惯、居住格局与节日差异等风俗习惯的不同也是其适应困难的原因之一。④ 一般来说，听懂本地方言是一个自然熟悉的过程，随着居留时间的增加，与本地人互动的增多，语言能力会得到进一步提升，但这是一个被动的过程，只有主动开口讲本地方言才能体现出新移民对本地文化的认同。⑤ 风俗习惯与语言习得能力一样，会随时间的推移而不断同化，这与个人主观

---

① ［美］克利福德·格尔茨：《文化的解释》，韩莉译，译林出版社 2014 年版，第 307—308 页。

② 史斌：《新生代农民工与城市居民的社会距离分析》，《南方人口》2010 年第 1 期。

③ 李红婷：《城区学校农民工子女文化适应的人类学阐释》，《湖南师范大学教育科学学报》2009 年第 2 期。

④ 冯邦：《流动儿童的城市文化适应研究——基于社会排斥的分析视角》，《现代教育管理》2011 年第 5 期。

⑤ 张文宏、雷开春：《城市新移民社会融合的结构、现状与影响因素分析》，《社会学研究》2008 年第 5 期。

意愿无关，但学习本地习俗和价值观，确实有利于与市民更好相处，防止文化惰距的产生。然而，需要注意的是，为了能够融入城市社会，农民工及其随迁子女被动地开口讲本地方言，这种情形本身就是一种单维文化适应的体现。

有研究显示，能够听懂流入地语言的外来务工人员并不愿意在公共场所讲流入地语言，这非常典型地体现出了新生代农民工愿意维持原有语言习惯（文化习惯）的心理和态度。[①]我们似乎可以用布迪厄的"惯习"（habitus）概念来分析这种情况。在布迪厄看来，在社会阶级界限以内惯习具有同质性。[②]吉鲁把"惯习"理解为"是一种主观倾向，反映了偏好、知识还有行为方面基于阶级的社会语法，并且铭刻在每个正在发展的人身上"[③]。也因此随迁子女会选择性地接受城市文化，并在一定程度上保持原有的文化习惯。

二　多元环境的文化差异

长期以来，二元社会经济结构对城市与乡村的影响根深蒂固，城乡差异也逐渐加大。随迁子女作为乡村文化的熏陶者与接受者，其早期文化的习得与城市文化存在异质差异。随迁子女的成长环境塑造了他们所存在的生活环境与家庭环境，原生家庭形态以及所处环境的差异直接影响着随迁子女未来的发展。与城市儿童相比较，随迁子女的家庭环境、教育发展、社会网络等资源处于相对弱势，城市适应过程中的改变可能会引起部分随迁子女心理与行为上的排斥。而这些环境文化的差异又在不同程度上影响着随迁子女的文化适应状况。

（一）生活环境的文化差异

美国学者 Rothstein 提出："个体在出生以前，在进入学校以前，在进入劳动市场以前，就已经获得了他的阶级身份……这决定他住在

---

① 秦广强、陈志光：《语言与流动人口的城市融入》，《山东师范大学学报》（人文社会科学版）2012 年第 6 期。

② Pierre Bourdieu，*Outline of a Theory of Practice*，Cambridge：Cambridge University Press，1977，p. 76.

③ Henry A. Giroux，*Theory and Resistance in Education：Towards a Pedagogy for the Opposition*，London：Heinemann Educational Books，1983，p. 89.

哪里，上什么学校，将来可能从事什么工作，等等。"① 农民工随迁子女自出生起，就已经拥有一系列先赋性、后致性以及制度性的社会身份。②

生活环境作为随迁子女的原生态环境，是个体借以获得各种资源支持（物质、经济、情感、友谊等）的场所，从而形成个人的社会支持网络。乡土社会作为"熟人社会"，作为生于斯长于斯的农村孩子，大多随迁子女已习惯于按照"熟人社会"的规则行事。随迁子女具有有限的社会网络，人际关系较为简单，仅限于父母、同辈群体、同村的亲戚等。这些群体受文化水平的制约，为人处世都带有乡村社会的特征。相比较而言，城市儿童的社会支持网络更具广泛性，他们能够在生活中接触到各类群体，文化视野更开阔。对于来到城市，居住在城乡接合部的随迁子女，其居住环境呈现出明显的聚集性居住格局。浓厚的乡村文化与现代都市文化在地域上形成了文化沟壑，两类群体的主动间离与不相往来的交际模式进一步加深了随迁子女城市文化适应的难度。③

文化距离的缩小是建立文化交往、保持和谐关系的重要因素，文化距离越小，越容易关切了解对方，加强互动；反之，文化距离越大，文化适应的难度越大。有研究表明，相比较而言，随迁子女在人际观念适应上面临的困难要显著高于生活方式适应困难。④ 由于生活环境人际网络的局限，随迁子女的人际观念适应更应引起广泛关注。

（二）家庭环境的文化差异

城市与乡村作为两个完全不同的生活世界，在经济、文化上与城市拉开了较大差距。城乡父母的文化水平、家庭文化商品、家庭文化氛围、家庭社会化模式都存在明显差异。从教育人类学的角度来看，教育是个体进行文化模仿与渲染的过程，在家庭教育活动中，父母所携带的植根于乡村

---

① 汪长明：《从"他者"到"群我"：农民工随迁子女学校融入问题研究》，《国家行政学院学报》2013 年第 3 期。

② 转引自石长慧《我是谁？：流动少年的多元身份认同》，《青年研究》2010 年第 1 期。

③ 王中会：《流动儿童的社会认同与融合：现状、成因与干预策略》，中国社会科学出版社 2015 年版，第 69—70 页。

④ 王中会、孙琳、蔺秀云：《北京流动儿童区域文化适应及其对城市适应的影响》，《中国特殊教育》2013 年第 8 期。

的文化惯习在非干预教育行为中会以规范缺失的方式，呈现给子女文化模仿的现象，从而实现文化惯习的代际传递。[1] 文化资本的获得总是被附着原生家庭的痕迹，随迁子女具备的特定的文化惯习、经济资本、社会资本，也都是家庭教育潜移默化的复制与传递的结果。

布迪厄指出，文化资本以具体的状态、客观的状态和体制的状态三种形式存在。家庭环境的文化差异亦主要体现在这三个方面。

首先，文化资本具体的状态往往会以精神和身体的持久"性情"的形式表现出来。[2] 具体化的文化资本通过教育来储存个体的文化知识、文化水平以及文化修养。如果将布迪厄的"惯习"建立在家庭的基础之上，也可以包括这样一些因素，比如种族、教育背景、同辈联系和人口特征，因为这些形塑了个人的行为。[3] 具体化的文化资本通常以家庭环境中的具体生活事件熏陶与感化子女的个体行为，产生潜移默化的影响。城市家庭与农村家庭生活在不同的文化场域，会在子女教育的不同方面进行言传身教，发挥榜样作用。

其次，文化资本客观的状态即以文化商品的形式（图片、书籍、词典、工具、机器等）存在，这些商品通常是理论留下的痕迹或是理论的具体体现，抑或是对这些理论、问题的批评。[4] 客观的状态是文化资本存在的主要形式，能够在家庭中实现代际传递，与家庭经济水平、教育文化参与的投入、教育时间的投入有密切关系。家庭经济水平是随迁子女获得教育支持与特长发展的重要保障，调查显示，无论在阅读资源、学习资源，还是体育资源方面的投入，农村家庭为子女早期发展输送的文化资本都与城市家庭有较大差距。

最后，文化资本体制的状态是一种客观化形式，这一形式必须被区别对待，因为这种形式赋予文化资本一种原始性的财产，而文化资本正是受

---

①　刘谦、冯跃、生龙曲珍：《家庭教育与学校教育互动的文化机理初探——基于对北京市农民工随迁子女教育活动的田野观察》，《教育研究》2012年第7期。

②　［法］皮埃尔·布尔迪厄：《文化资本与社会炼金术——布尔迪厄访谈录》，包亚明译，上海人民出版社1997年版，第192—194页。

③　［美］戴维·格伦斯基：《社会分层》，王俊译，华夏出版社2006年版，第376—377页。

④　［法］皮埃尔·布尔迪厄：《文化资本与社会炼金术——布尔迪厄访谈录》，包亚明译，上海人民出版社1997年版，第192—194页。

到了这笔财产的庇护。① 布迪厄认为，被某种制度认可的文凭与资格认定证书可以用来确定行动者的文化程度与学术资格，这属于体制化的文化资本。文化活动是文化资本的重要体现，家庭中父母的教育文化水平与文化活动参与度的差异决定了家庭教育意识视野的宽度和广度，对子女的教育获得与学业发展有重要影响。家庭经济水平对教育投入的影响是毋庸置疑的，但家庭教育意识在其中却发挥了更重要的作用。如果说，家庭经济水平是教育投资的保障，那么家庭教育意识则是随迁子女享有受教育和发展机会的前提和基础。以往研究表明，文化资本能够通过家庭教育逐步实现代际传递。

家庭是个体社会化的初级场所，家庭教育对于子女的生活习惯、行为习惯、学习习惯乃至未来的发展都具有重要影响。"在家里获得的惯习成为结构学校经历的基础，而从学校教育中转化而来的各种惯习本身，接下来又成为了结构所有相应经验的基础，等待，从重建到重建。"② 由此就不难理解随迁子女会选择性地接受城市文化，并在一定程度上保持原有的文化习惯，还会对随迁子女与城市儿童进行"我群""他群"的划分。同时，代际传递的文化资本又是最隐蔽、最具社会决定性的教育投资。父母的文化修养将直接影响其对子女的教育投入、教育期望、文化参与、教育方式等。总体而言，教育行为中产生的学业收益，部分地源于家庭文化资本的占有量，而家庭文化资本又与家庭经济资本、家庭社会资本裹挟在一起共同影响着子代的教育选择与教育获得。

第四节　文化惰距：形塑城市中的边缘人

美国社会学家威廉·费尔丁·奥格本最早提出了"文化惰距"的概念，用于描述在社会变迁过程中非物质文化变迁滞后于物质文化变迁的现象。在文化变迁过程中，人的社会化就是对历代文化遗产的继承，以实现

---

① ［法］皮埃尔·布尔迪厄：《文化资本与社会炼金术——布尔迪厄访谈录》，包亚明译，上海人民出版社1997年版，第192—194页。

② Pierre Bourdieu, *Outline of a Theory of Practice*, Cambridge: Cambridge University Press, 1977, p. 87.

对社会文化的传递和社会生活的延续。文化有其相对稳定性，又处于不断变化之中。文化变迁与社会各部分变迁的速度不一致，则会导致社会各部分之间的失衡甚至错位，从而产生文化惰距。① "文化惰距"理论认为，文化对社会变迁具有重要的影响。传统文化中的习俗、生活方式、生产方式等因子具有一定的惰性，与社会变迁存在一定的不一致性，新的文化因素输入因而遭到抵制，进而延缓了社会变迁；相反，如果新的文化因素输入较为顺利，旧的文化因素的惯性就会减轻，社会变迁的进程就会加快。② "文化惰距"理论认为，民俗、价值观念的改变是文化变迁中最为缓慢、最有难度的。原生地文化作为一种先赋性给予，是人们无法选择的一种强制性社会制度，是人们自觉不自觉的"思维工具"，早已深入每个人的生活，有着强大的惯性力量，所以农民工及其随迁子女很难改变原有的文化习性。因此，倡导"多元文化""和而不同"应当是移民城市文化的一种常见形态。

随着农民工随迁子女在城市生活的持续，这一群体获得了二元身份，即制度性的农村人身份和文化性的城市人身份。同化论认为，移民在同流入地居民的交往和社会互动中，逐渐学习并适应流入地的文化氛围、生活方式以及风俗习惯，最终将实现完全同化。然而，事实并非如此简单。通过对随迁子女生活环境的分析，有学者发现，部分农民工随迁子女，尤其是居住在城中村的随迁子女已经处在一个高同质的人文环境之中。城中村在地理位置上的边缘化以及社区的高同质性，在一定程度上减少了农民工随迁子女与城市人群接触的机会。③ 已有研究表明，部分城市居民对农民工及其随迁子女存在一定的偏见和歧视，认为外来人员租住在本地市民的小区无形中给小区安全带来了不稳定因素，因此他们对外来务工人员并不欢迎而且会尽量避免与其过多接触。另外，随迁子女与本地的同辈群体也难以建立起良好的社会互动关系，他们仍然是城市中的边缘人。居住在城中村的农民工及其随迁子女在流入地的主要人际关系网络由亲戚、朋友、

---

① ［美］威廉·费尔丁·奥格本：《社会变迁——关于文化与先天的本质》，王晓毅等译，浙江人民出版社，1989年版，第85—90页。

② ［美］威廉·费尔丁·奥格本：《社会变迁——关于文化与先天的本质》，王晓毅等译，浙江人民出版社，1989年版，第85—90页。

③ 亓昕：《首都流动人口融合研究》，中国劳动社会保障出版社2016年版，第121页。

老乡等先赋性社会关系组成，最终在城市里形成了"外地人社区"。这里的外来务工人员和城市居民仿佛生活在各自的世界里，彼此鲜有往来。这里的随迁子女在与城市居民的社会交往中处于边缘地位，其社会交往的圈子大多局限于与自己有相同背景和生活经验的儿童，而与城市本地的学生交往不够充分，基本上同城市主流社会、主流文化相疏离。

由于互融文化的缺失，社会期待随迁子女可以尽快地单方面地适应城市社会文化环境，而原生地文化作为一种先赋性给予，以及相对隔离的生活境遇，又使得农民工及其随迁子女不可能在短期内实现城市文化适应，由此导致了城市内部文化惰距的产生。可以说，单维文化适应、文化惰距的生成都会对农民工随迁子女平等接受教育以及城市社会融入造成隐性的消极影响。文化适应不是一个单向的过程，而是一个相互接纳、相互融合的过程。只有建立起互融的文化氛围，才可能形成和谐的群际关系，农民工随迁子女才可能在城市中"留得住""学得好"。

综上所述，作为一种非正式制度的文化环境对人们教育选择的隐性影响不容忽视，尤其是对随迁子女城市社会融入所起到的消极作用更应加以重视。毋庸置疑，个人的教育选择是受社会环境制约的，这种社会环境既包括正式制度的作用也包括文化环境的影响，而要使人们以正确的态度进行教育选择（即以个人的兴趣作为依据进行选择）并能够享受其受教育的过程，除了要调整教育政策等正式制度之外，还必须改变农民工随迁子女的单维文化适应氛围，形成和而不同、多元互融的文化生态。[①]

---

① 周正、李健：《干预个体选择职业教育的文化因素探析》，《黑龙江高教研究》2010 年第 6 期。

第四章

影响农民工随迁子女平等接受
教育的学校因素分析

《国务院关于加强困境儿童保障工作的意见》指出："为困境儿童营造安全无虞、生活无忧、充满关爱、健康发展的成长环境，是家庭、政府和社会的共同责任。"学校作为家庭监护的补充者、政府扶持政策的执行者、社会救助和福利的落实者，在为农民工随迁子女提供教育扶助的过程中起到了举足轻重的作用。"平等接受教育"是农民工随迁子女在城市社会生活中的"关键社会事项"，学校是打破社群隔离实现社会融入的主要场所。

位于随迁子女发展生态中观层面的学校，具有社会筛选和分层的功能。无论是出于社会整体的发展，还是出于统治阶级巩固地位的需要，学校教育都会使不同特质的群体进入不同层次的生产体系中。结构功能主义理论更多地认为这种筛选与个人能力相关，而文化再生产理论、抵制理论则明确表示这种筛选是依据社会出身来进行的。此外，教育分层具有再生产性质。由于教育与社会结构之间存在不同性质的密切联系，所以学校教育可能成为个体实现向上流动的有效途径，也可能成为现有社会关系再生产的工具。[①] 随迁子女城市社会融入的主渠道是幼儿园和学校，随迁子女与成年农民工不同，他们有更有利的融入机会，而且是率性而成的，但是一旦融入失败，其负面影响也不容小觑。因此，在 2017 年 12 月教育部出台的《义务教育学校管理标准》中特别强调要满足"需要关注学生"的

---

① 史秋霞：《农民工子女教育过程与分层功能研究》，社会科学文献出版社 2017 年版，第24 页。

需求。

农民工随迁子女就学的部分学校属于薄弱学校，这些学校资源捉襟见肘，负重教师教育方式不当可能诱发二次伤害，随迁子女群体内部容易形成习得性无助。这样的"困境叠加"迫切需要探寻"助人自助"的推进路径。

第一节　家校跨界中的自我身份认同

"自我"是基于社会交流和互动衍生形成的。米德将自我的发展认定为个人社会化的过程，分为模仿阶段、嬉戏阶段和群体游戏阶段。在模仿阶段，儿童只能简单地理解和模仿父母的动作，"角色扮演"非常有限；在嬉戏阶段，儿童开始想象和扮演某些角色，尤其是和他关系亲密的重要他人的角色，这些重要他人对儿童自我观念的形成具有决定性的作用；而到了群体游戏阶段，儿童参与到有组织的、复杂的活动中来，开始体会进而理解社会中"概化他人"的角色和态度，到此阶段，儿童清晰的自我观念基本形成。个体觉得重要、影响大的角色位于序列的上层；反之，越不需要的角色则位于序列的下层。当对社会角色的认同处于上层时，个体做出社会角色期待的行为选择的可能性就越大。教育期望值的低下会对随迁子女的学术成就、人格塑造产生影响。值得注意的是，教育期望不仅表现为教师对学生的期望，也表现为家长对学生的期望以及学生的自我期望。

一　家长的教育期望与学生自我认同

农民工能够将子女带在身边，可见其对家庭和子女的重视及责任感之强烈。尽管如此，家庭经济资本、文化资本相较于城市中高层收入家庭还是有所差距，这种差距会在不经意间形成父母对子女的放纵。从表象上看，随迁家庭有一部分为放任型家庭。这些家庭或因贫困、或因关系紧张而疏于对子女的照料。家长的教育期望值降低就会导致孩子的自我期望值降低乃至辍学等现象的发生，从而无法达成平等接受教育的目标。笔者在样本城市与当地教师的访谈中发现，家长的教育期望对其子女有重要的影响。在访谈中，教师们就对这种现象进行了描述。

我当了十五年的班主任，今年的期中考试家长会是最令人头疼的一次，以往还没有这么强烈的感觉。家长会上讲的内容，贯彻不下去，家长的配合度很差。一些家长只会说："老师，你多管管，孩子不听我的，我多说几句就和我抱怨，嫌我唠叨。"家长对于孩子的教育已然是失效的。这不是一个农民工群体的问题，而是一个普遍的问题。（Ht01）

我们学校的情况是农民工子女比较多，学生流失不是我们能够左右的。我和其他老师都做了大量的工作。初一有一个学生，上到初二时，家长就表示："老师啊，我家孩子不想上学了，我让他在家干活儿，你给他办退学手续吧。"我们联系过家长，但这位家长后来连电话都不接了！所以说，这种情况我们控制不了。（Ht02）

同样，在与样本城市学校校长的访谈中也发现类似的现象，家长对孩子教育的无助，监督管理不到位，导致孩子学习每况愈下，任其发展。

问：校长，您跟家长交流的时候，感觉他们对孩子的期望值是什么样的呢？他们想没想过孩子以后要如何发展呢？

答：坦白说，自己今后的生活都没有着落呢，你让他想什么啊。你跟他（她）谈完之后，逼得没有办法了，就一直坐在你这哭。（S1s01）

问：就是特别的无助，他们也没有办法！

答：对，家长也没有办法，我看他们也可怜。但是他们对孩子的教育一点也没有尽到责任，多数都是管得太晚了。（S1s01）

相比较一线城市，二线城市教育压力较轻，在政策支持下，农民工随迁子女基本可以在城市享有与市民同等的教育待遇，能够进入公立学校接受教育。但受家庭背景限制，随迁子女只能进入与自身社会经济地位相仿的高同质化的学校就读。而这些学校教育资源有限，很多学校是迫于上级部门的压力来招收随迁子女的，并非出于自愿。对于"随迁子女能不能很快习惯城市生活，是否适应当地的教学，学习技巧能否跟得上"等问题，很少有领导和教师投入大量精力去关注。① 随迁子女跟随父母来到城市生活，更渴望得到尊重与关怀，但是在城市的部分学校里，他们并未获得足够的关爱与关注。由于农村教育资源匮乏，导致一部分随迁子女学习基础薄弱、学习习惯不良、学习能力不足。面对大班额的班级教学与层次分明的个体，作为教学主导的老师不可能面面俱到、逐一进行有针对性的辅导和帮助。对于孩子的学习和生活问题，农民工也是关注极少，家长会时常不参加，家校合作难以维系。随迁子女在学校的表现也令老师担忧。

随迁子女跟随父母来到城市生活，更渴望得到尊重与关怀，但是在城市的大多数学校里，他们并未获得足够的关爱与关注。农村教育资源匮乏，随迁子女已有的学习基础薄弱、学习习惯不良以及学习能力不足等现象常见，面对大班额的班级教学与层次分明的个体，教师无法对每个随迁子女面面俱到，进行针对有效的指导与帮助。

然而，值得注意的是，笔者在与当地教师的访谈中发现，也有一部分农民工对其子女的教育期望很高，这种高期望促进其对孩子的学业尽可能地提供支持，满足其需求。在工作与孩子教育之间寻求平衡时，能够选择陪伴孩子。以下是笔者与样本城市某校教师的访谈记录：

问：那您有没有遇见过这样的情况，家里确实条件很差，但是父亲或者母亲一方非常鼓励孩子学习并尽可能地提供帮助？

答：有，我教过这样的学生。这个女生是 2004 年毕业的，在我们学校学习排第一名，中考时数学考了 117 分，那时候没有满分的，这个成绩已经非常高了。然后呢，她想报考一所省重点高中，那时候没有配额，我说报考这所学校能不能有把握啊？因为她语文偏科，一旦上不了"统招"，就得上"校中校"，那就得交不少钱。她妈妈就说老师你放心，我就是回老家卖房子卖地，也得供孩子上学。（Ht03）

问：那咱们学校外来学生的成绩都怎么样？

答：我在三年前教过一个班，在那个班上学习拔尖的农村孩子还

① 赵志冰：《农民工随迁子女学校适应问题的社会工作介入研究》，硕士学位论文，华中师范大学，2015 年。

是不少的。（Wt01）

问：农村孩子都比较认学？

答：那也不是。农村孩子也涉及一个家庭教育的问题。比如说，我那个班上有两个孩子学习成绩很好，我就发现这两个孩子的父母都很重视教育。虽然都是农民，但是一直就很重视孩子的教育，就是很上心。因为他家人说，家里不管活多忙，孩子一回来，学习这个事一定是放在首位的。然后其中一个孩子的妈妈就说，"孩子中考的时候，我一天也很累，回家也想看看电视放松放松，但我知道孩子学习很重要，所以我们全家人一年多都不看电视了。"你看，有这样的家长，孩子的学习肯定是不会太差的。但令人遗憾的是，我带过的班级里像这样的农村家长并不多。（Wt01）

通过上述访谈可以发现，家长对孩子的学习越重视，就越表现为言传身教，对孩子的教育给予更高的期望，孩子在这种积极的引导下，往往能够正视学业、提高自我认同感，增强学习的主动性。

二　学生自身的教育期望与自我认同

泰弗尔根据社会认同理论，提出了一个重要的假设——人们建立社会身份，是为了透过所认同的社会群体提高自尊。[①] 随迁子女往往会根据他人的态度来界定自己，并形成相应的自我认同与社会认同，因此，处于社会底层的农民工子弟学校并不利于学生自我认同的塑造。相较于在公立学校就读的随迁子女，在农民工子弟校就读的学生因家庭环境与学业成绩的不理想，往往导致其对自我教育期望值低，进而影响其自身的自我认同。来自贫困家庭或非原生家庭的孩子其父母缺乏养育能力和教育能力，往往在孩子的成长中缺位。部分家庭母爱缺失，只有父亲粗犷的养育，孩子们常常缺乏"感情依恋"。他们在家里受父亲的"气"，在学校就欺负比他们更弱小的同学，于是，他们有的成了校园中的"小霸王"，有的继续在学校"受气"，心理和身体受到不同程度的伤害。陷入困境的随迁子女间

---

① 石长慧：《认同与定位：北京市农民工子女的社会融合研究》，中国社会科学出版社2013年版，第32—33页。

并没有因为共同的遭遇而相互帮助，相反，欺负比自己更弱小的同学的现象时有发生。儿童对自己的认识和评价更多地来自重要他人的评价，当教师和同伴给他们贴上"贫困生""差生""坏孩子"的标签后，他们在自我认知中会出现"简单抵制和过度接纳两种偏差"①。无论是试图把自己"边缘"来尽力掩饰自己的困境，还是依赖其所处困境而受到"特别优待"，他们都失去了效能感和控制感，陷入"习得性无助"的困境。被老师和同学们忽视和贴过标签的学生在学习成绩或日常行为表现方面往往会更差。

在调查问卷中，为了解当前学生的烦恼，我们设置了包含5个固定选项和1个开放式填写选项的题目"你认为目前最令你烦恼的事情是什么"，固定选项的结果显示52%的随迁子女和45.78%的本地子女选择了"成绩不好"，从开放式填写的内容发现学生们的烦恼主要集中在学校、家庭和个人三个层面，在个人层面，有92位同学表示最令自己烦恼的仍然是学习。比如"成绩不稳定、偏科""找不到合适的学习方法""对学习不感兴趣""学习太累""怕考不上省重点""自控力太差，总分心，不能集中精力学习""怎么学也考不好"等令其烦恼。在笔者与老师和学生的访谈中，也发现类似的情况，学生对自身教育期望值低，觉得在本地读个职高就行，对未来没有远大目标。

学生受他人和环境的影响，其自我认同也会存在两种倾向。若学校对学生的学习与行为状况消极对待，学生对自我教育期望值也会降低；反之，在学校的积极引导下，学生的自我期望值提高，在学习和生活各个方面都会朝着积极的方向改变。在访谈中，教师们也对这种情况做出了如下分析。

> 我认为，外地孩子和本地学生的最大差异就是他们比较朴实。因为家庭条件不是很好，所以他们来上学的时候就比较淳朴，而且有自己的目标。（S2t01）
>
> 也有一些家长没时间管的孩子。这样的学生通常会出现两种极端。如果他想好好学，肯定会学得很好，如果他不想学，就自我放弃

---

① 周佳：《困境儿童学校精准帮扶的审视与推进》，《中国教育学刊》2018年第11期。

了。我们班就有一个这样的案例。学生的父亲身体残疾，家庭条件比较困难，老师去走访过，校长也去走访过，发现这个孩子并没有因此而自怨自艾，反而学习十分刻苦。大家就觉得应该给予这个学生更多的支持。最后在学校的帮助和老师的鼓励下，她顺利地考上了三中（一所省重点高中）。（Ht04）

第二节　作为玻璃扶梯的教师教育期望

"玻璃扶梯"是指看不到却能感受到的事实上的支撑和助力。学校内部的文化、对学生能力进行的分组及教师的教育期望，都会对学生的各种表现产生影响。对学生能力的分组，会直接影响教育的分层功能。将同等学习能力的学生分为高能力和低能力两组，一段时间后高能力组的学生比低能力组的学生的学习能力更强。此外，教师期望也会影响学生的学习成绩，一旦学生被教师或他人分类后，"自我实现预言"① 心理就开始起作用，且通过个体的不断内化，形成新的自我认知②。

随迁家庭忙于生计，无暇顾及孩子的学习状况，教师在学生的学习生活中就扮演着重要角色。教师的期望对孩子的学习有导向作用，由不自信到自信，低自我认同到高自我认同需要一个过程。"皮格马利翁效应"在随迁子女的教育中尤其重要。学生从无意识学习到为老师而学，最后为自己而学，这是一个良好发展态势。在访谈中，无论是学生还是老师都提及了这种情况。

作为学生，我从小就相信老师说的话。如果老师说我只要努力学习就能考上省重点，那我一定会努力的。（Hm01）

对于一部分随迁子女而言，由于父母长期忙于生计，很难为其学业成绩的提升提供帮助，这时老师就起到了特别重要的作用。有的学生真的就不是为父母学习，而是为"对得起"老师而学习。他们都

---

① 自我实现预言：教师期望儿童有某种行为，儿童就会对教师的期望做出回应。

② 史秋霞：《农民工子女教育过程与分层功能研究》，社会科学文献出版社 2017 年版，第 16—18 页。

觉得老师太辛苦了，想为老师争口气。（S2t02）

我们班就有这样的学生，从上初一开始就为了老师学习。因为他们知道老师对他们抱有很高的期望。随着年龄的增长，大概到了八年级或九年级以后，这些学生就逐渐明白学习对于自己的人生有多重要了，到那时，离开老师的鼓励和督促，他们也能自主学习了。但在此之前，老师的期望和教导依然是十分关键和重要的。（Ht05）

学校的工作落到实处就演变为教师的工作。教师是直接接受国家和家庭的委托，为儿童积极能动地实现其受教育权提供指导和帮助的具体运作者，具有其他主体不可替代的作用。然而，遭遇家庭变故的儿童更可能出现学业成就低和其他问题行为。教师了解到家庭变故和学业成就之间的关系，可能会对贫困家庭或离异家庭的儿童产生较低期待，并时常提醒儿童要"自立自强"。但是，儿童由于年龄小，他们中的一些人会认为家庭贫困、父母离异等情况是不光彩的，因此不愿意让同学们知道自己的情况，当教师把这些"不光彩"公之于众后，他们认为自己的名誉会受到影响[1]。在学校里，随迁子女往往有一种身份自卑感，在言语和行为上表现得小心翼翼，有所顾忌，不愿主动与老师和同学交往，更有甚者逃课或放弃学业；同时，随迁子女又迫切需要同伴群体，同伴群体在交往过程中心理上的相互影响作用是巨大的，他们通过行为上的彼此模仿、认同和内化，将其融入自己的心理结构之中，进而促进自身心理发展。[2] 城市儿童与随迁子女成长环境不同，因而在交往方式上也存在差异。基于这种"先天"的差异，加之具有优越感的城市文化对相对落后的农村文化同样也有着自然歧视的倾向，农村文化便成为冲突中的弱势文化。[3] 有研究表明，这会影响到随迁子女在城市学校受教育过程中的心理适应性。他们的内心感受到的强烈不平等会加深他们的自卑感、被歧视感和对立感，表现为适应不良和人际关系紧张敏感，这也会

---

① 周佳：《困境儿童学校精准帮扶的审视与推进》，《中国教育学刊》2018 年第 11 期。

② 姚运标、茆怡娟：《编码视角下的进城农民工子女学业成绩不良原因之探析》，《教育科学研究》2011 年第 1 期。

③ 陈怀川：《进城农民工子女社会适应性问题研究》，硕士学位论文，西北师范大学，2006 年。

导致其社会交往障碍。城市儿童在与随迁子女交往的过程中，存在交往方式的差异和对随迁子女的心理排斥，另外，语言不通也是造成双方交往障碍的原因之一。① 提高随迁子女的学校适应能力，随迁家庭要创造良好的家庭氛围，满足子女对学习和生活环境的合理需求；随迁子女在学校也要积极融入班集体，主动参加班级活动，承担班级事务性工作，增强自身融入同伴群体的能力和水平。贫穷、缺乏资源的情形与儿童自我放弃之间不存在必然关系，但教师的关注和支持是儿童发生积极转变的权变变量。教师可以通过满足困境儿童"安全的需要""归属和爱的需要"，以及"自我实现的需要"，来激发随迁子女自我奋斗的意识和通过知识改变命运的斗志。在我们的调研中可以感受到，承担随迁子女教育任务的中小学教师大多数都能够为孩子们提供心理疏导抚慰，帮助他们正确认识贫困的根源，正确看待困境，并将心理健康教育贯穿于教育教学全过程。在关心他们的过程中，越来越多的教师开始注意不侵犯儿童的隐私，对他们的经历"保密"。教师对随迁子女的精准帮扶从提升学生的自我认知能力开始，不断满足他们"自我实现"的需要，并取得了良好的效果。

第三节　有待共同进步的学生群体

在随迁子女较为集中的学校，教师的主要工作之一就是"控辍保学"②。通行的做法是教师与学业成绩优异的学生一道组成学习帮扶小组，为学业困难的学生提供精准帮扶，使他们对摆脱暂时的困境充满信心。学校精准帮扶农民工随迁子女城市社会融入的目标是为其"增能"。当学生感受到自己是可以通过努力走出困境时，其行动就会趋向合理。依据理性选择理论的经典公式"行动＝价值×概率"，学生的学习价值恒定，成功概率的大小就决定了其努力的强度。③

杜威在《民主主义与教育》中强调"公立学校是打破社群隔离的重

① 胡之骐、张希希：《进城农民工子女城市学校教育适应性问题研究——基于对西南地区进城农民工子女的跟踪调查》，《中国教育学刊》2014 年第 8 期。

② 周佳：《困境儿童学校精准帮扶的审视与推进》，《中国教育学刊》2018 年第 11 期。

③ 周佳：《困境儿童学校精准帮扶的审视与推进》，《中国教育学刊》2018 年第 11 期。

要渠道"。这一渠道就是通过学生群体相互认知和了解后，打破彼此心中的刻板印象和污名威胁。先前关于农民工随迁子女学业和行为的负面印象和对城市学生恶意排斥的心理预设就是横亘在两个群体之间的刻板印象。当刻板印象消除，曾经担心的老师与同学会根据他们所属的群体采取差别对待的顾虑就会消除。家庭中父母期望的自证预言效应和学校中刻板印象威胁的研究表明，弱势群体的社会身份和社会地位对学业成就的消极影响表现在两个方面[①]，一是通过物质剥夺和低质量的学校教育发挥作用，二是通过削减学生的心理能量隐而不彰地产生影响。它们阻碍了学生潜能的发挥，也试图破坏学生的积极性。这为不同群体在教育成就上的差异提供了另一种解释路径。

有研究从生活条件和获取教育资源方面将随迁子女进行"我群体"和"他群体"的差别比较。一方面，随迁子女通过与城市儿童比较，获得了强烈的对自身弱势地位的认识；另一方面，在与城市人的接触与互动中，随迁子女对群体弱势地位的知觉也是将城市人对自身群体的歧视或污名进行内化的过程。这种对弱势群体地位的知觉将进一步影响他们对群体身份的建构。[②]

如前所述，本书对随迁子女的学校适应状况进行了考察，数据分析的结果表明，对于是否遭受过不公正待遇这一问题，一线城市与二线城市学生的反馈有显著性差异（p 值为 0.000 < 0.001），一线城市学生感到"经常遭受不公正待遇"的比例要高于二线城市，而反映"没有遭受过不公正待遇"的学生比例则低于二线城市。另外，一线城市的本地学生与随迁子女遭遇不公平待遇的频率也有显著差异（p 值为 0.000 < 0.001），随迁子女反映"经常遭受不公正待遇"的比例要高于本地学生。二线城市的本地学生与随迁子女对于该问题的回答则无显著差异（p 值为 0.094 > 0.05）。有观点认为，由于精英化与市场化的教育体制改革，导致底层群体处于不利境地，出现教育不平等现象。这种观点将"精英化"与"市

---

① 高明华：《教育不平等的身心机制及干预策略——以农民工子女为例》，《中国社会科学》2013 年第 4 期。

② 吴莹：《群体污名意识的建构过程——农民工子女"被歧视感"的质性研究》，《青年研究》2011 年第 4 期。

场化"视为同质性机制，忽略了它们在不同领域发挥作用的实际情况，以不同心理路径关联到教育不平等的结果。精英化的严格筛选制度是在学校场域运作的选择机制。学业竞争越激烈、涉及内容越广泛，学业污名群体体验到的刻板印象威胁就越强烈。[1] 市场化带来的成本和收益的变化是在家庭内部通过作用于父母期望来实现"隐性排斥"。它不像显性排斥那样，通过在受教育机会上设立门槛来实现，而是在机会均等名义下，通过瓦解底层家庭的教育雄心和期望而隐蔽地达到排斥的目的。

随迁子女跟随父母来到打工所在地生活，容易出现社会融入和学校适应问题。随迁子女在城市的学校适应情况集中体现在五个方面：课业适应、常规适应、师生关系适应、同伴关系适应、自我适应。笔者通过调研发现，一线城市与二线城市的中学生在学校适应量表及其各分量表上的得分有极其显著差异（p 值均 < 0.001）。相对于一线城市的中学生而言，二线城市的中学生学校适应能力更强一些。其中一线城市的本地学生与外地学生在学校适应方面有显著差异，且本地学生的学校适应水平较高一些；外地学生的师生关系适应水平与同伴关系适应水平均低于本群体整体水平。二线城市的本地学生与外地学生在学校适应量表及分量表的得分上均无显著差异（p > 0.05）。

对儿童来说，社会化不仅是适应和内化的过程，更是其改造、革新与再构的过程。根据维果茨基的"最近发展区"理论，作为个体的儿童可以通过与他人（同伴或成人）的互动来推动自身的发展。[2] 农民工随迁子女能否平等接受教育的一个重要前提是这些随迁子女能否实现社会融入。随迁子女与成年农民工不同，他们有更有利的融合机会，他们在建立同伴关系的过程中，不会考虑户籍这类问题，这种友谊相对纯粹，也更有利于农民工随迁子女的社会融入，但是一旦融入失败，其负面影响也不容忽视，可能产生一系列不良后果。因此，学校教育和同伴文化对随迁子女城市社会融入的重要作用不容忽视。

---

① 高明华：《教育不平等的身心机制及干预策略——以农民工子女为例》，《中国社会科学》2013 年第 4 期。

② 高振宇：《童年社会学视野下处境不利儿童的生存境遇及其教育对策》，《教育发展研究》2016 年第 24 期。

科萨罗将同伴文化定义为：由青少年在与其同伴互动过程中创造并分享的一系列相对稳定的活动或常规、产品、价值与利益关系。[①] 同伴文化是在青少年尝试理解和不同程度地抵制成人世界的过程中形成的。因此，同伴群体的内部互动，同伴群体与成人的互动，两者之间具有同等的重要意义。哈里斯甚至认为，"同伴群体对青少年发展结果的影响比父母对其产生的影响更为显著。同伴群体在青少年走出家门后，依然是其最重要的互动群体，这种同伴之间的互动还会影响青少年与父母之间的互动"[②]。另外，部分随迁子女在访谈中提及了校园欺凌现象。校园欺凌实质上归属于攻击行为，它是青少年共情能力缺乏、利他行为背离的体现。有研究表明，通过区分敌对攻击性行为和工具性攻击行为，创建良好的伙伴关系唤起同理心抑制攻击行为；唤醒儿童积极心境，增加帮助行为和卷入行为，提升儿童的共情能力，可有效减少校园欺凌行为的发生。[③] 当笔者在问卷中问及"你认为目前最令你烦恼的事情是什么"，结果排在第一位的是"成绩不好"、第三位是"朋友很少"，可见，朋友在学生心里占据重要地位。良好的同伴群体文化，有利于随迁子女的学校适应。

社会的接触机会决定了社会交往的程度，而社会交往是社会融入的前提条件。在访谈中我们发现，一线城市中随迁子女就读的边缘学校和所处的社区文化塑造了随迁子女不同于城市儿童的生活模式、语言沟通以及交往方式，在一定程度上妨碍了随迁子女的城市社会融入。而在二线城市却呈现出了另外一番景象。二线城市的初中校长和教师在访谈中就表达了这样的观点。

在我们学校的各个班级中，没有谁歧视谁的现象。有的外地孩子已经在这儿生活好多年了，从外表上也看不太出来哪个是本地学生，哪个是外地学生。目前在我们学校，农民工子女占比较大。但即使是本地学生，他们的父母也大多都是普通工人，家里经济条件也很一

---

① ［美］科萨罗：《我们是朋友——走进儿童内心世界》，张京力等译，科学普及出版社 2012 年版，第 26—27 页。

② Judith Rich Harris, *The Nurture Assumption：Why Children Turn Out The Way They Do?*, New York：The Free Press, 1998, p. 137.

③ 周佳：《困境儿童学校精准帮扶的审视与推进》，《中国教育学刊》2018 年第 11 期。

般。所以说不存在歧视的问题。（S2s01）

　　学生家长打工的偏多。一般都从事什么样的职业呢，比如在市场租个床位，或者是做点其他小生意，也有一部分人在工地打零工。家里的经济条件都不宽裕。（Ht07）

　　有的时候，老师代收一个费用，比如说是保险费，有些家长就会跟老师说，过两天交行不行啊，或者说这个钱可不可以不交啊？如果家庭经济条件特别困难，就真的交不上了，在我们班里，家庭经济条件不好的既有农民工子女也有本地学生。（S2s02）

　　由访谈记录可以看出，大部分随迁子女所在的学校虽然是公立学校，但却属于非示范校。相似的阶层背景缩小了随迁子女与本地学生的差距。在市场经济的影响下，职业分化、收入差距的不断扩大促使城市社会阶层分化日益明晰，在市民与流动人口的内部，也存在着一定程度的分化。同是市民，社会地位有高有低；同是流动人群，职业、收入、居住乃至交往、生活方式等方面也存在较大的差异，并非浑然一体。所以，虽然大多数农民工处于城市社会的下层，但从经济层面上来讲，他们实际上是"嵌套"在城市社会的各阶层的内部，尤其是城市社会的中下层。[①]

　　美国学者戈登·奥尔波特提出了著名的"接触假说"，即如果群际无知和漠视导致群体间的冲突，那么增加群际成员之间的交流与接触，将有助于化解族群间的偏见与歧视。因为族群歧视与冲突往往根源于先入为主的"刻板印象"，不同族群间频密的接触互动，由熟识而逐渐理解，将有助于破除双方的"刻板印象"，避免以"类属""简化"的方式看待不同族群的成员。但奥尔波特同时也指出，接触需要满足三个条件才能达到良好的效果。[②]第一，群体间的接触应当是长时间的而不是暂时的，并通过某些合作活动建构积极的相互依存关系；第二，应当有正式的和制度性的框架来支持融合；第三，在理想意义上，接触应当涉及同等社会地位的人。如果不具备这些条件，接触可能非但不能破除刻板印象，反而会加深偏见与歧视。部分随迁子女在学校中曾经有过独立编班和混合编班的经

---

①　王毅杰、高燕：《流动儿童与城市社会融合》，社会科学文献出版社2012年版，第39页。

②　赵祺：《想象接触对群际偏见的改善》，《社会科学前沿》2019年第1期。

历。对于公办学校的随迁子女，虽然有机会和本地学生长期接触，但部分学校却对其进行了独立编班，从而限制了两类群体的融入与交往互动。随迁子女的家庭背景、社会经济水平和本地学生也有较大差距，很难满足群体间接触所需要的三个条件。独立编班和混合编班并不是简单的隔离与融合。混合编班也有利弊之分，混合编班有助于群体的互动，但两者在学习和生活上的差异也很容易使双方发生歧视和冲突。[①] 尽管混合编班有助于提高随迁子女群体的学业成绩，但并不一定能够有效化解群体隔阂与社会矛盾。

通过访谈了解到，二线城市公办学校的本地学生与外地学生的差距逐渐在缩小，大部分学校都不存在歧视现象，但这种差距的缩小并不仅仅是社会融入的结果，而是在同一班级或者同一学校的随迁子女数量逐渐增多，本地和外地学生的家庭背景差异不大使得混合编班对随迁子女的影响少有凸显。但是对于混合编班中家庭背景差异大的群体而言，则要引起更多的关注。

在二线城市的某些学校，除班主任对学生的家庭背景有所了解，很多科任老师并不熟知每个孩子的具体情况，随迁子女的身份也和其他学生一样，只能通过高低年级和成绩优良来区分。学校关爱学生，教师给予正面积极的教育引导，同伴关系交往融洽，这些有利条件都推动了随迁子女的社会融入和学校适应，为他们创造了良好的社会化环境。随迁子女在学校有归属感，有助于弱化"被歧视感"带给随迁子女的消极影响。

笔者在走访学校的过程中了解到，在一个二线省会城市有这样一所随迁子女较为集中的学校，尊崇踏实的行为文化、朴实的精神文化、扎实的课程文化、丰实的环境文化、切实的制度文化等"五实文化"，并以此作为该校校风。同时，该校实行"吃住学活一体化"的封闭化管理模式，取得了较好的教育教学效果。

秉持着这样的校风与学校文化，该校从"别人只要知道初中对口是该校就择校"发展成为"在所属地区是老百姓心目中的重点学校"，学生对本地和外地没有概念性的区分，对学校学习氛围与生活环境适应良好，

[①] 熊易寒、杨肖光：《学校类型对农民工子女价值观与行为模式的影响——基于上海的实证研究》，《青年研究》2012 年第 1 期。

外地学生也能融入到本地的学校生活。可见优秀的学校文化对学生发展产生的积极影响，能够促进学生的社会融入。在访谈中我们还了解到该校会针对学生的具体情况进行人生指引与未来规划，对于动手能力较强、想学习一技之长的学生，会鼓励其去职校发展。对此，该校校长谈道：

> 我认为，孩子的发展不是千军万马挤独木桥，非得升入省市重点高中然后再考大学不可。适合就是最好的！那么，所谓的"适合"指的是什么呢？比如说，孩子的学习成绩不突出，又不愿意学习文化课，但动手能力比较强，那么他就可以选择一项专业技能好好钻研。现在有一部分口碑良好的职业学校，就业方向也不错，就值得学生们进行选择。最近有个学生和我说他不想考普高了，想去职业高中学面点，但他的父母却并不赞同，依然坚持让他考普通高中。我一看他的模拟考试成绩，语文得了十五分，数学得了八分。就是这样的成绩，你让他去考省市重点可能吗？所以我就对他说，条条大路通罗马，你今后好好学技术也会过上自己想要的生活！我个人一直认为，无论是成年人还是即将成年的中学生，一定要走一条适合个人成长的道路。首先要有兴趣，有兴趣才能喜欢，喜欢才能产生热爱，产生热爱就离成功不远了！（Hs02）

重视学生的未来发展，不以提高成绩作为发展的唯一追求，将职业学校作为学生发展的第二选择，在引导学生的过程中，让学生能正确认识自我，发展自我，不断进步，对学生自我认同大有裨益。学生只有站在权威教师的面前时，才会产生"学生感"。目前，部分城市实行的"一校一对标"展现出了随迁子女集中学校融合工作的亮点，同时赋权于教师，激发教师的育人效能感，让教师的期待成为校园里最温暖的阳光，让希望之光能够照进随迁子女澄净的心灵。可以说，学校和教师共同努力促进随迁子女与本地学生携手共进是提升随迁子女城市学校适应水平的重要路径。

第四节　随迁子女集中学校的融入文化与效能

在过往研究中，有学者通过对公办学校和打工子弟学校的比较研究发现①，两者存在不同的阶级再生产机制：一种是存在于公办学校的天花板效应，另一种是盛行于打工子弟学校的反学校文化。主动放弃升学意愿，是否会陷入再生产的旋涡，仍值得商榷。

一　升学的"天花板效应"

对于处在城市底层的随迁子女而言，其成长过程存在显著的"天花板效应"，一方面表现在认同主流价值观，渴望向上流动；另一方面则制度性地自我放弃②。他们面临着双重不平等，即制度性歧视和阶级不平等。而打工子弟学校则盛行"反学校文化"，通过否定学校的价值系统、蔑视校方和教师的权威而获得独立与自尊，同时心甘情愿地提前进入次级劳动力市场，加速了阶级再生产的进程。打工子弟学校与公办学校、民办学校存在很大的差别。从政府的角度来看，前者由流出地教育部门批准成立，在流入地教育部门备案并接受其"指导"；后者则是由当地教育部门批准成立并直接"领导"③。从学生角度来看，前者的师资力量、硬件设施等办学条件与教学质量相较于后者薄弱；打工子弟学校将本地和外地学生隔离开来，更不利于随迁子女的社会融入。公办学校向随迁子女开放，会实现其向上流动还是进行阶级再生产，仍有待探索。

进入公办学校并不意味着社会融合，而是将城乡二元差距缩小到学校空间，表现为"底层"的教室和统一的班级编号。④ 不仅如此，曾有学校在空间和时间上隔离随迁子女，将随迁子女集中于一幢教学楼上课，上下课时间与其他班级也是交错进行。阶级的区隔就这样被"物化"了。然而，这种区隔的模式减少了冲突，而混合编班模式却加剧了不平等。随迁

---

①　周佳：《困境儿童学校精准帮扶的审视与推进》，《中国教育学刊》2018 年第 11 期。

②　熊易寒：《底层、学校与阶级再生产》，《开放时代》2010 年第 1 期。

③　熊易寒：《底层、学校与阶级再生产》，《开放时代》2010 年第 1 期。

④　熊易寒：《底层、学校与阶级再生产》，《开放时代》2010 年第 1 期。

子女所遭遇的"天花板效应"既表现为现实生活中个人发展的瓶颈，也表现为个人对自身前景的低水平预期。所谓"天花板效应"，就是指随迁子女在与外界的互动过程中，对自身的前景产生了较低水平的预期①，从而主动放弃了学业上的努力。

值得注意的是，二线城市的随迁子女存在着这样一种现象，有升学的机会却没有继续升学的能力，即地方升学政策支持升学，但学生的成绩水平却达不到要求。而在部分一线城市，情况恰恰相反。通过各地高考政策分类不难发现，虽然各地的政策都对随迁子女在当地的受教育情况进行了规定，但异地高考政策仍存在显性社会歧视，譬如，倾向于满足"本地民意"，使异地中考与异地高考政策之间衔接不畅等问题。北京市的现行政策只允许随迁子女报考高等职业院校，上海市的高门槛也对随迁子女进行种种限制。部分地方政府以屏蔽随迁子女异地中考资格的方式提前阻断了考生的异地高考之路。可见，异地中考政策的滞后直接影响了异地高考政策目标的实现。② 如此，随迁子女将不得不返回原籍继续求学，由随迁子女变成留守儿童，重新适应生活环境与学习环境。升学的困境进一步放大了"天花板效应"，尤其对于公办学校的随迁子女影响较大，高年级学生要比低年级学生更加消极悲观，感到前途无望。

二　反学校文化与"片面抵抗"

对于一部分随迁子女而言，他们对其父母抱有矛盾的心态。他们既信任父母，尊重父母，又对父母的职业持否定的态度。他们渴望向上流动，不重蹈父辈覆辙，而读书则是一条捷径。然而，受社会环境与发展机会的限制，他们中的一些人发现即使付出再多的努力，也难以获得与城市同龄群体同等的发展成就。由此，很多随迁子女对未来产生低预期，主动放弃对学业的追求。

与在公办学校的随迁子女相比，打工子弟学校的孩子更具有叛逆性，他们不以成绩差和职业的收入低为耻，而且为自己的反叛行为感到自豪，

---

① 熊易寒：《底层、学校与阶级再生产》，《开放时代》2010 年第 1 期。

② 周正、周佳、刘玉璠：《随迁子女异地高考政策研究》，《黑龙江教育》（高教研究与评估）2016 年第 12 期。

形成了与学校对抗的"反学校文化"。有研究表明，与公办学校中的随迁子女相比，打工子弟学校最大的不同就在于流行保罗·威利斯提及的"反学校文化"。很多高年级学生表现出不认同教师的权威，辍学打工，甚至成为"街角青年"。学校知识在他们看来大多是无用的，无法改变处境和命运。但他们并未生成一套独立的文化，只是创造了一个学校意识形态的简单对立物。公立学校与打工子弟学校明显的差别就是前者秩序井然，后者缺乏纪律性，学生容易沾染各种恶习。① 有调查发现，就读于公办学校和打工子弟学校的随迁子女在毕业后的去向上并未呈现统计学上的显著差异。② 究其原因，反学校文化很大程度上是由随迁子女所面临的共同生活境遇促成的，无论是公办学校还是打工子弟学校，对未来的低预期使孩子们对学校教育丧失了兴趣。他们迫不及待地想提前进入社会，而且并不看重长远发展。

再生产理论是分析底层学生学校教育与社会流动的经典理论工具。威利斯强调，学校不只是教育机构，更是文化生产的领地，需要考虑学校的文化层次，观察那些日常生活中最微小的细节，打开学校教育的"黑箱"，理解其中学生的不同命运。③ 公办学校向随迁子女开放，对于促进社会融合与社会公平有着深远意义，而解决好异地中考以及异地高考问题，才能逐渐实现社会融合与社会公平。北京、上海等一线城市的随迁子女，如果无法享有与本地学生同样的受教育权利，即使有能力继续深造却只能直接选择就业或接受职业教育，那么也会加速阶级再生产的进程。

笔者在样本城市的调研发现，在公办学校中，少数随迁子女的"反学校文化"行为也是存在的。在访谈中，部分校长也对类似的情况进行了分析。

可以说，我们学校对于随迁子女的教育工作做得还是比较好的。但是现在随迁子女的两极分化现象依然存在。毋庸置疑，大部分外地

---

① 熊易寒：《底层、学校与阶级再生产》，《开放时代》2010 年第 1 期。

② 熊易寒、杨肖光：《学校类型对农民工子女价值观与行为模式的影响——基于上海的实证研究》，《青年研究》2012 年第 1 期。

③ 丁百仁、王毅杰：《公立学校农民工子女"自弃文化"研究》，《青年研究》2017 年第 2 期。

学生表现很好，有的学习成绩也很优秀，但还是会有一些道德修养欠佳、学业成绩较差的学生在严重地影响着课堂纪律。打架斗殴、欺侮同学的事件也偶有发生。（Bs01）

我所在的学校随迁子女占比在50%以上。在这个群体中，有一心向学的优等生，也有不少令人头痛的"问题学生"。对于屡教不改的学生应该如何处理，一直是亟待破解的难题。为此，我们曾经请教过市中级人民法院少年厅的工作人员，发现除非是极端案件，否则很难对这些还是未成年人的学生采取惩罚措施。记大过、留校察看基本上就是目前所能给予的最高处分，所以对于个别学生来讲没有明显的拘束力。而且，这些学生的家长或无暇顾及子女的教育，或声称管不了自己的孩子，更有甚者，连班主任老师的电话都不接，家访也不配合，任由孩子胡作非为。（Ws01）

以往大量实证研究结果表明，拒绝、反抗学术价值和学校教育过程往往会使青少年失去通过学校教育实现向上流动的机会，并最终以主动选择的方式延续父辈的阶级境遇和生活轨迹。也有学者对随迁子女在学校表现出的抵抗行为提出质疑，认为中国底层青少年并未建构"反学校文化"，学生文化总是再现或融合了某些学校文化的核心价值。因此，这种没有"反学校文化"支撑的抵抗行为实则是一种"片面抵抗"。片面抵抗指青少年只对抗学校场域微观层面的日常教育实践及其中蕴含的意义和符号，没能抵抗宏观层面的阶级关系和文化霸权运作。[1] 随迁子女的学业自我放弃在教育流动中经常被学者视为学业失败后的再生产旋涡。[2] 为尽量避免随迁子女由于家庭或自身原因而放弃学业，必须要采取有效措施"控辍保学"，为随迁子女实现身份置换和向上流动提供空间与可能。

学校教育对于学生的未来发展至关重要。围绕"控辍保学"这一基础工作，应着力考察学校是否采取了积极而有效的措施将辍学学生劝返复

---

[1]　李森、熊易寒：《青少年反学校文化理论反思与本土化诠释》，《青年研究》2017年第1期。

[2]　丁百仁、王毅杰：《公立学校农民工子女"自弃文化"研究》，《青年研究》2017年第2期。

学；在家校联系中，如何在家长"请而不来"的情况下，以"家访"的形式做工作；学校如何为学生"量体裁衣"帮助其激发学习兴趣和自信心等。针对农民工随迁子女的精准帮扶，对随迁子女集中学校的考核点应放在是否落实了国家关于义务教育免费的规定，对家庭贫困儿童的政府资助、奖助学金是否发放到位，对监护缺失、监护不利以及监护侵害儿童生活状况的了解情况、调节情况和替代监护情况，要具体落实到寄宿生的安全保障和行为不良学生的教育和矫正等方面。如果随迁子女集中学校在"控辍保学"的基础上还能够积极主动开展以防治学生欺凌为主题的法治教育，落实各项预防和处置学生欺凌的措施，并且依据《国家学生体质健康标准》，定期开展学生体检和体质健康监测，那么就可以评定该学校在保障农民工随迁子女平等接受教育方面实现了高效能。[①] 只有始终将学生的发展放在首位，才能逐渐消除"片面抵抗"行为，缩小随迁子女与本地学生的差距，促进随迁子女平等接受教育。

---

① 周佳：《困境儿童学校精准帮扶的审视与推进》，《中国教育学刊》2018 年第 11 期。

第 五 章

影响农民工随迁子女平等接受
教育的家庭因素分析

与其他影响因素相比，家庭因素对个体教育选择及受教育过程的影响更为直接。家庭是社会的基本组成单位，家庭关系是最亲密、最可信赖的社会关系，家庭中的每一个成员自然地结成了有着共同利益的团体。很多情况下，个人不是独立地而是以家庭为基本单位参加到社会活动中去的，个体的受教育行为也不例外。本章将在对农民工随迁子女的家庭状况进行调查研究的基础上，分析家庭因素对随迁子女平等接受教育的影响机制。

第一节　农民工随迁子女家庭状况调查

一　调查目的

本次调查旨在了解进入一线和二线城市学校就读的农民工随迁子女的家庭状况，包括父母文化程度、家庭教育支持情况、家庭养育方式、生活满意度等，以期为分析影响农民工随迁子女平等接受教育的家庭因素提供有价值的一手材料。

二　调查工具

本书主要以《家庭状况调查问卷》（附录3）为工具对一线和二线城市的六年级至九年级的学生（包括本地学生和随迁子女）进行了问卷调查。

《家庭状况调查问卷》共分为六部分：

第一部分：被试的基本信息，包括性别、年龄、年级、户口所在地等；

第二部分：被试的家庭背景，包括父母文化程度、家庭的教育期望、家庭教育支持情况等；

第三部分：生活满意度量表；

第四部分：父母养育方式评价量表；

第五部分：儿童自我意识量表；

第六部分：儿童社会期望量表；

现就问卷中使用的量表加以说明。

（一）生活满意度量表

1993 年，Diener 等人编制了《生活满意度量表》，该量表由五个问题组成：生活接近理想（T1），生活条件好（T2），生活满意（T3），得到重要东西（T4），肯定人生道路（T5）。量表得分：1、2、3、4、5 题之和除以 5。该量表在本书中的总体 Cronbach's α 系数为 0.886。

（二）父母养育方式评价量表（EMBU）

EMBU 最早于 1980 年由瑞典心理学家 C. Perris 等人编制，本书采用的是由岳冬梅等人根据瑞典版修订的中文版量表。[①] 该量表用以分别评价父亲和母亲对儿童的教养态度及行为，包括"父亲养育方式"和"母亲养育方式"两个分量表，全部题目采用李克特 4 点计分。本书仅采用"母亲养育方式"分量表。该量表包含情感温暖理解、过分干涉保护、拒绝否认、严厉惩罚及偏爱被试 5 个主因子。量表在本书中的总体 Cronbach's α 系数为 0.907，各因子的 Cronbach's α 系数分别为：0.921、0.852、0.771、0.803、0.790。

（三）Piers-Harries 儿童自我意识量表

Piers-Harries 儿童自我意识量表主要用于评价儿童的自我意识状况。该量表包括 80 个以"是—否"方式作答的条目，从行为、智力与学校情况、躯体与外貌、焦虑等方面，反映了儿童对于自己在所处环境与社会中的地位所进行的价值评断[②]。其中有 37 题答"是"记 1 分，有 43 题答

---

① 岳冬梅、李鸣杲等：《父母养育方式 EMBU 的初步修订及其在神经症患者中的应用》，《中国心理卫生杂志》1993 年第 3 期。

② 苏林雁、万国斌等：《Piers-Harris 儿童自我意识量表在湖南的修订》，《中国临床心理学杂志》1994 年第 1 期。

"否"记 1 分,采用正向计分,总分得分越高表明儿童自我意识水平越高。根据量表规定,正常得分范围为第 30 百分位(相当于粗分 46 分)到第 70 百分位(相当于粗分 58 分)之间,低于第 30 百分位则自我意识水平偏低,高于第 70 百分位则自我意识水平过高。该量表在本书中的总体 Cronbach's α 系数为 0.821。

（四）儿童社会期望量表（CSD）

儿童社会期望量表原被用来解释儿童对认可的接受程度,后改用于评定儿童对不认可的惧怕。[①] 量表共有 48 个条目,以"是—否"方式作答,其中有 26 题答"是"记 1 分,有 22 题答"否"记 1 分。量表理论得分范围为 0—48 分,得分越高的被试社会期望越高,表明其对于不认可越为惧怕。在本书中该量表总体 Cronbach's α 系数为 0.906。

本书采用 SPSS 24.0 和 AMOS 17.0 进行数据分析。

三　调查对象

笔者以样本城市六年级至九年级的学生为主要调查对象,共发放 1700 份问卷,回收有效问卷 1603 份,有效回收率为 94.29%。其中,一线城市 814 人,包括本地学生 435 人,随迁子女 379 人;二线城市 789 人,包括本地学生 364 人,随迁子女 425 人。

四　调查结果

（一）被试的基本情况

本次调查共回收有效问卷 1603 份。如表 5—1 所示,其中包括初一（六年级）学生 225 人,一线城市 126 人,二线城市 99 人;初二（七年级）学生 614 人,一线城市 347 人,二线城市 267 人;初三（八年级）学生 433 人,一线城市 202 人,二线城市 231 人;初四（九年级）学生 331 人,一线城市 139 人,二线城市 192 人。男生 773 人,女生 830 人。

---

① 汪向东、王希林、马弘:《心理卫生评定量表手册》,中国心理卫生杂志社 1999 年版,第 396—398 页。

表5—1 被试基本情况表

分类		二线城市		一线城市		总计（N）
		本地（N）	外地（N）	本地（N）	外地（N）	
所在年级	初一（六年级）	48	51	74	52	225
	初二（七年级）	112	155	185	162	614
	初三（八年级）	113	118	106	96	433
	初四（九年级）	91	101	70	69	331
性别	男	166	214	208	185	773
	女	198	211	227	194	830

（二）被试的家庭背景

1. 父母文化程度

如图5—1所示，就被试父母的文化程度而言，有22.36%的父亲和22.06%的母亲为初中以下学历；20.72%的父亲和20.22%的母亲为初中学历；27.19%的父亲和26.60%的母亲为高中学历；24.80%的父亲和25.43%的母亲为专科学历；仅有4.93%的父亲和5.68%的母亲为大学本科及以上学历。

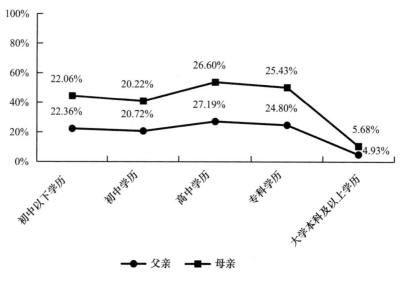

图5—1 父母文化程度（%）

表5—2　　　**父母文化程度×户口所在地×所在城市的交叉表**　　（单位：%）

父母文化程度		一线城市		二线城市	
		本地（%）	外地（%）	本地（%）	外地（%）
初中以下	父亲	16.0	29.8	19.0	31.1
	母亲	16.4	33.4	17.0	27.7
初中毕业	父亲	22.6	21.1	15.0	22.9
	母亲	18.4	20.8	21.0	20.4
高中毕业	父亲	22.1	22.3	35.3	26.3
	母亲	28.8	24.1	28.2	23.3
大专毕业	父亲	31.9	24.0	24.8	17.4
	母亲	27.5	18.9	27.0	26.6
大学本科及 以上学历	父亲	7.4	2.8	5.9	2.3
	母亲	8.9	2.8	7.0	2.0

在一线城市（如表5—2所示），本地学生的父亲、母亲为初中以下文化程度的分别占16.0%、16.4%，随迁子女的父亲、母亲为初中以下文化程度的分别占29.8%、33.4%；本地学生的父亲、母亲为初中文化程度的分别占22.6%、18.4%，随迁子女的父亲、母亲为初中文化程度的分别占21.1%、20.8%；本地学生的父亲、母亲为高中及高中以上文化程度的分别占61.4%、65.2%，随迁子女的父亲、母亲为高中及高中以上文化程度的分别占49.1%、45.8%。在二线城市，本地学生的父亲、母亲为初中以下文化程度的分别占19.0%、17.0%，随迁子女的父亲、母亲为初中以下文化程度的分别占31.1%、27.7%；本地学生的父亲、母亲为初中文化程度的分别占15.0%、21.0%，随迁子女的父亲、母亲为初中文化程度的分别占22.9%、20.4%；本地学生的父亲、母亲为高中及高中以上文化程度的分别占66.0%、62.2%，随迁子女的父亲、母亲为高中及高中以上文化程度的分别占46.0%、51.9%。

百分比同质性卡方检验的结果显示（见表5—3），在一线城市，本地学生和随迁子女在父亲文化程度方面存在极其显著的差异（p = 0.000 < 0.001），与本地学生的父亲的文化程度相比，随迁子女的父亲的文化程度更低，达到大专及大专以上文化程度的仅占26.8%。在一线城市，本

地学生和随迁子女在母亲文化程度方面也存在着极其显著的差异（p = 0.000 < 0.001），与本地学生的母亲的文化程度相比，随迁子女的母亲的文化程度更低，达到大专及大专以上文化程度的仅占 21.7%。在二线城市，本地学生和随迁子女在父亲和母亲文化程度方面均存在极其显著的差异（p = 0.000 < 0.001），随迁子女的父亲和母亲的文化程度更低，仅有 19.7% 的父亲和 28.6% 的母亲达到了大专及大专以上文化程度。

表 5—3　　　　父母文化程度 × 所在城市 × 户口所在地的卡方检验

分类	Person 卡方值	自由度	渐进显著性（双侧）
一线城市：父亲（本地/外地）	80.885[b]	4	0.000
一线城市：母亲（本地/外地）	104.809[b]	4	0.000
二线城市：父亲（本地/外地）	60.044[c]	4	0.000
二线城市：母亲（本地/外地）	89.147[c]	4	0.000

注：bc 均表明该检验中有 0 个单元格（0%）的理论频数小于 5。

2. 父母的教育期望

笔者专门设计了一个问题"父母希望你达到的最高受教育程度是什么"来考察父母对其子女的教育期望。调查结果表明（见图 5—2），高达 93.97% 的本地学生和 92.0% 的随迁子女反映他们的家长希望他们能够接受大学或研究生教育，只有 0.31% 的本地学生和 4.00% 的随迁子女反映他们的家长仅希望他们初中毕业即可。可见，无论是本地学生还是随迁子女，父母对其抱有的教育期望普遍较高。然而，值得注意的是，教育期望的实现离不开必要的教育支持，那么，被试的家庭教育支持情况如何呢？笔者对此也进行了调查。

3. 家庭教育支持情况

笔者主要从家校联系情况、参加文化活动的频率以及校外学习情况三个方面对被试的家庭教育支持状况进行了考察。

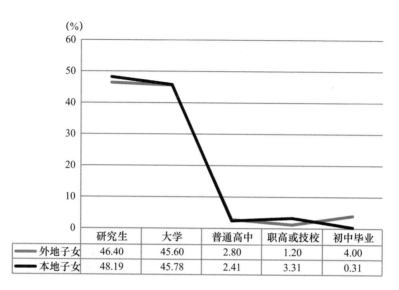

	研究生	大学	普通高中	职高或技校	初中毕业
外地子女	46.40	45.60	2.80	1.20	4.00
本地子女	48.19	45.78	2.41	3.31	0.31

图5—2　父母希望你达到的最高受教育程度（%）

（1）家校联系情况

如表5—4所示，有6.80%的随迁子女和9.53%的本地学生认为他们的父母与老师"总是联系"，18.40%的随迁子女和21.66%的本地学生认为他们的父母与老师"常常联系"。另有34.4%的随迁子女和26.12%的本地学生认为他们的父母与老师"很少联系"或"从不联系"。卡方检验的结果表明（见表5—7），随迁子女和本地学生在家校联系方面存在显著差异（p=0.003<0.01）。与本地学生相比，随迁子女的家校联系情况比较不理想，其父母与学校的联系不够密切。

表5—4　　　　　　　　　**家校联系情况**　　　　　　　　　（单位：%）

	总是联系	常常联系	有时联系	很少联系	从不联系
随迁子女	6.80	18.40	40.40	28.40	6.00
本地学生	9.53	21.66	42.69	22.81	3.31

（2）参加文化活动的频率

对参加文化活动的频率进行考察的目的是要了解父母带其子女去图书馆、美术馆、科技馆等有助于培养孩子学习兴趣的文化场所的情况。调查结果显示（见表5—5），7.20%的随迁子女和12.05%的本地学生反映，他们"总是去"参加文化活动；12.40%的随迁子女和15.06%的本地学生反映，他们"常常去"参加文化活动。另外，有34.40%的随迁子女和27.11%的本地学生反映，他们"很少去"参加文化活动，还有16.80%的随迁子女和9.15%的本地学生反映，他们的家长从来没有带他们去参加过文化活动。

表5—5　　　　　　　　　参加文化活动的频率　　　　　　　（单位：%）

	总是去	常常去	有时去	很少去	没去过
随迁子女	7.20	12.40	29.20	34.40	16.80
本地学生	12.05	15.06	36.63	27.11	9.15

卡方检验的结果显示（见表5—7），随迁子女和本地学生在参加文化活动的频率方面存在显著差异（$p = 0.006 < 0.01$）。与本地学生相比，随迁子女的家长带孩子参加文化活动的频率较低，家庭教育支持不足。

（3）校外学习情况

这里所说的校外学习情况，主要是指学生参加校外学习辅导班或兴趣特长班的情况。调查结果表明（见表5—6），40.80%的随迁子女和46.99%的本地学生"只参加学习辅导班"，5.20%的随迁子女和7.53%的本地学生"只参加兴趣特长班"，15.14%的随迁子女和20.78%的本地学生"两个都参加"，也有38.86%的随迁子女和24.70%的本地学生表示"两个都不参加"。

表5—6　　　　　　　　　校外学习情况　　　　　　　　（单位：%）

	只参加学习辅导班	只参加兴趣特长班	两个都参加	两个都不参加
随迁子女	40.80	5.20	15.14	38.86
本地学生	46.99	7.53	20.78	24.70

卡方检验的结果显示（见表5—7），随迁子女和本地学生在参加校外学习活动方面存在着极其显著的差异（$p = 0.000 < 0.001$）。与本地学生相比，随迁子女参加校外学习辅导班或兴趣特长班的比例较低，有

接近四成的随迁子女表示既未参加过校外学习辅导班，也没参加过兴趣特长班。

表5—7　　　　　　家庭教育支持情况＊户口所在地 卡方检验

分类	Person 卡方值	自由度	渐进显著性（双侧）
家校联系情况 （本地/外地）	16.102	4	0.003
参加文化活动的频率 （本地/外地）	13.807	4	0.006
校外学习情况 （本地/外地）	18.606	4	0.000

上述调查结果表明，与本地学生相比，随迁子女的家长与学校的联系不够密切，带孩子参加文化活动的频率较低，随迁子女参加校外学习辅导班或兴趣特长班的比例不高，家庭教育支持明显不足。

（三）生活满意度

如表5—8所示，在一线城市，本地学生生活满意度的平均分为 3.41 ± 0.93，随迁子女生活满意度的平均分为 3.25 ± 0.92；在二线城市，本地学生生活满意度的平均分为 3.31 ± 0.98，随迁子女生活满意度的平均分为 3.25 ± 0.97。由于本书使用的生活满意度量表为5点计分量表，量表理论最高分为5分，最低分为1分，中位数为3，因此从结果来看，被试在生活满意度方面的总体情况良好，平均值均高于理论中值3。

表5—8　　　　　　生活满意度量表的得分比较与差异检验

所在城市	户口所在地	平均值	标准差	t 值	p 值
一线城市	本地	3.41	0.93	22.36*	0.011
	外地	3.25	0.92		
二线城市	本地	3.31	0.98	0.82	0.410
	外地	3.25	0.97		

注：* 表示 $p < 0.05$。

通过独立样本 t 检验对一线城市的本地学生和随迁子女以及二线城市的本地学生和随迁子女在生活满意度量表上的得分进行差异比较（见表5—8），统计分析的结果显示，在一线城市，本地学生与随迁子女在生活满意度方面有差异（p<0.05），且随迁子女的生活满意度低于本地学生。在二线城市，本地学生与随迁子女在生活满意度方面没有显著差异（p>0.05），二者对于生活满意度的感受趋向一致。

（四）母亲养育方式

父母养育方式是父母亲在抚养、教育子女的过程中表现出来的一种相对稳定的行为倾向，是其教养观念及教养行为的集中体现。[1] 本书采用"母亲养育方式"分量表对本地学生和随迁子女的母亲养育方式进行了考察。该量表包含情感温暖理解、过分干涉保护、拒绝否认、严厉惩罚及偏爱被试5个主因子。通过独立样本 t 检验对本地学生和随迁子女在各因子上的得分进行差异比较，结果表明（如表5—9所示），除偏爱被试因子外，本地学生和随迁子女在其他各因子的得分差异均十分显著（p<0.001）。随迁子女在情感温暖理解和过分干涉保护上的得分低于本地学生，在拒绝否认和严厉惩罚上的得分则高于本地学生。这表明与本地学生相比，随迁子女较少感受到来自母亲的情感上的关爱和理解，却较多体会到来自母亲的否定和惩罚。

表5—9　　　　　母亲养育方式量表的得分比较与差异检验

因子	本地学生	随迁子女	t 值	p 值
情感温暖理解	61.148 ± 11.573	49.161 ± 5.220	15.120 ***	0.000
过分干涉保护	39.824 ± 10.742	35.477 ± 8.660	5.309 ***	0.000
拒绝否认	11.540 ± 5.145	14.085 ± 2.839	− 6.934 ***	0.000
严厉惩罚	16.154 ± 7.121	18.454 ± 3.764	− 4.572 ***	0.000
偏爱被试	11.512 ± 3.588	11.223 ± 3.777	0.877	0.375

注：*** 表示 p<0.001。

---

[1]　Diana Baumrind, "Current Patterns of Parental Authority", *Developmental Psychology Monograph*, Vol. 4, No. 1, January 1971, pp. 1 – 13.

（五）儿童的自我意识

自我意识是个体对自己身心状态的知觉、体验和主观评价，以及对自己同客观世界的关系的认识，是一个多层次、多维度的心理系统。由于自我意识的存在，个体能够对自身的行为加以调节和控制，进而也形成了对自己的固有态度。[①] 本书采用"Piers-Harries 儿童自我意识量表"对本地学生和随迁子女的自我意识水平进行了考察。该量表包含行为、智力与学校情况、躯体外貌与属性、焦虑、合群、幸福与满足 6 个主因子。通过独立样本 t 检验对一线城市的本地学生和随迁子女在各因子上的得分进行差异比较（如表 5—10 所示），发现本地学生和随迁子女在行为、躯体外貌与属性、焦虑、合群方面不存在显著差异，而在自我意识的总体水平以及智力与学校情况、幸福与满足两个因子上差异显著（$p < 0.05$），随迁子女的得分低于本地学生。

表5—10　　儿童自我意识量表的得分比较与差异检验（一线城市）

因子	户口所在地	平均值	标准差	t 值	p 值
自我意识	本地	3.37	0.62	2.08 *	0.031
	外地	3.28	0.59		
行为	本地	3.62	0.87	0.41	0.671
	外地	3.60	0.75		
智力与学校情况	本地	3.21	0.91	3.44 ***	0.000
	外地	2.99	0.86		
躯体外貌与属性	本地	3.00	0.97	1.76	0.070
	外地	2.88	0.90		
焦虑	本地	3.20	0.96	-0.43	0.660
	外地	3.23	0.95		
合群	本地	3.70	0.93	0.08	0.931
	外地	3.70	0.89		
幸福与满足	本地	3.79	0.96	2.06 *	0.030
	外地	3.65	0.99		

注：* 表示 $p < 0.05$，*** 表示 $p < 0.001$。

---

① 陈立、高觉敷：《心理学百科全书》，浙江教育出版社 1995 年版，第 703 页。

调查结果显示（如表5—11所示），在二线城市，随迁子女在行为、躯体外貌与属性、焦虑方面的得分略高于本地学生，在自我意识的总体水平、智力与学校情况、合群、幸福与满足方面的得分略低于本地学生。独立样本 t 检验的结果表明，二线城市的本地学生与随迁子女在自我意识各因子及总体水平上均无显著差异（p＞0.05）。

表5—11　　儿童自我意识量表的得分比较与差异检验（二线城市）

因子	户口所在地	平均值	标准差	t 值	p 值
自我意识	本地	3.58	0.61	0.06	0.951
	外地	3.58	0.59		
行为	本地	3.78	0.86	-1.69	0.092
	外地	3.88	0.76		
智力与学校情况	本地	2.90	0.85	0.89	0.370
	外地	2.84	1.03		
躯体外貌与属性	本地	3.13	1.01	-0.02	0.981
	外地	3.14	1.01		
焦虑	本地	2.92	0.91	-0.42	0.660
	外地	2.95	0.95		
合群	本地	3.99	0.90	0.26	0.790
	外地	3.98	1.03		
幸福与满足	本地	4.00	1.00	1.41	0.161
	外地	3.89	1.03		

以被试所在城市作为依据对自我意识量表及其各因子的得分进行独立样本 t 检验，结果表明（如表5—12所示），一线城市与二线城市的被试在自我意识的总体水平及各因子上的得分差异均十分显著（p＜0.001），一线城市的被试在智力与学校情况、焦虑方面的得分高于二线城市的被试，在自我意识的总体水平、行为、躯体外貌与属性、合群、幸福与满足方面的得分均低于对二线城市被试的测量结果。

表5—12　　　　　　　　儿童自我意识量表的得分比较与差异检验

因子	所在城市	平均值	标准差	t 值	p 值
自我意识	一线城市	3.32	0.61	-8.47***	0.000
	二线城市	3.58	0.60		
行为	一线城市	3.61	0.81	-5.53***	0.000
	二线城市	3.84	0.81		
智力与学校情况	一线城市	3.10	0.95	7.76***	0.000
	二线城市	2.87	0.89		
躯体外貌与属性	一线城市	2.94	0.94	-3.78***	0.000
	二线城市	3.13	1.01		
焦虑	一线城市	3.21	0.95	5.95***	0.000
	二线城市	2.93	0.93		
合群	一线城市	3.70	0.91	-6.08***	0.000
	二线城市	3.98	0.96		
幸福与满足	一线城市	3.72	0.98	-4.32***	0.000
	二线城市	3.94	1.02		

注：*** 表示 $p < 0.001$。

（六）儿童的社会期望

社会期望是指个体对于社会认可的依赖程度，也即对不认可的惧怕，是影响个体行为的重要内在动机。[1] 在量表测试中，与得低分者相比较，得高分者具有社会适应较好、攻击行为较少等优良品质。

如表5—13所示，一线城市和二线城市的被试在社会期望量表上的得分有显著性差异（$p = 0.03 < 0.05$），且一线城市学生的得分显著高于二线城市；在一线城市，本地学生和随迁子女的社会期望水平有显著性差异（$p = 0.04 < 0.05$），本地学生的社会期望水平高于随迁子女的社会期望水平；在二线城市，本地学生和随迁子女的社会期望水平差异显著（$p = 0.02 < 0.05$），与随迁子女相比，本地学生的社会期望水平更高。

---

① Douglas P. Crowne, David Marlowe, "A New Scale of Social Desirability Independent of Psychopathology", *Journal of Consulting Psychology*, Vol. 24, No. 4, September 1960, pp. 349–354.

表5—13 儿童社会期望量表的得分比较与差异检验

分类		平均值	标准差	t 值	p 值
一线城市		3.54	0.63	2.07 *	0.03
二线城市		3.46	0.62		
一线城市	本地	3.57	0.63	1.97 *	0.04
	外地	3.51	0.62		
二线城市	本地	3.49	0.61	2.34 *	0.02
	外地	3.42	0.62		

注：* 表示 p < 0.05。

（七）母亲养育方式对随迁子女自我意识的影响机制

有研究表明，父母养育方式极大地影响着儿童的自我评价、自我体验和自我调控等能力，是影响儿童自我意识发展的重要因素。[1] 同时，父母养育方式与儿童社会期望之间也存在一定程度的相关[2]。被他人认可的期望会促进儿童积极行为的产生与强化，而这一过程也会激励父母不断调整和改进其教养方式。这样在父母养育方式和儿童社会期望之间就会产生良性互动，而这种良性互动可以帮助儿童顺利适应社会生活。另有研究发现，社会期望也是影响自我意识发展的重要因素之一，个体的社会期望与自我意识之间呈现正相关[3]，也就是说，社会期望值较高的个体，对社会性强化反应得更为明显，有较强的社会责任感，容易把社会期望化作自我鼓励的精神力量，并对自身价值给予正面肯定和积极判断，从而表现得更为自信，自我意识水平也就相对较高。母亲是随迁子女的主要抚养者，如果社会期望在母亲养育方式与随迁子女自我意识之间起中介作用，则表明可以通过改善母亲养育方式，使随迁子女感受到来自母亲的积极期望，进

---

① Sandra Yu Rueger, Rachael L. Katz, et al. , "Relations between parental affect and parenting behaviors: A meta-analytic review", *Parenting: Science and Practice*, Vol. 11, No. 1, Feburary 2011, pp. 1 – 33.

② 徐远超、谭千保：《父母教养方式与儿童社会期望相关性研究》，《长沙民政职业技术学院学报》2002 年第4 期。

③ 张丽娟、石彩秀、丁志鹏：《聋生自我意识与社会期望的关系研究》，《中国特殊教育》2013 年第6 期。

而提升随迁子女的自我意识水平①，这必将对于促进随迁子女的健康成长有所裨益。

　　基于学者们以往的理论分析和实证研究，本书提出两个假设。H1：母亲养育方式中的部分维度与随迁子女自我意识之间存在显著相关性；H2：社会期望在母亲养育方式对随迁子女自我意识的影响中起中介作用。

　　1. 随迁子女母亲养育方式各维度与社会期望、自我意识的相关性分析

　　为了解随迁子女母亲养育方式各维度、社会期望、自我意识之间的关系，本书将所用被试数据中本地学生部分剔除，仅保留随迁子女部分，对其各量表的得分进行 Pearson 相关分析。结果表明（如表 5—14 所示），除过分干涉保护维度和偏爱被试维度以外，随迁子女母亲养育方式其他各维度与社会期望、自我意识之间均存在极其显著的相关性。研究假设 H1 得到验证。其中，情感温暖理解维度与社会期望、自我意识呈显著正相关；拒绝否认维度、严厉惩罚维度与社会期望、自我意识呈显著负相关。另外，随迁子女的社会期望与自我意识之间存在显著正相关。

表5—14　　　　　随迁子女母亲养育方式各维度与社会期望、
自我意识的相关性分析

	情感温暖理解	过分干涉保护	拒绝否认	严厉惩罚	偏爱被试	社会期望
社会期望	0.415 ***	0.038	− 0.334 ***	− 0.265 ***	0.029	1
自我意识	0.290 ***	− 0.023	− 0.332 ***	− 0.339 ***	0.019	0.380 ***

　　注：*** 表示 $p < 0.001$，下同。

　　2. 母亲养育方式对随迁子女自我意识的作用机制

　　由以上研究结果可知，随迁子女母亲养育方式中过分干涉保护维度和偏爱被试维度与社会期望、自我意识无显著相关，因此建立标准化估计假设模型如图 5—3 所示，以进一步探究随迁子女母亲养育方式各维度对社会期望、自我意识的作用机制。模型拟合指标显示为：$\chi^2/df < 5$，RMSEA <

───────────────

　　①　周正、韩悦：《母亲养育方式对流动儿童自我意识的影响：社会期望的中介作用》，《教育学报》2018 年第 1 期。

0.05，GFI、AGFI、NFI、RFI、IFI、TLI、CFI 均 > 0.95（见表 5—15）。可见，本书所采用模型各项拟合指标良好，表明观测数据与假设模型适配，模型拟合度佳。

母亲养育方式影响随迁子女自我意识的标准化估计效应分析结果见表 5—16。如表 5—16 所示，母亲情感温暖理解对随迁子女自我意识有正向预测作用（β = 0.063），同时通过社会期望间接影响其自我意识，中介作用量为 0.090；母亲对随迁子女的拒绝否认和严厉惩罚对其自我意识有显著负向预测作用（β = −0.115、β = −0.180），并且社会期望同时也在母亲拒绝否认和随迁子女自我意识之间起中介作用，中介作用量为 −0.052。由此可见，社会期望在母亲养育方式和随迁子女自我意识之间起到了部分中介作用。研究假设 H2 得到验证。与在母亲拒绝否认和随迁子女自我意识之间的中介影响（中介效应率为 0.311）相比较，社会期望的中介作用主要体现在母亲情感温暖理解与随迁子女自我意识的关系中（中介效应率为 0.588）。

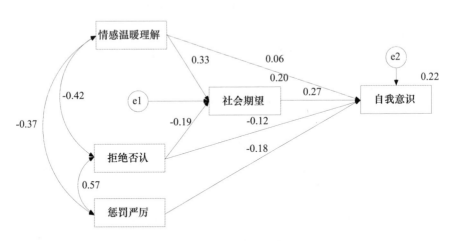

图 5—3　母亲养育方式影响随迁子女自我意识的标准化假设模型

表 5—15　　　　母亲养育方式影响随迁子女自我意识标准化
假设模型的拟合指标

χ^2/df	RMSEA	GFI	AGFI	NFI	RFI	IFI	TLI	CFI
0.890	0.000	0.999	0.990	0.998	0.984	1.000	1.002	1.000

表5—16　　母亲养育方式影响随迁子女自我意识的标准化
估计效应分析表

	直接效应	间接效应	总效应	中介效应率
情感温暖理解→社会期望	0.334		0.334	
拒绝否认→社会期望	−0.194		−0.194	
社会期望→自我意识	0.453		0.453	
情感温暖理解→自我意识	0.063	0.090	0.153	
拒绝否认→自我意识	−0.115	−0.052	−0.167	
严厉惩罚→自我意识	−0.180		−0.180	
情感温暖理解→社会期望→自我意识				0.588
拒绝否认→社会期望→自我意识				0.311

五　结论

本次问卷调查的结果表明：

第一，就父母文化程度而言，无论在一线城市还是在二线城市，随迁子女和本地学生在父亲和母亲文化程度方面均存在极其显著的差异，随迁子女的父亲和母亲的文化程度更低。

第二，无论是本地学生还是随迁子女，父母对其抱有的教育期望普遍较高。高达93.97%的本地学生和92.0%的随迁子女反映他们的家长希望他们能够接受大学或研究生教育。

第三，从家校联系情况、参加文化活动的频率以及校外学习情况三个方面对被试的家庭教育支持状况进行考察的结果显示，与本地学生相比，随迁子女的家长与学校的联系不够密切，带孩子参加文化活动的频率较低，随迁子女参加校外学习辅导班或兴趣特长班的比例不高，家庭教育支持明显不足。

第四，在一线城市，本地学生与随迁子女在生活满意度方面有差异，且随迁子女的生活满意度低于本地学生。在二线城市，本地学生与随迁子女在生活满意度方面没有显著差异，二者对于生活满意度的感受趋向一致。

第五，就母亲养育方式而言，除偏爱被试因子外，本地学生和随迁子女在其他各因子上的得分差异均十分显著。随迁子女在情感温暖理解和过分干涉保护上的得分低于本地学生，在拒绝否认和严厉惩罚上的得分则高于本地学生。这表明与本地学生相比，随迁子女较少感受到来自母亲的情感上的关爱和理解，却较多体会到来自母亲的否定和惩罚。

第六，就自我意识水平而言，在一线城市，本地学生和随迁子女在行为、躯体外貌与属性、焦虑、合群方面不存在显著差异，而在自我意识的总体水平以及智力与学校情况、幸福与满足两个因子上差异显著，随迁子女的得分低于本地学生。在二线城市，本地学生与随迁子女在自我意识各因子及总体水平上均无显著差异。一线城市与二线城市的被试在自我意识的总体水平及各因子上的得分差异均十分显著，一线城市的被试在智力与学校情况、焦虑方面的得分高于二线城市的被试，在自我意识的总体水平、行为、躯体外貌与属性、合群、幸福与满足方面的得分均低于对二线城市被试的测量结果。

第七，就社会期望水平而言，一线城市和二线城市的被试在社会期望量表上的得分有显著性差异，且一线城市学生的得分显著高于二线城市；无论在一线城市还是在二线城市，本地学生和随迁子女的社会期望水平都有显著性差异，本地学生的社会期望水平高于随迁子女的社会期望水平。

第八，本书进一步探讨了母亲养育方式对随迁子女自我意识的影响机制。统计分析的结果表明：母亲情感温暖理解与随迁子女的社会期望、自我意识存在显著的正相关；母亲拒绝否认和严厉惩罚与随迁子女的社会期望、自我意识存在显著的负相关；社会期望在母亲养育方式和随迁子女自我意识之间起部分中介作用。据此，母亲应当给予随迁子女更多的温暖理解和赞许鼓励，使其体会到来自母亲的积极期望，产生较强烈的被认可的需要，进而提高随迁子女的自我意识水平。

第二节　随迁子女的教育获得：家庭资本的影响

法国社会学家布迪厄把资本分为经济资本、文化资本和社会资本三种形式①。本书参照布尔迪厄的划分方法，将家庭拥有的经济资本、文化资

---

① Pierre Bourdieu, "The Forms of Capital", in *Handbook of Theory and Research for the Sociology of Education*, John G. Richardson, ed. New York: Greenwood Press, 1986, pp. 241 – 258.

本和社会资本统称为家庭资本（见图5—4）。家庭资本对个人教育选择和教育获得的影响是一个历史过程，即通过影响学生在每一阶段的分流而实现，而每一级分流的结果会在一定程度上逐步累积，最终的教育获得将会表现出与家庭背景的关联。[①]

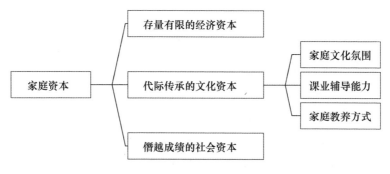

图5—4　家庭资本的类型分布

有研究指出，随迁家庭的经济资本、文化资本和社会资本均会影响随迁子女的教育机会，但家庭资本对随迁子女教育机会的影响因所处教育阶段的不同而有所差异。在幼儿园阶段，只有经济资本对随迁子女教育机会有显著影响。在义务教育阶段，只有文化资本对随迁子女教育机会有显著影响；经济资本和社会资本对其教育机会没有显著影响。在高中阶段，家庭文化资本和社会资本对随迁子女教育机会有显著的提升作用，但经济资本的作用却并不显著。[②] 通过问卷调查、深度访谈和参与观察，本书认为，家庭的经济资本、文化资本和社会资本始终以混合嵌入的方式共同作用于随迁子女各阶段的教育选择及受教育过程，对于随迁子女不同年龄段的教育获得均有显著影响。

一　存量有限的经济资本

家庭的经济资本主要是指家庭的经济收入以及所拥有的物质条件。一

① 方长春：《阶层差异与教育获得———一项关于教育分流的实证研究》，《清华大学教育研究》2005 年第 5 期。

② 谢永飞、杨菊华：《家庭资本与随迁子女教育机会：三个教育阶段的比较分析》，《教育与经济》2016 年第 3 期。

般而言，家庭经济条件优越不一定能使学生实现优越的教育获得，但是家庭经济困难则一定会影响个体的教育获得。在阶层分化日趋剧烈的情况下，接受某类教育所要付出的成本已经成为中下阶层家庭，尤其是农民工随迁家庭进行教育选择时需要考虑的一个重要因素。

以往研究表明，农民工群体在城市中主要从事岗位薪水低、工作环境差、工作不稳定的低端职业，隶属劳工阶层。[①] 家长较低的经济收入使得随迁子女难以享受到优质的教育资源。首先，义务教育期间"就近入学"政策的实施使得城市市民对于示范校的校区房趋之若鹜，而农民工随迁家庭存量有限的经济资本根本无力负担高昂的购房费用，只能由教育主管部门统一安排进入一些普通校或薄弱校就学。其次，由于家庭收入不高，家长对随迁子女的日常教育投资便大打折扣。笔者的调查显示，有 34.40% 的随迁子女反映，他们"很少去"参加文化活动，还有 16.80% 的随迁子女反映，他们的家长从来没有带他们去参加过文化活动。最后，与本地学生相比，随迁子女参加校外学习辅导班或兴趣特长班的比例较低，有接近四成的随迁子女表示既未参加过校外学习辅导班，也没参加过兴趣特长班。在访谈中，教师们也对类似的情况进行了分析。

> 目前在本班就读的外地学生很少参加课外补习班，主要还是因为课外补习的费用较高，农民工家庭难以承受。毫不夸张地说，有些孩子的父母还得经常为吃饭的事情发愁，哪儿还会给孩子花钱补课啊！有的农民工家庭经济条件稍好一点，能给孩子买点必需的学习物品，偶尔也能买点教辅材料、课外书，但和本地家长的教育投入完全没法比！（Ht09）

> 我在家访时发现，大多数外地学生居住在条件简陋的出租房内，且没有供其学习的专用书桌，因而他们只能在餐桌上完成作业，有的学生甚至趴在床上写作业。此外，外地学生家中也少有书柜，课本就堆放在床上或房间角落。可以看出，受家庭经济条件所限，外地学生

---

① 张云运等:《家庭社会经济地位与父母教育投资对流动儿童学业成就的影响》,《心理科学》2015 年第 1 期; 曾守锤等:《流动儿童的入学准备: 家庭资本的影响》,《华东理工大学学报》(社会科学版) 2013 年第 5 期。

的学习环境与本地学生差距较大。（S2t03）

可以说，随迁家庭对其子女的教育投入明显低于本地家庭，沉重的经济负担往往使其力不从心。

当今社会，学历在很大程度上成为衡量一个人能力的重要指标。用人单位招聘人员时，都有明确的学历要求。"要想找到好工作，首先需要高学历"已经成为社会的共识。既然学历与工作有关，那么学历也就直接与收入挂钩。农民工群体在求职的过程中，饱受"低学历"之苦，对学历的重要性感受深刻，因而对其子女也都抱有较高的教育期望。笔者的调查显示，高达93.97%的本地学生和92.0%的随迁子女反映他们的家长希望他们能够接受大学或研究生教育，只有0.31%的本地学生和4.0%的随迁子女反映他们的家长仅希望他们初中毕业即可。可见，无论是本地学生还是随迁子女，父母对其抱有的教育期望普遍较高。然而，教育期望的实现离不开必要的教育支持，那么，随迁家庭的教育支持情况如何呢？如前所述，笔者主要从家校联系情况、参加文化活动的频率以及校外学习情况三个方面对随迁子女的家庭教育支持状况进行了考察。考察的结果表明，随迁子女与本地学生在家庭教育支持方面存在显著差异，随迁子女的家庭教育支持水平明显低于本地学生。在访谈中，公办学校的教师、校长也对这种情况进行了描述，对此感慨颇多。

现在的家长大多对孩子抱有很高的期望，都是望子成龙、望女成凤的。但期望归期望，家长和学生也都得付出努力啊。我们班上的外地学生基本分为两种情况，一种是家里条件稍好一点的，父母对孩子的学习情况也比较关心，虽然辅导作业的能力有限，但还是会想办法给孩子提供一定的学习条件，这样家庭的孩子往往学习也比较努力，总觉得爸妈不容易。我们当老师的对于这样的学生也是能帮一把就帮一把，希望孩子和家长的努力能得来好的结果。还有一种情况，就是家庭条件确实不好，即使一开始对孩子寄托了比较高的希望，后来也会降低下来。因为这些家长工作都不太稳定，经常为基本的生活开销犯愁，不太可能给孩子提供必要的学习条件。在这种家庭成长起来的孩子有相当一部分学习成绩不好，久而久之，家长对他们的期望值也

就没那么高了。（Wt03）

您看到了，我们这个学校位于城乡接合部，虽然属于一所城市公办校，但因为离市区有一定的距离，很多家庭条件好一点的学生小学毕业就转去市里读书了，剩下的孩子大多数都是农民工子女。因为家庭经济条件有限，这些孩子的家长天天忙于生计，没有时间管孩子，也没有能力辅导学习，所以这些学生当中有一部分初中毕业就去读个职业学校，或者就不再读书了。往往是上初一的时候还有升学的愿望，到了初三、初四就放弃了。所以说，家庭的经济状况对子女的学业发展还是有一定的影响的。（Hs04）

我班上的农民工子女挺多的，差不多占总人数的一半。有的孩子学习成绩还可以，但大多数成绩都比较差。要是说这些孩子的家长对他们不抱希望也不对，很多家长都表现出了"恨铁不成钢"。但实事求是地讲，光对孩子寄托希望却不给提供必要的帮助也是不太可能实现愿望的，毕竟寒门出贵子不是一件容易的事。在我看来，学生成绩好不好，和父母管不管直接相关。有的家长一看到孩子成绩不好就知道打骂，自己没有辅导能力还不能给孩子提供条件，就是走一步算一步。面对这样的学生和家长，我们这些老师也很为难，毕竟现在和二十年前不同，不是光靠学校老师的努力就能保证学生的成绩。现在家长参与、家校合作多重要啊，你家做不到，但其他大多数学生的家长能做到啊，学生的成绩就这样一点点地拉开差距了。（S2t04）

上述访谈材料也进一步印证了父母教育期望的实现离不开必要的家庭教育支持。处于低薪阶层的农民工群体迫于生计，无法给子女提供良好的物质环境，同时又因缺少"学伴"能力，难以进行必要的学习指导，使得其子女在争取优质教育资源与受教育机会的过程中处于劣势。

另外，需要强调的是，目前，中国的教育收费制度，尤其是在非义务教育阶段，实际上是不考虑学生家庭背景的无差异收费制度。这种制度因学生家庭经济收入、文化水平、社会资源占有量的不同，形成了"相应成本"的差异。所谓相应成本，是指不同个体在形式上付出相同代价的时候，在实质上所付出的代价不同。[1] 低收入家庭为子女接受教育付出的相应成本要高于高收入家庭。[2] 同样的教育收费标准给不同家庭形成的相应成本不同，这就意味着来自不同家庭背景的学生接受优质教育的机会是不同的。在同等条件下，有些学生迫于家庭经济压力只好放弃接受优质教育的机会，个别学生早在义务教育阶段就被迫放弃了升学的努力。

收入的高低在某种程度上也反映了家庭文化资本和社会资本的占有量，低收入家庭要想提供与高收入家庭形式上等量的投入，实质上将付出高出多倍的相应成本。低收入家庭的原始文化资本是缺乏的，在以考试成绩为标准的"透明"的筛选过程中，为了使子女获得同样的来自家庭的帮助，就要花费更多的钱聘请家庭教师或参加辅导班，而文化资本较高的家庭则可以针对子女的实际状况随时辅导和讨论。优势家庭的文化资本可以转化为经济资本，而处于劣势的家庭要付出本来就缺乏的经济资本来换取文化资本，这个相应成本的差异直接决定了具有同等智力水平和学习能力而出生在不同家庭的孩子在求学之路上能够走多远。

二　代际传承的文化资本

文化资本是皮埃尔·布尔迪厄论述最多的一种资本类型。文化资本是指对一定数量和一定类型的文化资源的排他性占有，如家庭的图书种类与数量、参与文化活动、拥有的学历文凭等，语言资本亦属于文化资本的范畴。文化资本和所有的资本形式一样，具有一定的再生产能力。[3] 布尔迪厄认为，拥有较高学历背景的父辈，其子代在教育机会上会享有优势。[4] 受教育过程是一个接受和传承文化资本的过程，从这个意义上来讲，来自较高文化程度家庭的后代在获得教育成功的机会上具有先天优势。当父母的文化水平在子女身上得以继承和延续，便完成了文化资本的代际传承。

文化资本的作用机制主要在于通过构建和谐的家庭文化氛围、提供恰

---

① 袁振国：《政策型研究者和研究型决策者》，《教育研究》2002 年第 11 期。

② 周正：《个体选择职业教育问题的社会学研究》，《河北师范大学学报》（教育科学版）2009 年第 1 期。

③ 陈燕谷：《文化资本》，《读书》1995 年第 6 期。

④ 李煜：《制度变迁与教育不平等的产生机制——中国城市子女的教育获得（1966—2003）》，《中国社会科学》2006 年第 4 期。

当的课业辅导、采取科学的教养方式使子代能够高效能地进行有助于提升学业水平的文化学习，激发学习动力、提高学业成绩进而在遵循择优录取原则的入学和择校过程中将家庭文化优势转化为子女个人的受教育机会。

（一）家庭文化氛围

个体的教育选择与家庭文化资本直接相关，而家庭的文化氛围和生活方式正是家庭文化资本的重要体现。文化资本占有量多的家庭往往能够形成和谐的家庭文化氛围。布尔迪厄认为，在剔除了经济位置和社会出身因素的影响后，那些来自更有文化教养的家庭的学生，不仅有更高的学术成功率，而且在几乎所有领域中，都表现出了与其他家庭出身的学生不同的文化消费和文化表现的类型。[①] 良好的家庭文化氛围能激发孩子的学习动机和强烈的学习欲望，这对孩子的学业成功来说是至关重要的。我们通常所说的优质教育资源特指优质的学校，事实上，一个具有丰富文化资本的家庭所具有的资源意义不在学校之下，而且这一资源具有继承性。

以我们习以为常的语言为例，特定的家庭文化氛围和亲子交流方式是语言学习的摇篮，高学历家庭的子女小到普通话的标准音节，大到双语交流的语言背景均占有优势，这些无论是在子女自身文化气质的形成中，还是在子女在同伴中的地位占有和自信心形成上都发挥着重要作用。我们身边家庭成员的职业相似性也反映了家庭文化氛围对子女的"濡化"作用。此前，人们普遍认为家庭成员职业的相似性是社会资本的反映。工人家庭的子女往往在同一个工厂工作，军人家庭的子女一般也是职业军人，医生家庭的子女也多以救死扶伤为业等。事实上，笔者认为，这一现象是家庭文化资本代际传承的重要表现。子女从小在一种文化环境中生活，他对于父母的职业场景比较熟悉。教育社会学提出学生的生活世界有三个：家庭、同辈群体和学校，是否能够实现三重世界的顺畅越界的基础是家庭。人们对陌生和无知的世界是恐惧的，于是会选择自己熟悉的生活环境。这是家庭文化的力量，这种力量也自然成为了学生明日择业今日就学的依据。

父母的受教育水平直接关系到家庭文化资本的占有量，也影响着家庭

---

① ［法］皮埃尔·布尔迪厄、［美］劳克·华康德：《实践与反思——反思社会学导引》，李猛等译，中央编译出版社1998年版，第212页。

的文化氛围。笔者在调查中发现，无论在一线城市还是在二线城市，本地学生和随迁子女在父母亲的文化程度方面均存在极其显著的差异，与本地学生父母亲的文化程度相比，随迁子女父母亲的文化程度更低。在一线城市，仅有26.8%的父亲和21.7%的母亲达到了大专及大专以上文化程度。在二线城市，仅有19.7%的父亲和28.6%的母亲达到了大专及大专以上文化程度。由于自身教育水平的限制，随迁子女的父母在与子女共同学习和生活时往往表现出任意性和盲目性。文化贫困使得随迁子女家庭的城市社会融入更为艰难。譬如，目前部分城市正在实行积分入户和子女积分入学政策，政策规定，当积分达到一定分值时，随迁子女可以在该城市平等接受教育。在积分过程中，外来人员的受教育程度就是一个重要的考核指标。由于随迁子女父母的文化程度普遍较低，因而在这种政策环境下随迁家庭的社会融入就更为不易。文化水平较低也使得农民工群体往往只能从事低薪阶层的工作，他们难以为孩子提供一个相对稳定、安静的生活和学习环境，这样的家庭氛围对于激发随迁子女的学习兴趣、提升其学业成绩毫无助益，也为今后可能出现的学业不良甚至辍学埋下了隐患。

（二）课业辅导能力

家庭文化资本对于子女学业成绩的影响还体现在家长的课业辅导能力方面。受教育程度较高的家长有意愿也有能力对孩子进行课业辅导、答疑解惑，帮助其改进学习方法并传授解题技巧。这些努力必然有助于子女的学业进步，甚至达到事半功倍的效果。无疑，家庭文化资本已然成为子女获得学业成就的"先赋"条件。

当前，大多数的城市家长都会在子女放学后为其提供不同程度的家庭课业辅导，但是相当一部分随迁子女的家长尚未形成这种意识，通常认为只要把孩子送到学校就好，其他都是老师的事。还有一部分随迁子女家长希望自己能够为孩子的学习提供帮助，但又感到力不从心。在访谈中，有很多学校行政人员和教师都对此深有感触。

在我们学校，随迁子女家长两极分化特别严重。一部分家长比较配合老师工作，虽然他们文化水平不高，与本地家长在课业辅导方面差距较大，但至少能够在子女放学后督促其完成作业。另外还有一部分家长则完全对子女放任自流，认为把孩子送到学校就万事大吉，此后对其在学校的表现则不闻不问。比如，召开家长会是家长与老师交流并解决子女教育问题的重要契机，但部分家长并不配合，仅通过电话告诉老师由于各种原因无法参加便缺席子女的家长会。作为老师，虽然能够理解家长打工养家的生活压力，但我认为督促学习和家校配合是家长必须履行的基本职责。（Bs02）

现在我们班上出现了比较明显的"5＋2＝0"现象①。由于有些外地学生的家长受教育程度较低，无法对子女进行辅导，加上平时对子女管教也不严，导致这些学生在家度过周末后再返校时，已经遗忘了上周课堂上所讲的大部分内容。一段时间下来，这些学生便和其他同学的学习成绩拉开了差距。另外还有一些家长干脆把学校当成了托儿所。但事实上，现在的升学竞争相当激烈，家长不辅导不管教是行不通的。（Wt03）

通过访谈资料可以看出，由于部分随迁子女的家长受教育程度不高，课业辅导能力不强，往往会将子女全权交给学校管理，又因其缺乏良好的家庭教育观，忽视家校合作的重要性，极易影响孩子的学习成绩。同时由于缺少必要的管教，也容易导致子女不良行为的产生。可见，家庭文化资本会通过营造家庭文化氛围、决定家长的课业辅导能力等潜移默化的方式进行传递。

（三）家庭教养方式

家庭文化资本的占有量也会通过家庭教养方式得以显现。以往研究表明，和农村父母相比，城市父母对其子女表现出了较多的情感温暖理解，而较之城市母亲，农村母亲对子女有更多的严厉惩罚。② 另外，随着亲子双向互动观的提出，有关家庭教养方式与儿童心理发展的研究，已不再局限于父母对幼儿的单向影响，而是开始注重亲子间

---

① 即周一至周五在学校的学习成果由于周六、周日两天在家里没有得到及时的复习和辅导而化为乌有。

② 张秀阁、吴江、张杏钗：《城乡父母教养方式对青少年自我意识影响的探讨》，《中国心理卫生杂志》2004 年第 2 期；杨云云、佘翠花、张利萍：《儿童青少年父母教养方式的城乡比较》，《山东师范大学学报》（人文社会科学版）2005 年第 6 期。

的双向互动①，认为青少年谋求自主的努力或某些个性化表现都有可能对家庭教养方式产生影响②。

如前所述，本书对随迁子女的母亲养育方式进行了考察，发现随迁子女在母亲情感温暖理解和过分干涉保护上得分低于本地学生，在母亲拒绝否认和严厉惩罚上得分高于本地学生。这表明与本地学生相比，随迁子女较少感受到来自母亲的情感上的关心理解，却较多体会到来自母亲的否定和惩罚。

家长对子女的教养方式一般与其文化素养和生存状态密切相关。③ 文化水平较高的父母在对子女的教育过程中倾向于采取相对科学和理智的方式，更多地给予孩子情感上的温暖和理解，而文化水平较低的父母则不然。从调查中得知，随迁子女的母亲大多文化程度偏低，因而在教育子女时往往带有一定的盲目性，易于采用严厉惩罚或拒绝否认等手段纠正子女的行为偏差。同时，拮据的经济状况与沉重的生活负担也给随迁子女的母亲带来了较大的心理压力。在这种境遇下，母亲很有可能采用简单粗暴的方式教养子女，而这种负强化极易引发儿童的逆反心理，使儿童对他人的不认可持淡漠甚至反抗态度，削弱其对不认可的惧怕，进而加剧母亲对随迁子女的严厉惩罚。

以往研究表明，中国传统的"慈母慈父"或"慈母严父"的教养方式对随迁子女的心理发展有着正向的促进作用。④ 缺乏情感温暖与理解的教养方式不利于子女自我意识的形成与发展。也就是说，在民主平等、温暖和谐的家庭氛围中成长的孩子自信心更强，更倾向于拥有较高的自我评

① 杨帆：《中小学生自我意识与父母养育方式的相互关系》，硕士学位论文，中南大学，2008年，第5页。

② Geoffrey L Brown, Sarah C. Mangelsdorf, et al., "Father Involvement, Paternal Sensitivity, and Father-child Attachment Security in the First 3 Years", *Journal of Family Psychology*, Vol. 26, No. 3, April 2012, pp. 421 – 430; M. Ann Easterbrooks, Gretchen Biesecker, Karlen Lyons-Ruth, "Infancy predictors of Emotional Availability in Middle Childhood: The Roles of Attachment Security and Maternal Depressive Symptomatology", *Attachment and Human Development*, Vol. 2, No. 2, October 2000, pp. 170 – 187.

③ 周佳：《农民工随迁子女城市社会发展路径研究》，中国社会科学出版社2017年版，第29—36页。

④ 刘朔、刘艳芳、王思钦等：《父母教养方式对流动儿童问题行为的影响研究》，《西安交通大学学报》（社会科学版）2015年第7期。

价。相反，若是经常拒绝子女的正当要求或是过于严厉地惩罚子女的过错，将使其产生贬低感与挫败感，降低其自我意识水平。母亲养育方式与随迁子女自我意识的关系提示随迁子女的母亲应正确认识自己对子女的教养方式，减少母亲不良教养方式对随迁子女的消极影响。若要提高随迁子女的自我意识水平，母亲应该给予其更多的温暖理解和赞许鼓励，使其体会到来自母亲的积极期望，从而产生较强烈的被认可的需要，最终转化为随迁子女提升自我、发展自我的前行动力。

总之，家庭教养方式与家长的文化程度密切相关。科学的父母教养方式有助于其子女形成健康的人格，反之则会导致亲子关系紧张。很多随迁子女的家长认为打工挣钱就是对孩子最大的爱，其实不然，在给孩子创造物质条件的同时，也需要给予子女心灵的关怀，和孩子分享人生的感悟。可见，家庭文化资本以其独特的力量深刻地影响着家庭的教养方式，默默地实现着文化资本的代际传承。

三 僭越成绩的社会资本

布尔迪厄指出，社会资本是指个人或群体积累的实际或潜在的资源总和，这些资源与由相互承认的、或多或少是制度化的关系所组成的持久关系网络有关。[①] 詹姆斯·科尔曼在《社会资本在人力资本创造中的作用》一文中将社会资本理解为，是个人拥有的、表现为社会结构资源的资本财产，它们由构成社会结构的要素组成，主要存在于人际关系和结构之中，并为结构内部的个人行动提供便利。当个体在有目的的行动中希望增加成功的可能性时，社会资本便会被调动起来。这是一种对社会关系的投资，是可以通过其他行动者获得的、嵌入社会关系和社会结构中的资源。[②] 在影响个人学业成就的诸因素中，社会资本是非常重要的一个方面。在现实生活中，由于社会资本分布不均带来的社会关系排斥往往与经济资本、文化资本一同对个体的教育获得产生影响。

无疑，现代社会中的资本分布是非均衡性的，处于优势阶层的家庭，

---

① Pierre Bourdieu, "The Forms of Capital", in *Handbook of Theory and Research for the Sociology of Education*, John G. Richardson, ed. New York: Greenwood Press, 1986, pp. 241–258.

② 盛冰:《社会资本与文化资本视野下的现代学校制度变革》,《教育研究》2006 年第 1 期。

其所拥有的社会资本、文化资本以及经济资本存量较高，而处于劣势阶层的家庭所拥有的各类资本存量则偏低。① 随着社会转型以及家庭结构的变迁，家庭所拥有的各类资本的差异在不断扩大。在不同阶层背景的家庭中，可以用来帮助子女获得优质教育机会的经济资本、文化资本、社会资本的差距较为明显。② 教育机会分配过程的排斥机制越盛行，家庭各类资本的转化就越有效，相应产生的阶层差异也就越大。

农民工群体进入城市打工，虽然其所处的工作和生活环境发生了极大的变化，但是并没有从根本上改变他们以血缘和地缘为基础建立起来的社会关系网络。在城市中，随迁家庭所能获得的最直接的社会支持仍然来源于由乡土社会资本提供的亲戚、同乡等组成的同质性关系网络。在乡土社会中产生的信任感使他们更愿意借助同乡的帮助开始陌生的城市生活。③然而，这种同质性社会关系网络在随迁子女争取优质教育资源的过程中所能起到的作用却极为有限。

尤其是在义务教育后阶段，当适龄随迁子女在异地升学的过程中遇到困难时，社会资本的重要性便会显现出来。由于一些城市实行的异地升学政策门槛较高，存在一定的制度性排斥，同时，中国高中的私立化水平又比较低，所以随迁子女能否在城市上公立高中在很大程度上要取决于其父母能否找到社会关系让随迁子女能够到学校注册报名。因为存在制度性排斥，随迁子女要留在城市继续读书就不是单纯靠学习成绩或家庭经济资本可以顺利解决的问题了。④ 家庭社会资本是随迁子女在城市中学习和生活的重要社会支持系统，它影响着随迁子女受教育的途径、过程和程度。然而，处在社会底层的农民工群体，其在城市中所依存的乡土社会关系网络往往无法给予其必要的帮助。因此，面对相对复杂的异地升学政策，部分随迁家庭很难为其子女准备充足的手续，这也在一定程度上影响了随迁子

① 周正：《个体选择职业教育问题的社会学研究》，《河北师范大学学报》（教育科学版）2009 年第 1 期。

② 刘精明：《国家、社会阶层与教育——教育获得的社会学研究》，中国人民大学出版社2005 年版，第 244 页。

③ 赵光勇、陈邓海：《农民工社会资本与城市融入问题研究》，《当代世界与社会主义》2014 年第 2 期。

④ 谢永飞、杨菊华：《家庭资本与随迁子女教育机会：三个教育阶段的比较分析》，《教育与经济》2016 年第 3 期。

女的未来发展走向。在访谈中我们发现，有一部分随迁子女出于对家庭条件的了解，对于自己在城市中的求学之路早有预测。他们非常清楚，自己终究要回老家的，在城市上学只是一个短暂的经历，甚至只是一个过渡。

可以说，教育机会分配过程的制度排斥越明显，就越背离绩效原则，家庭各类资本的转化就越有效，教育不平等的程度也就越高。一个社会的教育不平等程度还会受到社会分化程度的影响。如果阶层间各类资本的占有量差异不大，那么优势阶层所能倚仗用以"排斥"的社会资源也就相对减少，排斥将难以实现或者收效甚微。① 相反，如果社会分化较为剧烈，阶层间各类资本的占有量差异巨大，又存有一定制度空间使排斥机制得以有效运作，那么资源转化（即家庭拥有的各类资本可以转化为子女的受教育机会）就将成为产生教育不平等的主导逻辑。

综上所述，以家庭阶层背景为标志的家庭因素对个体教育选择和教育获得的影响非常强烈。随迁子女能否在城市中争取到优质的教育资源，能否顺利实现异地升学的愿望，部分地取决于随迁家庭对各类资本的占有量。个人生活在家庭之中，对家庭的实际情况最为了解，与制度因素、学校内部因素相比，家庭因素最为直观，也最易于左右人们的决策。从这个意义上，本书认为，家庭因素直接影响了个体的教育选择，对农民工随迁子女平等接受教育产生了重要影响。

---

① 李煜：《制度变迁与教育不平等的产生机制——中国城市子女的教育获得（1966—2003）》，《中国社会科学》2006 年第 4 期。

第 六 章

影响农民工随迁子女平等接受
教育的个人因素分析

从农民工随迁子女自身出发对影响其平等接受教育的个人因素进行分析是一个重要又通常被忽略的视角。以往研究大多将随迁子女视作被动的接受者，将研究的重点放在外部因素对个体行为变化的影响上，殊不知个体拥有必备的融入能力和积极的融入意愿是其成功适应城市学校生活的必备条件，农民工随迁子女也需具有"反哺"和主动承担的责任意识。作为合格的社会参与者只有履行社会义务、承担社会责任才能要求获得公平地分享教育资源和成果的权利。

第一节　个体"可行能力"匮乏及其成因

一　"可行能力"清单

阿马蒂亚·森认为，一个人的"可行能力"是指此人有可能实现的、各种可能的功能性活动组合，其"功能性活动"包括"吃、穿、住、行、读书、看电视、社会参与等"，而得以实现各种功能性活动的可行能力则是一种实质性自由。[①] 农民工随迁子女平等接受教育的"可行能力"，可以理解为获取和有效利用政策、机会、资源，并使之转化为促进个体平等

---

① ［印］阿马蒂亚·森：《以自由看待发展》，任赜等译，中国人民大学出版社 2013 年版，第 63 页。

接受教育的能力。[①]"可行能力"的匮乏属于"不自由"的范畴，是个体缺乏发展能力的表现。由于农民工随迁子女属于未成年群体，可以暂不考虑他们在政治和经济体系中的影响，而应着力对其学习、交往和心理复原方面的能力进行分析。

（一）学习能力

随迁子女"可行能力"清单上的学习能力是指无论在城市学校还是在社会生活中，始终保持一种积极的学习态度，能够快速接收并内化新知识、新事物、新信息的能力。农民工随迁子女的学习能力应当包括学习流入地语言和当地习俗的能力、对新知识、新技能和新政策的掌握能力、接受学校教育进而获得良好的成绩和相应学历的能力等。学习能力是农民工随迁子女融入城市社会，获得生存技能，提高个体竞争力的基础。

1. 学习适应能力

学习适应能力即根据环境的变化，主动调整其自身，从而较好的适应学习环境的能力。随迁子女跟随父母进入城市，往往会面临城市学校生活的适应困境。城市与乡村在办学条件、师资力量、教育质量等方面存在一定差距，随迁子女在学习习惯、学习方法等诸多方面都需要重新适应新学校的要求。譬如，进入城市学校后，学校课时安排、教学进度、教师授课风格等都发生了较大改变，而部分随迁子女在自主学习能力、合作学习能力、阅读理解能力以及逻辑思维能力等方面又处于相对弱势，面对自身学习基础薄弱与学校教学方式不适应等现实难题，如若缺乏外界的积极引导，他们往往会表现出学习积极性降低、学习动力减退、学习目标模糊等问题，而这一切很有可能会导致随迁子女的学习成绩下降，进而引发其悲伤、沮丧、焦虑等负面情绪，影响身心健康，形成恶性循环。因而，随迁子女适应城市学校生活的基本前提就是要依靠外部社会支持和内在的刻苦努力逐步提升个人的学习能力，尽快了解、学习流入地的语言和当地习俗，增强新知识的掌握能力与新技能的操作能力，从而以较好的学习状态适应城市的学校生活。

---

　　① 徐丽敏：《农民工随迁子女社会融入的能力建设——基于森"可行能力"视角》，《学术论坛》2015 年第 5 期。

2. 自主学习能力

自主学习能力，是指在具体情境中的问题解决能力以及终身学习能力。随迁子女的自主学习能力，既包括学习者主动学习城市学校教师所传授的学科知识的能力，也包括在瞬息万变的城市社会中主动汲取有益信息、解决复杂问题进而实现个人理想的能力。

随迁子女的自主学习能力并非先赋因素，而是要通过后天培养来逐步形成。拥有自主学习能力的个体不仅"愿学习"，而且"会学习"。学习态度的自我调控、学习策略的自我选择、学习过程的自我管理以及学习结果的自我评价是达到预期学习目标的有效手段，这就需要学校与家庭、教师与家长两大主体的通力协作，使随迁子女在团队合作学习中学会自主学习、自主思考、自主选择，进而提升其可行能力。

（二）交往能力

随迁子女"可行能力"清单上的交往能力是指无论在城市学校还是在社会生活中都可以根据外界环境的变化不断调整身份认知，能够察觉他人的情绪意向并善于同他人进行有效沟通的能力。交往能力是作为具有有限理性的"社会人"与他人之间相互影响的作用和机制，也是个体社会能力的外在表现。交往能力可以帮助人们建立起与外界的联系，接收和转化外界的信息。具有一定的交往能力是农民工随迁子女城市学校适应的关键。

首先，交往能力是心理健康的保障。良好的人际关系有助于学生的身心健康成长。Mark Leary 的自尊社会计量器理论认为，人际交往能力的强弱会影响自身被他人接纳和喜欢的程度，进而影响个体对环境的适应能力[①]。当个体感知到被他人所接纳和喜欢时，其自尊水平会提升。反之，当个体感知到被他人排斥和反感时，会引起个体紧张、焦虑等消极情绪反应，进而影响个体的认知风格，当这些负面情绪不断累加，会严重影响其心理健康。

---

① Mark R. Leary, "The Social and Psychological importance of Self-esteem", in Robin M. Kowalski, Mark R. Leary, eds. *The Social Psychology of Emotional and Behavioral Problems: Interfaces of Social and Clinical Psychology*, Washington: American Psychological Association, 1999, pp. 197 – 221.

其次，交往能力是知识学习的关键。美国著名学者爱德加·戴尔曾提出"学习金字塔"（Cone of Learning）理论，该理论以数字形式鲜明的呈现了不同学习方式下学习者的学习效果。研究以语言学习为例，发现学习效果在30%以下的学习方式均是位于金字塔前四个部分的几种传统学习方式，包括个人学习或者被动学习方式；学习效果均在50%以上的是团队学习、主动学习和参与式学习等学习方式，位于金字塔后三个部分。从人际关系的角度来看，不管是小组讨论还是合作学习、团队学习，这些学习方式都是以人际交往能力为前提的，具备一定交往能力是随迁子女在学校中有意义学习的关键所在。

随迁子女在与他人交往的过程中可以了解、吸收新的城市社会文化知识，能够发展其心理认知，可以灵活地应对新事物、新环境，更好地融入城市生活。目前，随迁子女的人际交往主要包括师生交往、同辈交往、家庭成员间的交往，虽然我们可以借助外部手段促进各种人际关系的和谐发展，但需要注意的是，具有强烈的交往意愿是提升随迁子女交往能力的基础。如何激发农民工随迁子女的交往意愿是一个值得深入思考的问题。

（三）复原力

复原力（Resilience）也称抗逆力，是指个人抵抗困境，消除负面影响，达到良好适应结果的能力。它有三个基本特征：一是接受并战胜困难的能力；二是在危难时刻仍能对生活充满希望的能力；三是能够沉着应对并解决问题的能力。[①] 我们每个人都或多或少地遇到过挫折，可能会错失机会，可能会遭遇不公正的对待，可能会因为一个微小的失误而陷入漫长的忍耐和等待。在这种不利处境下，能否在困境中学会坚持往往就成为成败的关键。当然，面对挫折和困境，只有执着和坚持还不够，还要有抵消困境影响的能力，而这就是复原力。能够接纳脆弱的人在面对困难时反而更加坚韧，也更容易修复自身。不盲目跟随、不恶意比拼，在困境中学会坚持，用最初的梦想照亮脚下的路，就是具有较高复原力的表征。

复原力虽然具有一定的天性成分，但人的本性只是为复原力的形成和发展提供了一个基准线。复原力主要还是后天形成的一种能力，它虽然在

---

① 哈佛商业评论：《复原力：教你如何面对困境》，浙江出版集团数字传媒有限公司2017年版，第2—3页。

不同的人身上表现方式不同，但大部分人都可以通过学习而形成复原力。也就是说，复原力可以通过学习而获得并且不断增强。

要想具有较高的复原力，首先，就要培养自己对不确定性的耐受力，比如能够承受陌生环境给自己带来的压力，能够承受主动与他人交往可能带来的不确定性等。其次，要正确看待和应对日常生活中的不幸，能够把不幸化作成长的资源和动力。个体的复原力往往是在其遭遇巨大不幸或灾难的时候才会表现出来的一种能力，但是它的生成，却取决于一个人平时看待困难和不幸的态度。最后，要学会以健康的心态去面对逆境，无论遇到何种挫折与不公，都能够坚守道德底线，用积极的态度和正确的方法来解决问题。无疑，复原力是农民工随迁子女需要具备的一种重要的"可行能力"，因为在适应城市学校生活、融入城市社会的过程中，必然会面对一些无法预料的困难和挫折，是否具有较强的复原力将对随迁子女在流入地的学习和生活产生重要影响。

二　"可行能力"匮乏的成因

笔者在调查中发现，对于农民工随迁子女而言，"可行能力"清单上的诸种能力大多处于匮乏的状态。在学习能力方面，部分随迁子女接收并内化新知识、新信息的能力有限，譬如语言学习能力不强，尤其是跟随父母从农村来到城市的农民工随迁子女往往需要花费较长时间去完成当地语言的学习，进而延缓了社会融入的进程；又如对于政策的学习能力不强，笔者的调查表明，有30.1%的学生表示"从没听说过"有关异地升学的政策，由于不能有效地掌握政策也就无法运用利好政策为自己服务。在交往能力方面，农民工随迁子女的能力不足主要表现为其社会交往范围狭隘，"内卷化"严重，随迁子女与流入地的同辈群体难以建立起良好的社会互动关系，其社会交往的圈子大多局限于与自己有相同背景和生活经验的儿童，而与城市本地的学生交往不够充分。在复原力方面，沉着应对并解决问题的能力还有待提高，秉持"自弃文化"的随迁子女大有人在。导致上述"可行能力"不足的原因是多方面的，下文将着重从客观的家庭支持和主观的融入意愿两方面对随迁子女"可行能力"匮乏的成因进行分析。

（一）家庭支持缺失

随迁子女的家庭背景是其获得和增强"可行能力"的"先赋"条件。如果这种原生的"先赋"条件较为薄弱就难以在随迁子女"可行能力"提升的过程中提供帮助。

1. 家庭经济支持

一般而言，家庭经济条件优越不一定能大幅提升其子女的"可行能力"，但是家庭经济困难则一定会影响个体"可行能力"的获得。农民工群体在城市中主要从事工作条件差、收入不稳定的低端职业，低水平的物质生活意味着他们在子女教育投入上的经济支付能力有限，这在一定程度上限制了子女义务教育后的升学选择自由以及享受优质教育资源的机会。处于低薪阶层的农民工群体迫于生计，对于给孩子提供一个相对稳定、安静的生活和学习环境往往心有余而力不足，这样的家庭氛围对于激发随迁子女的学习兴趣、提升其"可行能力"毫无助益，也为今后可能出现的学业不良甚至辍学埋下了隐患。

2. 家庭文化支持

教育人类学认为教育是文化模仿和濡染的过程。在农民工随迁子女的家庭教育活动中，父母的文化惯习，会在非干预教育行为中，提供给子女文化模仿的对象，从而实现惯习的代际传递。[①] 农民工群体及其随迁子女从农村来到城市，在城市社会生活融入过程中，父母"无意识的"适应表现会潜移默化地影响子女的有意识适应过程。

笔者通过调查发现，无论在一线城市还是在二线城市，本地学生和随迁子女在父母亲的文化程度方面均存在极其显著的差异，与本地学生父母亲的文化程度相比，随迁子女父母亲的文化程度相对较低，这也使得他们的教育观念相对落后，对于家庭教育缺少正确、客观的认识，理所应当地认为教育是学校的事，从而将子女全权交给学校进行管理。即便一些随迁子女家长意识到了家庭教育的重要性，但也往往力不从心。一方面，文化水平较低使得农民工群体缺少"学伴"能力，难以对其子女进行必要的学习指导，又因其缺乏良好的家庭教育观念，极易影响孩子的学习成绩；

---

① 刘谦、冯跃：《家庭教育与学校教育互动的文化机理初探——基于对北京市农民工随迁子女教育活动的田野观察》，《教育研究》2012 年第 7 期。

另一方面，农民工群体所从事的工作大多为体力劳动，通常劳动时间长、体力消耗大，时间和精力有限，导致教育参与程度较低，家庭文化支持不足。

3. 家庭社会支持

家庭社会支持包括家庭内社会支持和家庭外社会支持，它影响着随迁子女的受教育过程及各类"可行能力"的获得。

家庭内社会支持包括家庭结构、亲子关系、父母教养方式、家长的教育期望等；家庭外社会支持是以父母为主体形成的人际关系网络，该网络会随着个体行为投入情况而发生改变，包括邻里间、同事间的关系。家庭社会支持的强度依赖于家庭内外社会资本的积累，集体效能感高低是家庭外社会资本的一个重要体现。有学者指出，社区的集体效能感越强，该区域暴力发生的可能性越小，集体效能感对于个体心理和外显行为具有中介调节作用。[1] 个人集体效能越高，其行为动机越明确、抱负水平越高、抗压能力越强。因此，农民工家庭所属社区以及所属社区给予社会支持的重要性也就不言而喻了。

良好的家庭社会支持能够将子女置身于更广泛的社会网络中，依靠该网络获得有价值的社会资源的机会也就更多，对个体满意度和幸福感的提升就更有帮助。然而，值得注意的是，处在社会底层的农民工群体，其在城市中所依存的乡土社会关系网络往往无法在随迁子女争取优质教育资源的过程中提供必要的帮助，这也在一定程度上影响了随迁子女的未来发展走向。

如前所述，本书主要从家庭经济支持情况、家庭文化支持情况以及家庭社会支持情况三个方面对随迁子女的家庭支持状况进行了考察。考察的结果表明，随迁子女与本地学生在家庭支持方面存在显著差异，随迁子女的家庭支持水平明显低于本地学生。家庭支持不足使得随迁子女在提升"可行能力"的过程中困难重重。

总之，作为"先赋"条件的家庭经济资本、文化资本和社会资本始

---

[1]　Tama Leventhal, Jeanne Brooks-Gunn, "The Neighborhoods They Live in: The Effects of Neighborhood Residence on Child and Adolescent Outcomes", *Psychological Bulletin*, Vol. 126, No. 2, April 2000, pp. 309 – 337.

终以混合嵌入的方式共同作用于随迁子女的学习和生活。随迁家庭在各类资本的占有量上均处于相对劣势也导致了随迁子女在学习能力、交往能力、复原力等方面的"可行能力"匮乏。本书第五章对影响随迁子女平等接受教育的家庭因素进行了较为详尽的分析，此处不再赘述。

（二）融入意愿不足

随迁子女"可行能力"的提升至少需要两个前提条件：一是客观的外部支持；二是主观的融入意愿，如果个体融入意愿不足，那么即使外部条件再好也难以达成目标。在访谈中，一位公立学校校长就谈到了这种现象。

问：目前无论是国家、学校还是社区都对随迁子女的城市学校适应和社会融入提供了一些支持，有政策层面的、有物质层面的、也有精神层面的，那么您认为，随迁子女能否感受到这些社会支持？是否会因此在学习或社会交往方面发生一些改变？

答：有些学生能感受到，但有些学生对此是没什么感觉的。有一部分懂事的学生会因此发生改变，比如说会比较珍惜异地升学的机会，会比从前更加努力学习，但还有相当一部分学生认为这些社会支持是他们应得的，并没有因此而改变自己的学习态度。（Hs05）

问：其实世界上没有什么平白无故的给予，他们应该明白只有自己付出相应的努力才能得到社会的帮助和他人的尊重。

答：对啊，但有些学生就不这么想。而且有的学生还有这种想法，你们本地人现在能过这么好的日子，我们凭什么就不能？对，就是心里不平衡。总感觉我是一直吃苦长大的，你们给我一些好处和关照都是应该的，也没想过应当怎么去利用这些好的资源。一个人如果没有主动改变现状或提升自己的意愿的话，给他再多的社会支持也是枉然。（Hs05）

通过上述访谈记录可以发现，部分农民工随迁子女缺少"反哺"的社会责任感，虽然感受到了社会支持的存在，但并没有提高其主观幸福感，也缺少积极融入的意愿。主观能动性的缺乏使得农民工随迁子女难以借助社会支持提升个体的"可行能力"，主要表现为自我表征差异与身份认同屏障两个方面。

1. 自我表征差异

自我表征通常表现为自我概念的表征。Higgins 的自我差异理论认为，个体的自我概念包括三个部分，现实自我、应该自我和理想自我。其中，现实自我指个体自身或他人认为个体实际具备的特性的表征；应该自我指个体自身或他人认为个体有义务或责任应该具备的特性的表征；理想自我是指个体最想要的自我状态和特点的一种内在表征，是个体行为的向导和动力。[①] 自我在提取信息形成自我表征的过程中，会根据不同的加工作用向不同的方向发展。每个人都拥有渴望被他人接纳和喜欢的亲社会动机，而自我表征的差异会影响整个交往互动过程。当随迁子女抱着巨大的希望和动力来到朝思暮想的城市时，他们的参照群体也随之改变，由农村转向了城市，原有的自我表征失灵。面对城乡的巨大差异和难以弥补的落差，随迁子女在城市适应过程中处于被融合、被接纳的被动角色，丧失了作为一个独立个体的主体性发挥，对自我概念的形成和发展产生了消极影响。随迁子女承载着家庭期望，希望通过自身的努力学习尽快地融入城市，适应学校生活。面对学校环境与学习生活的不适应以及刻板印象的影响，部分随迁子女自身的期待过度又不具备相应的能力，当理想自我过高却又无法实现时，往往会产生压力和无助、自卑等心理，进而会影响其主动融入城市社会生活。

2. 身份认同屏障

随迁子女具有双重身份：一是流出地的原始身份；二是流入地的再造身份。不同的身份背景被赋予不同的含义。两种身份背景拥有不同的社会关系、文化烙印，相应地衍生出不同的社会行为。

第一，"城""乡"身份的隔离。城乡二元户籍制度将"农村人"与"城里人"隔离开来，从某种程度上可以看成一种身份制度。随迁子女由农村来到城市，一方面他们积极主动地适应城市文化、融入城市生活，渴望得到认可和尊重；另一方面由于根深蒂固的差异与看不见的心理排斥，又无法真正融入其中。在原有户籍身份和现实生活身份的双重身份作用

---

① 杨荣华、陈中永：《自我差异研究述评》，《心理科学》2008 年第 2 期。

下，极易引发随迁子女社会身份认同的冲突。

第二，"我"群体与"他"群体的界限。库利在"镜中我"理论提到，每个人都是另一个人的一面镜子，反映着另一个过路者①。一个人的自我认识是其他人关于自己看法的反映，是在与其他人的交往中形成的，人们往往是在别人对自己的评价中形成了自我观念。美国社会学家萨姆纳的群体理论以成员对群体的心理归属感为依据，将群体划分为内群体和外群体两种类型。成员通过群体内的"我们"与群体外的"他们"之间的强烈差异感来明晰群体界限②。农民工家庭以农民的身份居住到城市人的聚集区，居民的社区身份认同与归属感降低，邻里社会资本遭到削弱。随迁子女往往抱着"高交往"的意愿，却要面对"低交往"的事实。由于与城市学生之间在思想观念、行为习惯、语言表达等方面存在差异，使其在交往互动中不可避免地感受到自身的"他者"角色，被集体逐步边缘化，当这种角色不断被感知和强化，便会引起随迁子女自我身份认同模糊、自卑意识固化，令其陷入自我隔离的困境，从而进一步阻碍了随迁子女"可行能力"的获得与提升。

第二节 个体的"自弃文化"及其影响

诚如上述，农民工随迁子女"可行能力"不足与缺乏积极进取的主观能动性密切相关。那么，是什么影响了随迁子女的主观能动性？在众多影响因素当中，部分随迁子女所秉持的"自弃文化"的消极作用不容忽视。

一 "自弃文化"的成因

有研究指出，目前城市公办学校中的部分农民工随迁子女表现出了自

---

① ［美］查尔斯·霍顿·库利：《人类本性与社会秩序》，包一凡等译，华夏出版社1999年版，第181页。

② William Graham Sumner, *Folkways: A Study of the Sociological Importance of Usages, Manners, Customs, Mores, and Morals*, Boston: Ginn, 1906, pp. 12 – 13.

我放弃文化的风格特征①，他们在观念上认同学校教育的重要性却漠视学习计划与目标；在行为上无意挑战学校和教师的权威却得过且过、缺少积极努力的行动、类似隐性辍学。那么，这种"自弃文化"是如何生成的呢？

（一）未来不可期

埃里克森曾提到，希望是所有生命最基本的要素，被夺去了希望就被夺去了一切。② 看不到希望是随迁子女秉持"自弃文化"，在学校里"混日子"的重要原因。通过访谈笔者发现，随迁子女随父母来到城市，往往会出现以下几种情形：接受义务教育期间，很可能会因为父母工作场所的变动而进入不同城市的学校，面对新环境，开始新的学校适应；初中毕业后，重回老家上学，继续在双重身份间游走；学业终止后参加工作，受到家庭经济资本与社会资本的影响，多从事低收入工作，开始重复父辈的人生；成为无业游民，从此看不见生活的希望。在目标动机丧失、未来的不确定性、消极情绪的累积等多重作用下，一部分随迁子女会感到未来不可期，从而走上自我放弃的道路。

（二）学业成绩不良

对于许多农民工随迁子女来说，努力学习是改变生活现状、改变前途命运的最快速、最便捷的方法。然而，从农村学校转移到城市学校，由于学习基础薄弱，导致出现了学习进度差距、学习能力不足、学习适应困难等情况，使得部分随迁子女的学业成绩并不理想。如果此时他们得不到及时的外在帮助，又无法凭借自身的能力提高成绩，那么就很有可能丧失学习动力，从而陷入恶性循环，自我效能感降低，甚至自暴自弃。

二　"自弃文化"的表征及影响

（一）"差生"认同

笔者曾在问卷调查中专门设计了一道题目"你是否相信只要努力就

---

①　丁百仁、王毅杰：《公立学校农民工子女"自弃文化"研究》，《青年研究》2017 年第 2 期。

②　Erik H. Erikson, *Gandhi's Truth：On the Origins of Militant Nonviolence*, New York：W. W. Norton & Co. , 1969, p. 154.

会有美好未来？"用来考察学生的自我认知情况。结果显示，27.2%的一线城市随迁子女和18.8%的二线城市随迁子女表示"不太相信"或"完全不相信"。在对样本学校随迁子女的访谈中，我们发现，"看不到美好未来"的挫败感与"我是一个无法改变的差生"的未来预期相关。

　　问：现在这个城市已经允许外地学生"异地中考"和"异地高考"了，你要是好好复习应该能考上一个不错的高中吧？

　　答：没什么差别，好好复习也考不上。（Wm01）

　　问：你在班级里是前十名的学生，怎么会考不上呢？

　　答：虽然我在班里的名次还可以，但我们学校跟其他好学校比不了，我在别的学校是排不到前面的。（Wm01）

　　问：班里的外地学生都这么想吗？

　　答：差不多吧，我都这么想，就不用说其他成绩更差的（同学）了。（Wm01）

　　问：距离中考还有一年多的时间，好好努力总会有进步吧？

　　答：努力也没用，有些科目也学不会，况且好学校的学生比我们更努力啊，根本就不是人家的竞争对手。（Wm01）

　　问：那今后毕业了有什么打算？

　　答：能考上普高就继续读，如果考不上，就念个职高，要不然就是去打工。（Wm01）

　　我们发现将自己认定为"差生"的随迁子女对其升学的前景并不看好，且普遍对未来没有太多期许。在他们看来，就读的学校比较差，那么在这种学校里面的排名也就不具有实际价值，即便是排名在前的同学也不会以此为荣。有学者曾指出：如果人们把某种情境规定为真实，那么结果它们就是真实的。① 部分随迁子女的"差生"身份认同使得他们放弃了努力、放弃了改变，最终成为了名副其实的"差生"。在自卑感逐渐生成的过程中，部分随迁子女走向了自我放弃。

---

① 张人杰：《国外教育社会学基本文选》，华东师范大学出版社2009年版，第454页。

在访谈中，样本学校的教师对于这种现象进行了描述和分析。

我们班的外地学生大多对未来没有很高的期望，因为他们觉得自己不是读书的料。也许这些孩子并没有考虑过长远的未来，比如必须考个好大学，或是去一个更好的城市。可能因为没见过，所以也就不憧憬。也有学生觉得能在本地读个职高就可以了。（S2t05）

我认为学生是否有远大目标和家长有很大关系，也就是说生长环境对于个人的影响极大。一个人从小生活在何种环境里，对其一生都有重大影响。如果家长仅仅关注子女吃饱穿暖的需求，而不能为子女提供必要教育支持的话，他们的子女便难以去追求更高的人生目标。既然没有目标追求，就更不会有所行动，所以这类学生在学习上就很懈怠。（Ht10）

我所带的初四班级中，外地学生占多数。目前班里不少学生都已经辍学，没等到初中毕业就返乡了。这些学生在初一、初二时便认为自己是差生。学习成绩不好本来应该更加努力，但他们却认为努力也没用，努力也跟上学习进度。我常给他们做心理辅导，但效果不佳。这些学生虽不至于影响课堂纪律，但也只是坐在教室里发呆，并没有把心思用在学习上。初三时已经有一部分学生选择辍学打工，而目前还在学校上课的学生中也很少有人努力学习。（Wt04）

通过上述访谈记录可以发现，对于部分农民工随迁子女而言，根深蒂固的差生归属让他们放弃了努力的念头，即使面对老师的劝导和鼓励，也表现得无动于衷，不思进取且没有作为。这种自暴自弃的心理状态导致部分随迁子女最终走向了自我放弃，形成了"自弃文化"。

有学者指出，学生根据其历史经历、从属地位和生存处境对他们在学校教育过程中遭遇的瓶颈的自我调适也是决定其学校文化的关键性因素。[1] 笔者的调查显示，农民工随迁子女对于外部的制度性障碍，譬如限

---

[1] John U. Ogbu, Herbert D. Simons, "Voluntary and Involuntary Minorities: A Cultural-ecological Theory of School Performance with Some Implications for Education", *Anthropology & Education Quarterly*, Vol. 29, No. 2, June 1998, pp. 155 – 188.

制性异地升学政策并不像学者们预期的那么关注，毕竟在大多数城市，尤其是二线城市"异地中考"的政策屏障已被基本撤除，而高考距离初中生还比较久远，虽然会对他们的教育选择产生重要影响，但对于当下而言，学生们最有体会的还是个人的学业表现。当经历了付出努力但收效甚微，直至产生"差生"认同后，部分随迁子女便会采取消极的调试策略，最终走向不再努力，自我放弃。由于缺乏积极进取的主观能动性，部分随迁子女只能早早结束校园生活，成为社会中新一代的流动务工人员。

（二）歧视知觉

歧视知觉是个体察觉到外界给予自身所属团体成员身份（如户口）的有区别对待或不公正评价的主观感受。① 这种区别对待，既包括有差异的具体行为表现、也包括消极的态度和隐性的不公平。根据 Brown 的儿童知觉发展模型，影响歧视知觉的因素很多，既有内因也有外因。内因主要是指个体差异和认知能力差异，包括污名化意识、对偏见的认识、群体态度、群体认同等；外因主要是指环境因素，包括比较对象、目标偏差、评估者特点、模糊情境等。② 歧视知觉会随着时间的推移而变化。

符号互动理论认为，长期遭受歧视的个体，最终会把他人的偏见态度内化为自己的观点，从而影响个体的自我价值感并逐渐表现出与他人的消极刻板印象相一致的行为方式。③ 农民工群体是中国城乡二元体制的产物，是在特殊历史时期出现的一个特殊的社会群体。他们的户籍是农民，但却一直在为城市服务，而又没能完全享有市民的权利，社会地位较为低下。由于历史遗存问题与普遍存在的一种对于社会等级划分的文化心理认同，农民工群体对于自身边缘地位具有较强烈的认同感，而这种心理又会通过代际传递的方式反映在他们的子女身上。随迁子女的城市社会融入过程，也是方言与普通话、乡村文化与城市文化的碰撞和交融的过程。在城市学校内部的互动主要是师生互动、生生互动，由于行为习惯的差异以及

---

① Brenda Major, Wendy J. Quinton, Shannon K. McCoy, "Antecedents and consequences of attributions to discrimination: Theoretical and empirical advances", *Advances in Experimental Social Psychology*, Vol. 34, December 2002, pp. 251 – 329.

② Christia S. Brown, *Children's perception of discrimination antecedents and consequences*, Ph. D. Dissertation, The University of Texas at Austin, 2003, pp. 35 – 36.

③ 宋林飞：《西方社会学理论》，南京大学出版社 1997 年版，第 272 页。

固有价值观的影响，本地师生偶尔可能会出现对随迁子女的偏见、排斥甚至是歧视，尽管是比较细微的，也会被敏感的心灵所捕捉。当这种感知不断发生并强化，便会严重降低随迁子女的主观幸福感，甚至会对其心理健康状况造成影响。

　　海德的归因理论从社会认同的意识形态角度解释了歧视知觉的形成过程。[①] 归因是指个体在与社会的互动过程中，总是试图解释他人的行为，对其进行因果解释和动机推断。人们通过归因这一过程了解他人、认知自己，从而指导接下来的行为。个体通常会以自身为中心依据两个原则进行归因：一是共变原则，它是指某个特定原因在许多不同情境下和某个特定结果相联系，该原因不存在时，特定结果也不出现，这时就把结果归于该原因。比如，一个学生总是在考试前表现出焦虑的状态，在其他时间却总是开心愉快，我们就会把焦虑和考试连在一起，把焦虑归于考试而非人格特点。二是排除原则，即在某一方面的原因足以解释该事件的情形下，自然排除另一方面的归因。可以看出，人们在对客观事件进行归因时总是带有一定的主观性，会有选择的根据自身需要和喜好进行归因，这也使得归因有失偏颇、信度降低。随迁子女在城市社会生活融入过程中，对其所感知到的歧视知觉进行归因时，难免会将其归结为外在因素，例如教师的忽视、同伴的排斥等，进而采取消极应对，埋下"自弃"的诱因。

第三节　消极的社会反哺者

　　如果"可行能力"的匮乏和"自弃文化"的生成体现了随迁子女在面对困境时的消极一面的话，那么，童年社会学对问题的理解则充满了社会学对弱势群体天然的人文关怀。

　　童年社会学将处境不利儿童看作有力量的社会行动者，这种力量不仅体现在他们面对逆境时所采取的调试策略上，而且也体现在他们对于逆境的适应性行为上。童年社会学的研究者认为，农民工随迁子女可以通过积极参与社会活动的方式提高认知能力，获得成长。随迁子女既是有决定能

---

　　① 许靖：《偏见心理学》，北京理工大学出版社 2010 年版，第 56 页。

力的人，也是创造性的社会行动者。[①] 儿童文化本身具有独立存在的价值，科萨罗曾指出，儿童自身文化再构的力量可以体现在三个方面：一是儿童对成人文化的学习、信息的接收和运用；二是儿童通过参与同辈活动形成自身同伴文化；三是儿童通过对成人世界信息的再构和发展，可以为社会做出贡献。[②] 据此，可以认为，随迁子女的城市社会融入并不只是适应和内化的过程，他们通过与他人的文化碰撞不仅能够推动自身发展，还可以反哺社会。

一　何谓"反哺"

"反哺"是受惠群体向施惠者（帮助者）进行反馈、服务的过程。社会反哺最重要的意义就在于它改变了文明传承的传统方向。这种全新的文明传承方式不再是社会向农民工随迁子女单向的给予，而是双向的、互动的过程。因此，如果随迁子女能够成为一个积极的社会反哺者，则会有助于随迁子女更好地融入城市生活，也会对推动社会发展有所裨益。

二　"消极反哺"的表现及成因

反哺社会意味着随迁子女面对社会支持应当懂得感恩，在履行社会义务的同时要勇于承担社会责任。然而，通过对随迁子女的访谈我们发现，有一部分随迁子女目前还只是消极的社会反哺者，尚未形成积极的反哺意识。

问：目前我市出台了一系列政策让外地的孩子有机会在城市参加中考并在城市中继续读书，而且咱们学校还对外地的孩子特别关照。了解到这些政策和措施以后你有什么感受？

答：我觉得挺好的也挺正常的。我爸妈在你们城里打工，也为这个城市做出了贡献，那我们也应该得到一些关照。况且我们这些外地

---

① 高振宇：《童年社会学视野下处境不利儿童的生存境遇及其教育对策》，《教育发展研究》2016 年第 24 期。

② ［美］威廉·A. 科萨罗：《童年社会学》，张蓝予译，黑龙江教育出版社 2016 年版，第 15—16 页。

孩子只能上一些一般的学校也进不去重点校，今后能考上个普高就不错了。我觉得社会应该给像我们这样经济条件不好的人更多的帮助。（Wm02）

问：你想过长大以后应该怎么去回报社会吗？你的父母和你讨论过这个问题吗？

答：没怎么想过。我妈和我说，长大以后要多赚钱，过好日子，但是她没告诉我要怎么回报社会。如果一定要回报社会的话，那我也会回报的。但我现在还没想好该怎么回报。（Wm02）

通过上述访谈材料可以看出，农民工随迁子女并不都是积极的社会反哺者，部分随迁子女将来自各个方面的扶持和帮助看作理所当然，其父母也较少对其进行正确价值观的引导。有学者曾指出，儿童的道德判断受到社会文化和社会经济的影响，而父母所处地位、社会阶层划分、亚文化同质性群体都会对儿童的道德判断起决定性作用。[1] 农民工随迁子女的道德影响因子均处于不利地位，很容易导致随迁子女社会道德意识的淡漠，可以说部分随迁子女成为了消极的社会反哺者也在意料之中。诚如前述，个体拥有必备的融入能力、积极的融入意愿、具有"反哺"和主动承担的责任意识是其成功适应城市学校生活的必备条件。农民工随迁子女在这几方面均存在一定程度上的缺失与不足，而这必然会对其融入城市社会和个人未来发展带来消极影响。

（一）感恩意识淡薄

Rosenberg 是情感体验理论的主要代表人物，该理论认为当感恩成为一种情感特质时，就具有了感恩意向。[2] 感恩体验会影响感恩意向的发生与变化，积极的感恩体验发生并不断积累，感恩意向也就相应的更加强烈。然而，在访谈中我们发现，一部分随迁子女缺乏积极的感恩体验，感恩意识较为淡薄。我们可以从以下三个方面探讨原因。

---

① 瓦尔纳、孙汇琪：《童年社会学及其流派》，《现代外国哲学社会科学文摘》1983 年第6 期。

② 汤玲：《感恩问题研究的多维审视》，《未来与发展》2016 年第 10 期。

其一，社会感恩观念迷失。首先，随着社会发展的日新月异，城市市场经济的快速发展，随迁子女的思想观念容易受到物质利益原则的影响，缺乏感恩心态；其次，身处网络信息大爆炸时代，不可避免地会受负面信息的影响，"个人主义""利己主义"与传统道德标准交织、碰撞，身心尚未成熟且面临剧变的随迁子女在道德选择的冲突之下，往往显得无所适从；再次，随迁子女在城市社会适应过程中遭遇到的各种困难会使他们产生焦虑、自卑等心理。在"双重身份"拉扯之下，容易缺乏对所属社会的归属感，更是难以激发其感恩意识。

其二，家庭感恩教育缺位。家庭教养方式不良容易导致子女的感恩意识淡薄。随迁子女的父母常年忙于务工，陪伴与照顾孩子的时间较为有限，又囿于文化水平的限制，当他们得到社会的馈赠或他人的帮助时，如果较少表现出感恩意识或感谢举动，就会在不经意间给孩子以错误示范。有研究表明，良好的亲子关系与青少年感恩品质呈显著正相关。[①] 家庭感恩教育的缺位会对子女感恩品质的形成带来消极影响。随迁子女的父母在城市的工作和生活中常常要面对激烈的社会竞争与高强度的劳动压力，能够满足孩子的基本生活需要是他们的主要目标。整天忙于生计也使得部分家长只关注子女的学业成绩好坏，而对于"老师角色""朋友角色"常常分身乏术，亲子关系质量不高。子女被关怀和爱的需要得不到满足，久而久之就容易视父母的艰辛付出为理所应当，既不会感恩父母，亦很难感恩社会。

其三，学校感恩教育渗透不足。当前，许多学校为追求升学率呈现出重智育轻德育的现象，感恩教育渗透不足，在学校课程内容里还尚未形成完整的体系。在现行的人才选拔框架下，考试分数是最主要的衡量指标，学生的情感需求往往被忽视。学生本身"生活在紧张的竞争当中，无暇去体味'报恩'和'施恩'给自己带来的幸福和快乐，更难以习得感恩"[②]。

在个人层面上，只有体验到了他人对自己的帮助与关心时，才会产生

---

① 王建平、喻承甫等：《青少年感恩的影响因素及其机制》，《心理发展与教育》2011年第3期。

② 魏延秋：《大学生隐性感恩教育探析》，硕士学位论文，华东师范大学，2010年。

感恩意识。随迁子女在城市新环境中，面对人际沟通不畅、学习适应困难、主流文化排斥等问题时，对外在的情感介入往往会产生一定的认知障碍。在与城市儿童的比较过程中，容易出现自卑心理，使其缺少感恩的勇气。此外，学生和教师最为看重的依然是学习成绩，个体也会因此而忽视对自身感恩品质的培养与锤炼。在社会、学校、家庭的感恩教育共同缺位的情况下，缺乏自我修养的个人就更难形成对感恩的自我认同。① 如果感恩意识尚未形成，那么"积极反哺"也就无从谈起了。

（二）社会责任感缺失

社会责任感是一个人道德情感的体现，是个体对他人、家庭、集体、社会以及国家应该承担的义务、职责、使命所持有的态度。② 社会责任感是个体在社会化过程中所形成的，传递着个体的情感和价值观。

社会环境的急剧变化、多元价值观念的相互碰撞，对随迁子女的社会责任感的形成产生了多重影响。随着互联网的普及，其双刃剑的特征也暴露无遗。部分随迁子女在面对现实中的困境与无奈时，容易沉迷网络以逃避现实。受虚假信息、拜金主义等不良价值观念影响，无意关心自身责任。更有甚者，形成了错误、片面的社会认知，致使社会责任感淡化。另外，市场经济的快速发展，给农民工群体带来更多就业机会的同时，市场经济"利益最大化原则"也在影响着他们的社会责任感的提升。迫于生计，部分农民工不得不将自身利益作为一切行动的出发点，而家长们的社会责任感水平及行为表现，也会直接影响其子女的社会责任意识。

此外，随迁子女的特殊性主要体现在其流动性上。面对所属社群的不断变化，归属感的缺失容易造成自我认知偏差，在主观上对自己的社会角色定位和应该承担的社会责任模糊不清。同时，在应试教育的大背景下，家长及学校过度重视学习成绩，往往忽视了孩子综合素质的培养和全面发展，使得他们的实践能力、团队协作能力等有助于激发社会责任感的能力未能得到及时的培养和提高。学校的德育课程，也部分地呈现出理论脱离实际，教学方法单一等问题，忽视了对学生自我教育的主动性和积极性的培养，这也使得随迁子女在面对学习、家庭压力和未来的不确定性时，他

---

① 张路东：《青少年感恩教育问题探究》，硕士学位论文，长春理工大学，2011 年。
② 宋敏、周明星：《当代大学生社会责任感培养研究》，《教育评论》2014 年第 12 期。

们更加关注自己的生存和发展以及与自身实际利益密切相关的目标的实现。因此，学习目的也变得更加"实际"。追求目标的单一化，制约了随迁子女社会责任感的形成与发展。而社会责任感的缺失终会将成长中的青少年异化为"精致的利己主义者"和"消极的社会反哺者"。

综上所述，童年社会学范式转变了传统成人看待儿童的观念，真正体现了儿童的地位和价值，使儿童主体的生活视角得以呈现。然而，我们不能仅仅依据童年社会学的理论来看待随迁子女的童年，因为儿童的童年具有复杂性，这与社会阶层、性别、社会结构、家庭环境等复杂的社会因素密不可分。因此，我们在对影响农民工随迁子女平等接受教育的个人因素进行分析时，还需要根据研究对象的特殊性并结合中国特有的社会背景来加以考量。

第 七 章

农民工随迁子女平等接受教育的
必备条件与保障机制

上文从制度、文化、学校、家庭、个人五个层面对农民工随迁子女平等接受教育的影响因素进行了分析，本章将对随迁子女平等接受教育的必备条件进行归纳和总结，并将从国家与社会、家庭等非国家行为体的协作中探索与当前单一的国家责任保障不同的，建立在政府负责、学校均衡、文化引领、支持家庭相结合取向上的农民工随迁子女平等接受教育的保障机制（见图7—1）。

第一节　随迁子女平等接受教育的必备条件

本书在大规模问卷调查和因素分析的基础上对农民工随迁子女平等接受教育的必备条件进行了归纳和总结：第一，要确保在城市中的公立学校稳定就学，即强调扶持政策的连续性与稳定性；第二，农民工家庭整体实力的提升是子女个体能力提升的重要基础，因此支持家庭是保障随迁子女平等接受教育的重要路径；第三，要进行精准适度的教育补偿，阻断贫困的代际传递，以开发家长的"学伴"能力为基础，强调社会工作者的参与；第四，随迁子女拥有必备的可行能力、积极的融入意愿、具有"反哺"和主动承担的责任意识也是促进其平等接受教育的重要条件。

一　确保在公立学校稳定就学

通过制度因素分析，笔者发现"确保在城市中的公立学校稳定就学"

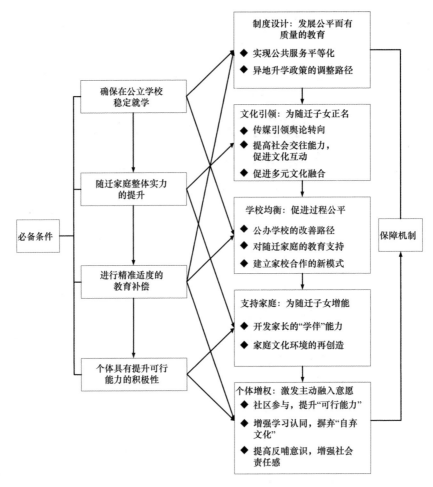

图7—1 农民工随迁子女平等接受教育的必备条件与保障机制

是随迁子女平等接受教育的必备条件之一，而扶持政策的连续性与稳定性是确保随迁子女在公立学校稳定就学的前提条件。

第一，保持政策的连续性有助于保证各年龄段的随迁子女有学可上，有政策可依。所谓政策的连续性主要包括两方面含义：一是某一类政策本身在修订和完善的过程中能够始终保持政策方向的一致性，不会自相矛盾、顾此失彼。譬如，义务教育阶段随迁子女入学政策历经20余年的变迁始终保持政策基调不变。继2001年国家出台"以流入地区政府管理为主，以全日制公办中小学为主"（简称"两为主"）的政策之后，又在

2014 年出台的《国家新型城镇化规划（2014—2020 年）》中提出了"将农民工随迁子女义务教育纳入各级政府教育发展规划和财政保障范畴"的"两纳入"政策。从"两为主"到"两纳入"，随迁子女教育政策体系呈现出了"渐进式"政策制定模式的发展特点。2016 年 8 月，在"两为主""两纳入"的基础上，国家又出台了"三统一"政策，即统一"两免一补"资金和生均公用经费基准定额资金随学生流动携带、实施统一的城乡医疗救助制度、实施统一规范的城乡社会保障制度。从"两为主"到"两纳入"再到"三统一"，意味着农民工随迁子女义务教育政策得到了进一步的深化与完善，由于政策具有连续性，经过一段时间的执行与落实，确实令随迁子女义务教育阶段的入学问题在一定程度上得以解决。此外，政策的连续性还体现在政策之间的有序衔接上，如果衔接不畅，便会引发一系列问题。譬如，在随迁子女义务教育阶段的入学问题得到基本解决的当下，义务教育后的升学问题日益凸显。目前，由于政策的限制，部分随迁子女无法在输入地实现异地升学，或选择就读当地的职业学校，或回户籍所在地参加升学考试。"统一考试，分省命题"的高考制度使得回原籍的随迁子女不得不面对教学内容、考试大纲的较大差异，对其学业发展极为不利。可见，只有保证义务教育阶段的入学政策与义务教育后阶段的升学政策的连续性，即两类政策的有序衔接，随迁子女才能在输入地的公办学校稳定就学。因此要保障随迁子女平等接受教育，连续性的政策不可或缺。

第二，政策的稳定性有利于缓解随迁子女与多方博弈者的利益冲突，为政策的连续性提供保障。所谓政策的稳定性是指政策一经出台不可随意更替或随意终止执行。政策的不稳定会引发集体性恐慌，降低人们的安全感。以中国正在实行的异地高考政策为例，政策改革的背后涉及随迁子女与利益相关者之间的多方利益博弈，各方权责与利益达到一个基本平衡点，才能使整体的利益获得最大化。由于中国高等教育资源在区域间的配置极不均衡，且现有高考招生机制为"分省划线，分省定额"，直接造成了高考利益的地方化、属地化。尤其是"高考洼地"城市，既要保护本地考生的既得利益，又要有效防止"高考移民"的投机行为，这为随迁子女异地升学政策的实施带来了阻力和风险。在这种情况下，国家就必须通过制度设计保持异地升学政策的长期稳定，规避可能出现的政策突变给随迁子女造成的失学现象。

可见，政策的连续性与稳定性能够保障随迁子女在公办学校的稳定就学，一方面有助于随迁子女的城市社会融入，另一方面也有助于实现对随迁子女"积极差别对待""同城同待遇"的愿景。

二　提升随迁家庭整体实力

通过家庭因素分析，笔者发现随迁家庭整体实力的提升是随迁子女个体能力提升的重要基础，也是随迁子女能够平等接受教育的必备条件之一。家庭整体实力包括家庭对经济资本、文化资本以及社会资本的占有程度。经济资本决定物质条件；文化资本影响了随迁家庭的教养方式及文化氛围，在家庭整体实力中占据重要地位。经济资本和文化资本的相对弱势往往会导致家庭社会资本的缺失。家庭整体实力不足必然会对随迁子女平等接受教育造成消极影响。

首先，家庭经济资本影响家庭教育投入和为随迁子女提供必要的教育支持。经济基础决定上层建筑，家庭经济收入的高低直接影响了家庭的物质生活水平。良好的家庭经济状况可以为儿童的成长提供更多的教育投入和所需生活资料。发展的社会环境对儿童的特长和能力提出了更高要求，而能否接受兴趣班、课外辅导班等有利于随迁子女全面发展的非正式教育，有赖于家庭的经济支持。较高的家庭经济收入能够有效地降低某些政策对随迁子女的不利影响，有助其获得更优质的教育资源。

笔者针对家庭教育支持状况的调查结果显示，与本地学生相比，随迁子女的家长与学校的联系不够密切，带孩子参加文化活动的频率较低，随迁子女参加校外学习辅导班或兴趣特长班的比例不高，家庭教育支持明显不足。家庭经济资本是为子女提供教育支持的基础。即使农民工意识到家庭教育的重要性，但仍然要为生计奔波，处于社会底层的随迁家庭想要提升经济资本绝非易事。因此，需要政府为随迁家庭提供必要的就业帮扶，提高流动人口的社会保障，改变农民工群体在人力资源市场上的弱势地位，提升随迁家庭的物质生活水平。

其次，家庭文化资本会影响随迁家庭的教养方式及文化氛围。笔者的调查结果显示，就父母文化程度而言，无论在一线城市还是在二线城市，随迁子女和本地学生在父亲和母亲文化程度方面均存在极其显著的差异，随迁子女的父亲和母亲的文化程度更低。受教育程度的高低会直接影响家庭的教养方式。从调查中得知，随迁子女的母亲大多文化程度偏低，因而在教育子女时往往带有一定的盲目性，易于采用严厉惩罚或拒绝否认等手段纠正子女的行为偏差。但不理智的教养方式，不可避免地会激化亲子矛盾，阻碍随迁子女的身心发展。因此，提升家庭文化资本，有利于家庭教养方式的转变，改善亲子关系，发挥家庭积极的教育影响。另外，文化水平较低也使得农民工群体往往只能从事低薪阶层的工作，他们难以为孩子提供一个相对稳定、安静的生活和学习环境，这样的家庭氛围对于激发随迁子女的学习兴趣、提升其学业成绩有害无益。家庭文化资本对于子女学业成绩的影响还体现在家长的课业辅导能力方面。无疑，家庭文化资本已然成为子女获得学业成就的"先赋"条件。由于部分随迁子女家长课业辅导能力不强，又因其缺乏良好的家庭教育观，忽视家校合作的重要性，极易影响孩子的学习成绩。因此，在通过制度安排提升随迁家庭的物质生活水平的同时，授权社区或其他社会组织开办家长学校，帮助随迁子女的家长提高文化水平、更新家庭教育观念将会对随迁子女的健康成长大有裨益。

最后，家庭社会资本对随迁子女教育机会的获得影响重大。随迁家庭所拥有的同质性社会关系网络在随迁子女争取优质教育资源的过程中所能起到的作用极为有限。在现实生活中，由于社会资本分布不均带来的社会关系排斥往往与经济资本、文化资本一同对个体的教育获得产生影响。

随迁家庭所拥有的经济资本、文化资本和社会资本构成了随迁子女学习和生活的先赋条件，在不同程度上影响着随迁子女的学业成就和未来发展走向。所以说，农民工家庭整体实力的提升是子女个体能力提升的重要基础，因此支持家庭是保障随迁子女平等接受教育的重要路径。

三　进行精准适度的教育补偿

要提升随迁家庭的整体实力，阻断贫困的代际传递，使随迁子女形成与当地儿童接近的学习和生活方式，进而达到平等接受教育的目的，就需要对随迁家庭和随迁子女进行精准适度的教育补偿。

2016 年 6 月，国务院印发的《关于加强困境儿童保障工作的意见》指出"为困境儿童营造安全无虞、生活无忧、充满关爱、健康发展的成长环境，是家庭、政府和社会的共同责任。"农民工随迁子女作为流动儿童的主体，也是"困境儿童"中的一员。教育行政部门和学校应该建立起"一生一卡"的随迁子女信息库，并对其进行动态管理，精准制定教育补偿的行动策略。对于经济困难家庭的随迁子女，可通过直接提供补助、发放教育券或免收费用等方式资助其接受学前教育和义务教育。

教育公平是实现社会公平的基础。只有进行适度的教育补偿，才能从根本上改善随迁子女的生活境遇，使其能够在城市中"留得住""学得好"。首先，可以开展师生结对帮扶活动，对随迁子女进行必要的学习指导，为其提供持久性支援。通过了解随迁子女的教育诉求，从随迁子女的真实需要出发，采取适当的教育方法帮助随迁子女提高学业成绩。其次，还要关注随迁子女的心理健康状况，让随迁子女感受到来自家庭之外的理解与关爱①。再次，应营造和谐的互融文化氛围，鼓励随迁子女积极参与同伴互动和社会活动，帮助其增强自信心和交往能力。

另外，家庭承载着经济扶助、道德内化和情感慰藉等多重社会功能，来自家长的关爱和引导是儿童发展的原动力。诚如前述，由于农民工群体的文化程度较低、家庭教育意识较为淡薄，因此为随迁子女的家长提供家庭教育指导进而提升家长的"学伴"能力十分重要。可以通过家校合作的模式鼓励家长与学校建立伙伴关系，探索家庭教育的互助方式，提高随迁子女家长的家庭教育能力。

在对随迁子女及随迁家庭进行教育补偿的过程中，社区和社会工作者的适当参与具有积极意义。"社会工作"是指"以利他主义为指导，以科学的知识为基础，运用科学的方法进行的助人服务活动"②。针对随迁家庭整体实力的薄弱状况，可以尝试发展"学校主导、社区倡导、社会关注"的社会介入模式。③ 通过在城市公立学校和随迁子女所在学校设立学校社会工作者岗位，专门招聘具有社会工作专业资格的人员从事这项工作，借由个案研究、小组汇报等工作方法，为随迁子女平等接受教育提供

① 周正：《处境不利儿童教育补偿策略》，《中国教育报》2017年6月29日第5版。
② 王思斌：《社会工作概论》，高等教育出版社2006年版，第12—13页。
③ 李昱霏：《社会工作介入下的流动儿童家庭教育问题研究——以连云港市新海新区为例》，《现代交际》2016年第2期。

专业的社会工作服务。总之，通过精准适度的教育补偿帮助随迁子女提高学业成绩、形成与本地儿童接近的学习和生活方式，可以使随迁子女以正确的态度进行教育选择，并享受其受教育的过程。

四　个体具有提升可行能力的积极性

通过个人因素分析，笔者发现随迁子女拥有必备的可行能力、积极的融入意愿、具有"反哺"和主动承担的责任意识也是保证其平等接受教育的必备条件。随迁子女能否成功适应城市学校生活与其自身的主观态度和努力程度直接相关，个体能力的提高更有利于获取社会公平公正的对待，因此，随迁子女是否具有提升可行能力的积极性至关重要。

赋权增能的理念最早应用于社会工作领域，主要关注贫困社区中最缺乏权利和自助能力的弱势群体。赋权增能是指通过处理问题中的特殊障碍，改变受到外在社会污名化的团体界定，使团体内的成员重新界定及认识该团体，重拾自尊与自信。[①] 赋权增能的过程就是通过"增权"实践，消除"无权"状态，达到"权利"目的。[②] 随迁子女在接受教育的过程中既是被动接受的客体，也是具有主观能动性的主体。我们在强调政策、文化、学校、家庭对随迁子女平等接受教育的影响的同时，也应该培养随迁子女个人的责任意识，促进个体主动增权。应该让随迁子女意识到"无责任即无权利"，在接受教育的过程中必须付出努力并承担相应责任，才能要求公平地分享和参与教育资源和成果的权利。[③] 对于一个人的发展来说，主观的意愿与客观的机会缺一不可。在追求平等接受教育的过程中，随迁子女仅仅依靠外界的力量为其提供条件和帮助还远远不够，个人通过不懈努力不断提升可行能力的态度和行动亦十分重要，因此，个体具有提升可行能力的积极性，具有"反哺"和主动承担的责任意识也是随迁子女实现平等接受教育的必备条件。

---

① 高韧：《塑造、传播与提升：新生代农民工价值观管理》，《求实》2012 年第 2 期。

② 刘庆：《增权理论视阈下对新生代农民工城市融入的介入》，《山东青年政治学院学报》2011 年第 3 期。

③ 徐丽敏：《城市公办学校中农民工随迁子女教育融入的问题与对策》，《教育理论与实践》2009 年第 26 期。

第二节　随迁子女平等接受教育的保障机制

"努力让每个孩子都能享有公平而有质量的教育"，是党的十九大报告作出的庄严承诺，2018年《政府工作报告》中也明确提出要"发展公平而有质量的教育"，这不仅是对党的十九大报告关于新时代教育事业的总体要求的贯彻落实，也是党和国家努力办让人民满意教育的实践行动。① 本书在大规模问卷调查的基础上，对农民工随迁子女平等接受教育的影响因素进行了分析，在厘清农民工随迁子女平等接受教育的必备条件之后，拟探索一种与当前单一的国家责任保障不同的，建立在政府负责、学校均衡、文化引领、支持家庭相结合取向上的农民工随迁子女平等接受教育的保障机制。

一　制度设计：发展公平而有质量的教育

（一）消除制度性歧视，实现公共服务平等化

户籍制度是影响中国城乡一体化进程的主要制度障碍，也是影响农民工随迁子女平等接受教育的重要制度因素，因此加快户籍制度改革使其与公共服务体制改革同步匹配显得尤为重要。

1. 深化户籍制度改革，保障随迁子女权利

和本地市民一样，农民工群体也是推动城市发展的重要力量，然而从小生长在城市的随迁子女却因受到户籍所在地的影响，在争取优质教育资源的过程中始终处于不利地位。因此，有必要通过制度改革来保障农民工随迁子女平等接受教育的权利。

第一，要尊重城市发展规律，深化户籍制度改革，通过"积分落户"，引导人口有序流动。② 户籍制度改革可以在人口流入压力较小的中小城市进行试点，适当放宽落户条件。其他地区可以根据城市人口规模及

---

① 杨洁、卫欢、谢美：《聚焦十九大，建设教育强国（一）》，《西部素质教育》2018年第6期。

② 段成荣、刘涛、吕利丹：《当前我国人口流动形势及其影响研究》，《山东社会科学》2017年第9期。

自身发展需求，建立并完善"积分落户"制度。通过"积分制"，允许满足条件的外来务工人员（包括农民工群体）有序落户，使其能够在城市长期稳定的就业和生活，此举不仅可以回应外来务工人员为本地做出的贡献，也能够为随迁子女享受城市教育资源提供政策依据。①

第二，要建立健全公共服务体制。发展公平而有质量的教育，一方面需要深化户籍制度改革，另一方面也迫切需要建立健全公共服务体制。公共服务体制改革面临多方利益博弈，要将农民工群体纳入到服务体系中，就要建立完善的社会福利转接体系及联保机制，明确各级政府的责任，推进农民工医保、社保的全国统筹。② 只有建立健全公共服务体制，才能打破当前利益格局中的社会资源再分配机制，使随迁子女有机会实现平等接受教育的愿望。

总之，只有农民工群体拥有与城市居民同等的社会福利待遇时，他们才有可能将更多的精力和资金投入子女的教育中去，进而促进随迁子女在城市中平等地接受教育。

2. 公共财政教育经费与随迁子女"同行"

从社会资源合理配置的角度看，随迁子女平等接受教育问题的关键在于如何合理、公平的配置教育资源，这不仅要通过制度安排解决随迁子女在制度上的"身份"归属，还要引导社会成员理解和接纳随迁子女③，逐渐缩小随迁子女与本地学生的差距。

一方面，中央及省级政府可以通过财政激励措施，增加上级政府对输入地的转移支付④，鼓励输入地的公办学校接收随迁子女就学。经费是影响教育发展的重要因素，有必要在输出地与输入地之间建立教育财政责任分担机制，建立随迁子女的教育经费转接制度，实现教育经费与随迁子女的"同步流动"。政府也要进一步明确输出地的随迁子女教育经费责任，

①　周正、刘玉瑶：《回顾与展望：随迁子女异地高考问题研究》，《黑龙江高教研究》2017年第 1 期。

②　李迎生、袁小平：《新型城镇化进程中社会保障制度的因应——以农民工为例》，《社会科学》2013 年第 11 期。

③　杨敏、赵梓汝：《城市流动儿童的教育公平问题研究——基于社会资源合理配置的社会学思考》，《学术论坛》2016 年第 2 期。

④　黄颖：《我国流动儿童教育现状分析——基于原国家人口和计划生育委员会流动人口监测调查》，《人口与社会》2015 年第 4 期。

通过建立公共财政教育经费与学生"同行"的体制，让输出地政府将已输出人口的教育经费转接给输入地政府。[①] 同时，国家可根据随迁子女的统计数据与发展动态，对于输入随迁子女较多的省市给予额外的教育经费支持，确保各地的教育供求达到平衡。

另一方面，在充分挖掘公办学校接收随迁子女的能力的基础上，需要进一步扶持私立学校吸纳随迁子女就学。要通过增加教育资源供给总量完善教育资源的合理布局。继续挖掘公办学校的接收能力，积极鼓励公办学校招收随迁子女，同时树立积极的教育管理观念，正视随迁子女对教学管理和教师工作的影响。当然，对于部分地区的公办学校短期内无法实现随迁子女全部入学的情况，政府可通过购买公共服务和专项经费拨款等形式，鼓励发展并切实提高各类私立民办学校的教育质量，健全财政帮扶机制。[②] 办学质量较高的公立学校生源紧张且入学门槛较高，而办学质量较差的公立学校又不是随迁子女的理想选择，面对此种困境，口碑好、教学质量突出的私立民办学校可以作为新的选择。因此，通过对民办学校进行财政帮扶，降低其成本投入和收费标准，对于随迁子女接受公平而有质量的教育也具有一定的积极意义。

3. 改变管理思路，关注随迁家庭

国家政策是促进随迁家庭城市社会融入的制度保障，良好的社会保障政策有利于加强随迁人口的社会依赖与社会交往度。要缩小城乡之间的贫富差距，给予随迁人口和市民平等的身份地位和均等的公共服务，政府就要从"严管"向"善理"的管理思路转变，关注随迁家庭的需求，包括将随迁子女的受教育政策落实到位。与农民工群体有关的政策调整必须建立在维护社会稳定的前提之下，也要在最大限度上满足农民工群体的发展需求。要构建面向随迁家庭的更加多元的公共服务体系，提升随迁家庭的获得感和满意度。

要尽快实现流动人口公共服务对象由政策体制向随迁家庭的转变。针

---

① 杨颖秀：《从"两为主"到"两纳入"——进城务工人员随迁子女义务教育政策的新突破》，《教育科学研究》2017年第6期。

② 黄颖：《我国流动儿童教育现状分析——基于原国家人口和计划生育委员会流动人口监测调查》，《人口与社会》2015年第4期。

对流动人口的公共服务体系必须将随迁家庭作为服务对象，制定随迁家庭发展的扶持战略，兼顾农民工、随迁子女、随迁家属等群体的需求。尤其要将对随迁子女的教育保障放在公共服务体系的核心地位。同时，要大力发展多种形式的教育公益组织和公益基金，鼓励爱心企业、社会人士、社会公益组织参与到对随迁子女的扶持计划中来。目前，中国已有许多随迁子女受益于社会公益组织，比较典型的有南都基金会的"新公民计划"、中国青少年发展基金会的"希望工程助学进城计划"以及北京光华慈善基金会等①。这些公益组织均以随迁子女为帮扶对象，为随迁子女平等接受教育做出了重要贡献。

另外，还要充分调动农民工、用工企业、城市社会和政府部门等多主体的积极性，共同推动农民工和新落户居民的市民化进程。② 用工企业在农民工的社会保险、职业培训等方面要承担更多的责任；城市社区在随迁家庭的社会融入、社区服务等方面要有所作为；各级政府的相关部门则要承担公共住房、教育、医疗等公共服务的扩大供给和更有效地调动、协调各方面积极性的政策体系制定的双重责任。

（二）异地升学政策的调整路径

如前文所述，在义务教育阶段随迁子女入学问题得到了初步解决，形式上的障碍基本撤除的当下，随迁子女如何在输入地继续升学的问题已成为社会关注的焦点。无论是一线城市还是二线城市，面对"异地跨考"歧视和地方保护主义倾向，随迁子女进入优质公办学校平等接受教育的目标都难以实现。在地域的质性差别下，政府应意识到随迁子女的差异性，对不同区域的随迁子女给予不同的政策扶持。

1. 为随迁子女异地升学提供政策支持

第一，应赋予各方主体话语权。异地升学问题已经成为一个涉及输入地政府与输出地政府、本地居民与农民工、本地考生与随迁子女等多方主

① 姚有志：《农民工子女教育公平问题中的政府责任研究》，硕士学位论文，黑龙江大学，2016 年。

② 国家卫生和计划生育委员会流动人口司：《中国流动人口发展报告 2016》，中国人口出版社 2016 年版，第 12 页。

体利益博弈的复杂的社会问题①。要合理解决这一问题，必须有效调节不同群体之间的利益关系。当地有关部门可以建立异地跨考交流平台②，为农民工和本地居民及时提供相关完整信息，增加信息共享、平等对话、表达诉求的沟通渠道，以有效消除各方利益主体的分歧与质疑。

第二，应逐步弱化一线城市异地升学政策对家长条件的限制。理解输入地政府对家长条件进行限制的目的的前提下，我们必须认识到，异地升学政策是为随迁子女设计的考试政策，对家长条件进行限制进而对其子女升学实行"围堵"，这对随迁子女有失公平。因此，在完善异地升学政策的过程中，要弱化对家长的身份与条件的限制，为随迁子女营造更加公平的入学与升学环境。

第三，可以尝试实施户籍与学籍相分离的考试制度和录取制度。户籍制度衍生出了异地升学政策及录取制度的显性排斥、教育资源配置不均等问题。若要解决现存的种种问题，必须从根源着手，剥离户籍制度的限制，探索公平的教育制度。中国的户籍管理制度限制了随迁子女在输入地的受教育权利。根据对样本城市随迁子女展开的调查发现，由于农民工群体流动性过快过强，随迁子女转学率居高不下。而随迁子女在频繁转学的过程中常常会遇到因没有当地户籍而入学受限或难以享受优质教育资源的情况。虽然某些城市，尤其是二线城市对随迁子女有相对宽松的入学准则，但是仍然存在着一些重点学校以学区房和户口为标准招收学生的情况。在这样的学校，户籍所在地仍然是入学的唯一标准，这不利于农民工随迁子女享受平等、优质的教育和服务。因此，政府部门应当考虑使教育制度脱离户籍制度的限制，不以户籍所在地为入学标准。可以在实施电子学籍制度的基础上，更改教育经费的户籍划拨制为教育经费的学籍划拨制，以减轻输入地教育经费支出的压力，随迁子女也可以随父母务工地点的变动而就地入学。党的十九大和"两会"均提出努力让每个孩子都能享有公平而有质量的教育，而要实现这一目标，就要从根本上消除一切针

---

① 蒋园园：《随迁子女就地高考政策执行复杂性再分析——以北京市为例》，《教育科学研究》2016 年第 5 期。

② 周正、周佳、刘玉璠：《随迁子女异地高考政策研究》，《黑龙江教育》（高教研究与评估）2016 年第 12 期。

对随迁子女的歧视性的观念与做法，简化随迁子女入学条件①，积极响应落实国家政策，使随迁子女与本地儿童共同享有平等的受教育权利。

2. "同城同待遇"基础上，坚持"积极差别对待"

柯林斯指出，平等主义并非结果的平等，社会融入不追求社会成员相同或相当的结果，它的目标要保障每一个公民最低水平的福利，解决儿童贫困、年轻人失业问题或少数种族群体的被剥夺问题，而不是一种福利的平均分配。② 为农民工随迁子女提供同城同等待遇是其平等接受教育的基础保障。就研究逻辑而言，应从流动人口的治理逻辑转向城市移民的权利逻辑，即把农民工及其子女视为城市新成员，承认其享有与城市居民同等的发展权利，关注其社会权和发展权。③ 但弱势群体由于处境困难而难以获得更多的资源和机会，只有给予"积极差别对待"才能保障弱势群体的权益。

"积极差别对待"是指公共资源或机会有意识地向弱势群体倾斜，为其发展提供更多的社会资源，来补偿其先赋条件的不足，以缩小群体差异。④ "积极差别对待"已逐渐成为世界绝大多数国家改善弱势群体的社会公平问题采取的原则，即同等情况相同对待，不同情况差别对待。⑤ 因此，在两者原生家庭存在差异的情况下，提出同城同待遇的基础上，还要进行有差别的对待。不可否认的是，随迁子女与本地学生在教育及教育以外的诸多领域如语言习惯、自我期望、学习能力等方面存在差异，教育必须正视差异的存在，并积极采取弥补措施，改善随迁子女在受教育过程中的不利处境。在教师积极的引导下，增进随迁子女与同辈群体的交流互动，不断增强自信，提升自我期望，同时纠正不合理的学习方式，帮助随

---

① 石人炳：《流动儿童社会融入指标体系的建构——基于社会认同美国关于流动儿童教育问题的研究与实践视角》，《比较教育研究》2005 年第 10 期。

② Hugh Collins, "Discrimination, Equality and Social Inclusion", *Modern Law Review*, Vol. 66, No. 1, 2003, pp. 16 – 43.

③ 周正、刘玉璠：《回顾与展望：随迁子女异地高考问题研究》，《黑龙江高教研究》2017 年第 1 期。

④ 王守恒、查晓虎：《进城农民工随迁子女的教育公平》，《安徽师范大学学报》（人文社会科版）2011 年第 1 期。

⑤ 王守恒、查晓虎：《进城农民工随迁子女的教育公平》，《安徽师范大学学报》（人文社会科版）2011 年第 1 期。

迁子女提高学习能力。

在义务教育阶段，许多地区的农民工随迁子女已经开始享受"同城待遇"，但异地升学依然是摆在随迁子女面前的一道难关。要突破重围，必须通过政策倾斜，让有学业发展能力的随迁子女享有均等的升学机会。对农村地区普通高中教育加大财政投入，提升教育质量，缓解教育资源配置不均的现状。可根据"公平原则"和"补偿原则"，通过增加农村地区高考招生指标来弥补其教育资源的不足。[1] 对随迁子女实行"积极差别对待"，要特别注意在教育过程中给予随迁子女适当的教育补偿，保证教育过程的公平。如何有效地促进相同内容权利在不同群体中的分配朝着更有利于处境不利儿童的方向发展是需要重点研究的问题。

二　文化引领：为随迁子女正名

（一）传媒引领舆论转向

"社会定位"是指诸种社会力量对个体社会位置和社会身份的固定。它不仅有确定个体在社会中所处位置和所具有的身份的含义，而且带有强制固定这些社会位置和社会身份的意涵。[2] 在以往的媒体话语构建中，对农民工的社会定位偏低，农民工多呈现为一种典型的弱势群体、受助者的刻板形象，不管是对随迁子女弱势群体地位的强调，还是对其弱势地位的怜惜，均传递出随迁子女是被排斥于城市之外的弱势群体的信息。

现阶段，农民工与本地市民之间因缺乏交流和沟通而造成了不少偏见和误解，因此应提升农民工的社会地位，重塑其文化自信，突破媒体传统框架，正确运用新闻媒体的社会传播功能，通过事实引导城市居民对随迁子女的正确认识。研究发现，随迁子女具备很多积极的心理品质，警惕将随迁子女"标签化"和"污名化"。[3] 大众媒体应重新为随迁子女正名，给其更多的展示渠道，积极客观地报道随迁子女的最新动态，促进随迁子

① 范永茂：《"异地高考"：倡议联盟框架视角下的政策变迁分析》，《中国行政管理》2016年第5期。

② 石长慧：《融入取向与社会定位的紧张——对北京市流动少年社会融合的研究》，《青年学者论坛》2013年第10期。

③ 李存兰：《当前流动儿童心理发展现状研究述评》，《观察与思考》2015年第1期。

女与本地学生的相互融合。

1. 媒体内容：挖掘问题与解决问题并重

从目前的媒体报道内容来看，政策宣传类内容多是政府、学校等官方发声，少有随迁家庭表达想法及诉求，当政策在执行与落实过程中得到认可或者存在不合理的地方时，实践者最具发言权。入学过程中遇到哪些问题，其子女能否顺利参加入学及升学考试，是公众最为关注的。除官方报道消息外，也要坚持问题的深入挖掘，一个政策的实用与否需要时间和使用者来检验。同时，报道陈述事实不是目的，重在解决问题。公益宣传活动除了要了解活动本身，更要重视活动开展的效果，以及参与主体的感受，对活动参与者的态度进行深入分析。做到从主体处挖掘问题，并解决问题。

2. 媒体视角：主体作用与主动融合并重

从媒体报道视角来看，要发挥随迁子女的主体性作用，随迁子女与政府、社会各界团体并重，随迁子女不是被动参与活动，而是主动开展活动，要积极融入学校生活，融入社会中来。随迁子女在家庭环境、社会生活、社会参与等方面都处于弱势地位，入学难、升学难等教育问题也会阻碍实现教育公平的进程。尊重、接纳随迁子女，在教育权利与教育资源等方面为随迁子女提供均等的教育机会，推进随迁子女社会融合。在公益活动的帮扶上，要实现由输血式帮扶到造血式发展，倡导随迁子女充分发挥自身的优势，主动参与社会融合。同时，在融合过程中发现问题，深入分析问题，借助于媒体力量传递给公众积极的随迁子女媒体形象，促进随迁子女的社会融合。

（二）加强文化互动

尊重随迁家庭的主体地位，随迁家庭融入城市文化的过程，不是被动的适应，而是当地市民主动接受，彼此双向融合，学习不同文化的过程。随迁人口的融入需要社会各界构建一个互助交流的平台，积极发挥社区作用，开展文化融合活动，使本地家庭了解随迁家庭的乡土文化，在活动中互动沟通，促进双方对彼此文化的理解。

有学者将文化融合分为三个层次，表层、中层以及深层的文化融合，其中身份认同是移民文化融合的最高境界，也是最难实现的部分。移民在社会融合过程中通过其社会生活身份和户口身份的不断整合明确自身的身份定位。促进随迁子女的城市文化融合，应从多方面着手，需要家庭、社区与学校的共同努力。在家庭中，正确引导其树立积极向上的价值观念，增强文化自信，在社区活动中互动沟通，增进文化交流；在学校活动中，信任教师，积极参与课堂活动，融入同伴群体生活。在学习过程中，教师应该帮助随迁子女形成积极主动的学习态度，敢于在课堂上表达和交流，积极参与班级管理，增进与本地儿童交往频率，在互相了解的基础上，增强交往自信。对于随迁子女来说，在受教育的过程中，要从主观上增强对所在城市的认同感。可以借鉴"美国流动儿童教育计划"[①] 的相关规定，在文化方面，为随迁子女提供文化融合活动和提升阅读与理解能力的有针对性的培训。

（三）促进多元文化融合

1. "再社会化"促进文化融合

彼得·伯格和托马斯·卢克曼提出了三种社会化途径：初级社会化、高级社会化和再社会化。整合、同化和文化融合是再社会化的三个重要构成部分。[②] 在再社会化阶段，个人为了适应新的社会情景会去学习新的规范、价值观和技能，并适应新的社会角色和社会行为。因此，外来者主动适应新环境对于当地社区的整合、同化、文化融合极为必要。

农民工随迁子女要在城市中开始新生活，也必须实现在新环境中的再社会化。从旧环境过渡到新环境，随迁子女应主动了解城市的文化习俗、生活习惯、意识形态和价值观，找到自身在城市中的定位。通过参加社会活动及社区活动，更快地融入城市社会生活。

2. 开设"多元文化整合教育"课程促进文化融合

国外对移民融入的研究中，形成了"同化论"和"多元文化论"两大流派。其中，"多元文化论"的影响甚广，它认为来自不同背景的多元文化的整合是实现社会融入的重要方法。[③] 在多元文化的管理上，文化会聚主义（polyculturalism）倾向于鼓励不同文化间的接触、对话与沟通，

---

① 为满足流动儿童群体的教育需求，美国于 1966 年出台了"流动儿童教育计划"，其是作为"初等与中等教育法案"（修正法案）的一个组成部分而出现的。

② ［美］彼得·伯格、［美］托马斯·卢克曼：《现实的社会建构》，吴肃然译，北京大学出版社 2019 年版，第 25—26 页。

③ 冯增俊：《教育人类学教程》，人民教育出版社 2005 年版，第 168—169 页。

作为知觉者能够意识到其他群体的多样性，作为行动者倾向于重组各类文化的不同部分并生产出新的文化。[①] 依据文化会聚主义的理念，农民工随迁子女面对文化适应问题，应主动与文化对话，而不是被动地接受文化对自己的改变。面对越来越多随迁子女进入城市学校学习的情况，应在学校课程体系中增设关于"多元文化整合教育"的课程，为包括随迁子女在内的全体学生提供一种多元文化整合的教育，鼓励不同文化背景的学生相互交流，共同塑造学校的多元文化氛围。

班克斯（James A. Banks）认为多元文化教育的内容涉及内容整合、知识建构过程、消除偏见、教育机会均等、赋权的学校结构和社会结构五个方面的内容。[②] 对于随迁子女的社会融入来说，为其提供一种多元文化整合的教育，就是要在学校教学过程中，自觉嵌入一种对随迁子女的接纳态度，消除课程和教学中的偏见，为随迁子女提供一个非歧视性的、公正的受教育环境。多元文化教育背景下产生的亲和感和认同感有助于增进随迁子女与本地学生的良好互动，促进多元文化融合。

三　学校均衡：促进过程公平

学校在随迁子女的教育上一直扮演着利益相关者的角色，在政府政策和随迁家庭利益之间生存。学校树立对随迁子女的正确价值定位，对于改善随迁子女的升学现状有着重要的作用，对实现教育过程公平会产生更为直接的影响。

（一）公办学校的改善路径

"我们希望，有一天，曾经和我们学习生活在一起的同学，那些和我们一样在北京出生、成长的同龄人，不再因为户籍与我们相隔甚远。"[③] 这是北京本地的中学生发起的一场名为"农民工子女平等接受教育"的主题活动，表达呼吁随迁子女应享有平等的受教育权利。公立学校接纳随迁子女，不仅体现了对教育平等的追求，更是在倡导城市儿童与随迁子女

---

① 吴莹：《文化、群体与认同：社会心理学的视角》，社会科学文献出版社 2016 年版，第 17—18 页。

② 转引自冯增俊《教育人类学教程》，人民教育出版社 2005 年版，第 168—169 页。

③ 中国教育网：《北京中学生呼吁农民工子女应享有平等受教育权》，http：//www.edu.cn/ zhong_guo_jiao_yu/ji_chu/ji_jiao_news/201009/t20100916_522592.shtml。

共同学习，让城市儿童学会接纳随迁子女，彼此相互学习、共同进步。

1. 提升随迁子女学校适应水平

笔者针对学生学校适应的调查结果显示，学生学校适应的总体情况良好，一线城市的本地学生的学校适应水平高于随迁子女；二线城市无显著差异。随迁子女在城市学校中的人际关系适应水平（包括师生关系适应、同伴关系适应）有待提高。有研究发现，学校氛围通过学校适应间接地影响流动儿童的学习投入水平。[①] 随迁子女的学校适应水平直接影响其学业水平和发展能力，因此，可以从学校氛围、学业适应、人际关系等方面提升随迁子女的学校适应水平。

学校教育质量的提升有赖于教育条件的改善、管理机制的优化以及学校文化的发扬，学校文化资本对于提升随迁子女的学校适应水平具有重要意义。要提升随迁子女的学校适应水平，必须营造良好的有助于随迁子女融入城市学校的生活环境和学校氛围。教师期待和同伴支持对于建立更加融洽的师生关系和同伴关系、逐步消解随迁子女在城市学校面临的适应问题颇有助益。首先，应建立校园支持环境。在学校中，教师和同伴对随迁子女的社会支持尤为重要。教师和同伴对随迁子女学业和生活的支持越多，互动频率和信任程度越高，越有利于缩小个体之间的心理距离与隔阂。因此，学校应该开展多样的团队活动，让本地学生与随迁子女共同参与互动，拉近彼此的距离，改善人际关系。其次，应加强对随迁子女的学业指导，促进其学业适应。学业适应是随迁子女学校适应的关键环节，可以通过生生互助、老师课外辅导学生的方法，加强对随迁子女的学业指导，提升随迁子女的学业适应能力。再次，应积极促进城乡文化融合。一方面，校园文化对随迁子女有潜移默化的作用，校园环境建设要突出城市积极进取、个性自由的精神文化，彰显城市非物质文化的丰富性，使随迁子女受到校园文化潜移默化的浸润，在不知不觉中适应城市的生活方式；另一方面，学校与班级要有计划地开展校园文化活动，帮助随迁子女从教师、同学、邻里身上汲取城市优秀文化，将城市文化资本转化成自身所需的个体文化资本，从而提高适应城市学校生

---

① 曹新美、刘在花：《流动儿童学校适应在学校氛围与学习投入之间的中介作用》，《中国特殊教育》2018 年第 8 期。

活的能力。

2. 改善教育教学，冲破"天花板效应"

对于处在城市底层的随迁子女而言，其成长过程存在显著的"天花板效应"，一方面表现在认同主流价值观，渴望向上流动；另一方面则制度性地自我放弃。他们面临着双重不平等，制度性歧视和阶级不平等。因此，要想在学校中创造促进随迁子女社会融入的氛围和环境，学校应树立随迁子女社会融入的意识，取消区别对待，实行多元文化融入的融合教育；在课堂教学中有意识地鼓励他们积极参与课堂中来；在教学评价上采取"同等待遇"①，为随迁子女的学习能力与参与能力提供发展的环境和空间；在授课过程中，无论是输入地还是输出地，都要保证普通话教学。

要使随迁子女获得优质的教育，师资力量不可或缺。特别是在行为习惯、语言交流以及兴趣爱好方面与当地学生差异明显的随迁子女，在陌生环境中，往往会在交往上选择孤立自己。长久下来，易形成孤僻自卑的性格。因此有必要对教师进行相应的教育教学技能培训，根据学生的特殊性掌握针对性教育、补偿教育等要领，加快随迁子女新文化的输入，在随迁子女进行文化资本融合的过程中，突出其原有生活场域中的文化特色，提升随迁子女对自身文化资本的自信，增强升学意愿，破除"天花板效应"。

3. 改进师生关系，破除刻板印象

在课程中，教师给予随迁子女等处境不利儿童较少的课堂参与和课程互动机会，在这样的歧视性政策及行为的影响下，随迁子女在课堂内外的师生交往中基本处于"无声"或"失语"的状态。② 笔者的调查结果也显示本地学生和随迁子女感受到的教师关心程度有显著差异，随迁子女感受到的教师关心程度不及本地学生。在一线城市，本地学生感受到的教师关心程度更高；二线城市则无明显差异。因此，改进师生关系，要从破除

---

① 徐丽敏：《农民工随迁子女社会融入的能力建设——基于森"可行能力"视角》，《学术论坛》2015 年第 5 期。

② 高振宇：《童年社会学视野下处境不利儿童的生存境遇及其教育对策》，《教育发展研究》2016 年第 24 期。

刻板印象开始。

研究发现，学校中存在两种亚文化和学生群体，分别是积极倾向的学生群体和消极倾向的学生群体。其中，对学校价值观具有积极倾向的学生最终进入高一级群体，强化了自身的方向，具有消极倾向的学生则最终进入低一级群体。[①] 值得注意的是，教师对于儿童的自身发展起着关键性作用。良好的师生关系可以为农民工随迁子女提供情感上的支持。作为教师，应该平等对待所有学生，破除刻板印象，正视个体差异。在随迁子女问题行为的处理上，要保持与家长的沟通，了解其家庭背景，引导家长重视家庭教育，从源头解决问题。此外，教师还可以为随迁子女提供工具性的社会支持，在理解和关心的基础上，接纳随迁子女已有的行为方式与习惯秉性，在学习方法、心理疏导与升学选择等方面给予适当的帮助。

4. 改进同伴关系，促进异质性交往

在笔者的问卷调查中，当被问及"当前令其烦恼的事情"时，"成绩不好"排在第一位，"朋友很少"排在第三位，可见，同伴在随迁子女生活中的重要地位。然而，农民工进入城市后，多数居住在城乡接合部，由于居住环境和交往对象的封闭性，随迁家庭成为了一座"孤岛"，这不利于随迁子女积极有效地融入城市生活。因此，学校可以适当开展多种文化活动，鼓励随迁子女同本地学生做朋友，通过与异质性群体的接触，发展多元的同伴文化，以避免造成内卷化的同质性学习环境。

城市居民与农民工群体之间的"隔离化"生活，导致双方在认知上存在一定的误解，这就需要通过媒体的正向宣传，引导城市居民正确看待随迁子女，增进本地家庭与随迁家庭的相互理解。积极开展交流活动，建立同伴之间平等的互助模式，促进本地学生与随迁子女的社会交往和社会互动，扩大随迁子女的交往对象和活动场域，逐步消除城乡隔阂，促进城乡文化融合。

（二）学校对随迁家庭的教育支持

调查研究结果表明，由于随迁子女的家长自身文化水平的限制，在子女异地升学政策信息的获取上处于弱势，难免错失教育机会。而随迁家庭

---

① 王毅杰、高燕：《流动儿童与城市社会融合》，社会科学文献出版社 2012 年版，第 18—19 页。

又多数属于多子女的家庭，传统的重男轻女思想使其对待子女的升学问题缺乏正确的态度。针对女孩和男孩的教育观念存在差别，对女孩子受教育的观念，认为只要上到初中毕业就行。有的家庭考虑到其自身有限的经济承受能力甚至牺牲女儿的学业，将上学机会留给男孩。

有鉴于此，学校在教育过程中不仅要担负起教育随迁子女的责任，同时还应及时与随迁家庭进行沟通，在子女的受教育过程中帮助改善家长的教育意识和教育行为，在子女升学问题上给予家长明确指导，鼓励家长进行多样化的教育选择。除了选择升学外，职业培训、成人教育、自学考试、个人创业等多种方式也会促进随迁子女的个体发展。学校可以定期为随迁子女的家长举办教育讲座，介绍国家政府的相关教育政策和新颁布的措施等，为随迁子女平等接受教育提供更多支持。[1]

（三）建立家校合作的新模式

长期以来，中国家校合作收效甚微，主要源于没有形成自上而下的家校合作组织。反观国外，家校合作组织种类多样，比如家长联合会、PTA组织、家长委员会等。以英国家长教师协会（PTA UK）为例，该组织的基本职能有两方面，第一，为家长与PTA成员提供信息资源，构建家校合作活动平台[2]；第二，为父母争取发言权，积极倡导家长参与孩子的教育和学校生活，鼓励家校合作。家长教师协会通过邀请知名专家学者以及经验丰富的管理者作为家校沟通的桥梁，致力于满足家长们的需求，是支持家校合作发展的有力社会组织。这些颇具规模的家长教师协会对国家教育政策制定会产生一定影响，对学校顺利开展家校合作活动起到了积极作用。中国可以学习借鉴这些优秀组织的管理模式、规章制度、发展经验，尝试建立全国家长教师协会，以保证家校合作的顺利进行。另外，从农民工随迁子女的实际需求出发，各地区可以尝试建立以下几种家校合作的新模式。

1. 学校托管模式

学校托管模式指的是依托教育部门统筹规划成立随迁子女课后看护机

---

[1] 刘秋月：《在京农民工随迁子女升学现状研究》，硕士学位论文，中央民族大学，2012年。

[2] 陈晓芳：《英国小学家校合作的实践启示》，硕士学位论文，鲁东大学，2017年。

构，实行学校寄宿管理，教师参与学习指导及心理辅导，招募有偿代理监护人与流动志愿监护人，共同肩负代理家长职责的一种关爱随迁子女的模式。托管模式包括全托管与半托管两种形式。对于监护人没有照顾能力的随迁家庭，可采取全托管形式，由看护机构的代理家长帮助农民工家庭照顾儿童的饮食起居并进行学习辅导。对于有照顾能力但没有辅导课业能力的随迁家庭，可采取半托管形式，主要在放学后及节假日期间，在课后看护机构完成课业任务，这些孩子与全托管的随迁子女共同接受学习指导与心理辅导。

2. 书屋共享模式

很多农民工家庭，家中的藏书少之又少，随迁子女及其监护人获取信息的渠道极为有限。书屋共享模式为问题的解决提供了思路。就书屋建设而言，社区和学校应建立图书馆或成立图书室，设立"亲子读书角"，让随迁子女及家长均能享有稳定的、免费的阅读场所。就图书质量而言，书屋应与高校图书馆建立合作关系，定期更换图书，保证书屋所提供的书目能够真正满足流动儿童身心发展的需要。就服务机制而言，书屋要配备专业服务人员，做好图书管理与归档工作，保证阅读环境的安静与整洁，让随迁子女及其家长能够拥有舒适的阅读空间和愉快的阅读体验。

3. 户外补偿模式

为了丰富随迁子女的课余生活，有必要采取户外补偿模式，调动城市社区资源和学校资源，成立儿童活动管理中心。所谓户外补偿，就是通过为随迁子女提供体育设施、活动中心等基础活动场所，引导儿童踊跃参加户外活动。开启户外补偿模式，需要政府加大基础活动设施的建设力度。社区活动中心和各级各类学校也要积极组织各项活动，丰富随迁子女的课余生活，引导农民工家庭主动参与，增进家庭亲密度。另外，要鼓励和支持随迁子女自己组织开展活动。活动中心要全力支持儿童组织活动，规范积极向上的活动内容，为其提供充足的经费保障，保证活动的可持续性。对于表现突出的随迁子女，可以从物质和精神各个层面给予表彰奖励，帮助随迁子女在组织和参与活动的过程中弥补情感缺失，达到自我激励、自我管理、自我教育的目的。无疑，上述新模式的建立有助于家校合作的顺利展开，对于随迁子女平等接受教育进而积极融入城市生活大有裨益。

四　支持家庭：为随迁子女增能

（一）开发家长的"学伴"能力

布迪厄的文化资本理论指出，文化资本的第一大形态是身体形态，身体形态文化资本通常指通过家庭环境及学校教育获得并成为精神与身体一部分的知识、教养等文化产物。[①] 家庭的文化资本制约随迁家庭整体实力的提升，因而，要形成与当地儿童接近的学习和生活方式，有必要开发家长的"学伴"能力，通过提升家庭文化资本来提高随迁家庭的整体实力水平，以满足随迁子女平等接受教育在家庭层面的必备条件。

第一，在家庭文化资本提升方面，要不断开发立足于家庭教育的网络学习资源。针对农民工工作繁忙，无暇参加社区或学校开展活动的现状，网络平台可极大满足父母学习的需求。信息社会的学习方式弥补了传统学习模式的不足，不拘泥于固定时间和固定场所。移动设备的便捷性功能丰富了获取信息的渠道，越来越多的人通过推送公众号，建立微信学习交流群，实时分享学习资源，满足学习需求的多样化，打破固有思维模式，不断丰富学习内容和学习形式，为家庭教育增能。父母的文化水平和家庭教育水平呈正相关，文化水平高的父母能更好地利用科学的教育方法给予子女学业发展正确的介入和指导。[②] 研究表明，提高农民工的受教育水平是促进随迁子女学业成就的有效途径。而且已有的实验性干预研究也表明，父母受教育水平即便只提高很小的幅度，也会产生显著效果。[③] 因此，提高随迁子女家长的文化资本占有量对于提升随迁子女的学业成就具有重要意义。

第二，在提高经济资本的同时努力提高人力资本。人力资本对于家庭的影响有别于经济资本，它强调将具有原生体力和智力的劳动力上升为人力资本，从而成为家庭的巨大财富。[④] 通过创办"企业大学"，对农民工

①　朱伟珏：《文化资本与人力资本——布迪厄文化资本理论的经济学意义》，《天津社会科学》2007 年第 3 期。

②　周建芳：《家庭因素对流动儿童学校融合的影响——以南京为例》，《南京人口管理干部学院学报》2013 年第 7 期。

③　张云运、骆方等：《家庭社会经济地位与父母教育投资对流动儿童学业成就的影响》，《心理科学》2015 年第 1 期。

④　曹艳红：《家庭资本理论视阈下父母学习对家庭生活质量的影响及其政策含义》，硕士学位论文，江南大学，2017 年。

加大教育投资，加强技能培训指导，以便更好地积蓄个体人力资本，实现自我能力的发展进而推动随迁家庭人力资本的提升，以增强农民工群体对其子女的教育支持力度。

第三，将家庭社会资本转换为家庭发展所需要的各种帮助与资源，及时满足家庭的即时诉求和多元需求。利用媒体、社区介入、学校讲座等有利途径宣传家庭教育的重要性，提升父母家庭教育意识，为随迁子女提供温暖、民主的家庭环境，重塑和谐亲子关系。社区是连接家庭与社会的关键纽带，以社区学习中心为物质载体，以规范、信任、网络为特征的社会资本，能够给随迁子女的父母提供不同形式的支持与帮助，进而增加其社会资本存量[1]，全面提升家长的"学伴"能力。

（二）家庭文化环境的再创造

家长不仅是家庭教育的实施者，更是学校教育的参与者，家庭和学校对儿童的教育作用不可分割。首先，在家长层面需保证与学校教师的有效沟通，及时了解子女在校情况，在沟通中建立合作，共同引导随迁子女进行正确的教育选择。其次，学校和家庭应对随迁子女的教育期望保持一致，提升随迁家庭教育能力，关注儿童发展态度，通过陪伴子女预习、阅读等积极的具体行为[2]，让子女感受到学校和父母的教育期望，增强学习动力。

有研究结果证明，提高父母的受教育水平应当是一个改善家庭社会经济地位、增强家庭对子女投资能力、促进随迁子女学业成就的有效途径。[3] 对农民工进行再教育有其重要性和必要性，这是使随迁家庭两代人均受益的举措。

重塑家庭文化环境的关键是转变家长的教育观念，提升家庭教育水平。首先，要明确家长学校的教育重点，即家庭教育观念与教育方法及技能培训两个方面，以此摒除父母在家庭教育上的盲目性；由于农民工受教育程度普遍较低，经济上能够为子女教育投入的能力有限，教育资源匮

---

① 聂飞：《社会资本视角下的家庭政策体系构建研究》，《求实》2016 年第 10 期。

② 高一然、边玉芳：《流动儿童家校合作特点及其对儿童发展的影响》，《中国特殊教育》2014 年第 6 期。

③ 张云运、骆方等：《家庭社会经济地位与父母教育投资对流动儿童学业成就的影响》，《心理科学》2015 年第 1 期。

乏，加之与随迁子女的不正确沟通，严重影响了亲子关系的和谐程度。其次，要加强对农民工的继续教育。父母往往由于能力、技巧、关爱意识的缺失，无法对随迁子女学习和心理方面进行有效辅导。通过对父母的继续教育，一方面，促进其城市融合，提升随迁家庭在城市的生存能力，从而塑造温馨的家庭氛围和心理环境；另一方面，提高其知识水平和文化素养，掌握科学的家庭教育方式。在日常生活上，鼓励农民工多与子女参与亲子活动，增进情感交流和家庭凝聚力。再次，鉴于农民工忙于工作、学习时间和空间无法兼顾的现状，要充分利用网络平台开展学习教育活动。引导农民工群体重视家庭居住环境与家庭文化环境，尽可能地为孩子创造一个安静的学习场所，改善家庭文化氛围。

（三）个体增权：激发主动融入意愿

增权的过程就是让无权群体减少无权感的过程，通过"增权"实践，消除"无权"状态，达到"权利"目的。① 增权视角突出强调个人的主观能动性和潜能发挥，个人有能力和机会为自己的生活做出决定，并付诸行动，从被动弱者转变为主动强者，提高自己控制生活的能力。② 随迁子女在接受教育的过程中既是被动接受的客体，也是具有主观能动性的主体。随迁子女能否平等接受教育关键在于个体增权路径的选择，即主观态度和努力程度。如前所述，笔者进行的调查结果显示，对于农民工随迁子女而言，"可行能力"清单上的诸种能力大多处于匮乏的状态。而客观的家庭支持的缺失和主观的融入意愿不足是导致随迁子女"可行能力"匮乏的主要原因。因而，除了要增强家庭支持力度外，还要通过提升个人的融入意愿来提高随迁子女的学习能力、交往能力和复原力等"可行能力"，进而来保障随迁子女平等接受教育的权利。总之，我们在强调制度、学校、家庭对农民工随迁子女平等接受教育的影响的同时，也应该培养随迁子女自身的主动学习意识，激发主动融入意愿。

1. 社区参与，提升"可行能力"

社区服务不仅为随迁子女提供了支持，还让社会关注到这一群体并得

---

① 刘庆：《增权理论视阈下对新生代农民工城市融入的介入》，《山东青年政治学院学报》2011 年第 3 期。

② 范斌：《弱势群体的增权及其模式选择》，《学术研究》2004 年第 12 期。

到重视。社区发展应树立城市融合发展的大局意识，自觉地将随迁子女作为城市发展所必需的人力资源来看待，在城市社区营造良好的社会支持体系，构建随迁子女能力建设的新社会支持网络。[①]

第一，通过社区介入，给予随迁家庭社会支持。随迁子女面临诸多现实困境，其文化资本的缺失可以通过社区的服务进行弥补。嵌入文化的随迁子女社会工作服务是解决流动儿童困境、实现公共服务可持续发展的关键之举。积极引导和吸纳随迁家庭参加社区自治组织和各类学习型、服务型、文体型、公益志愿型等居民互助性的社区民间组织，有助于提升随迁子女融入城市社区生活的能力。[②] 社区需要在活动设计中注重对随迁子女可行能力的建设，为其可行能力的发展提供必要的社会支持。

第二，增强随迁子女的主动融入意愿。可行能力是个人主观努力的结果，随迁子女应通过自身努力和自身能力的培育增强可行能力建设。从主观上增强对所居住城市的认同感，把自己视为输入地的一分子，热爱城市生活。除了依靠社会政策、学校帮扶、家庭支持外，更重要的是取决于个体的主观能动性。个体的主观能动性是城市社会融入、平等接受教育不可忽视的重要环节，教育公平不仅来自外部的机会，更来自自身的体验。

第三，提升随迁子女的自我复原力。复原力是随迁子女需要具备的一种重要的"可行能力"。在城市社会融入和学校融入的过程中，不可避免的会面临始料未及的挫折，复原力的强弱直接影响随迁子女在输入地的学习和生活。对于先赋条件中复原力较弱的随迁子女而言，后天的培育更为重要，复原力可以通过学习而获得并且不断增强。要提升随迁子女自身的复原力，首先就要培养自己对不确定因素的耐受力，比如能够承受陌生环境给自己带来的压力，能够承受主动与他人交往可能带来的不确定性等。其次要正确看待和应对日常生活中的不幸，能够把不幸化作成长的资源和动力。个体的复原力往往是在其遭遇巨大不幸或灾难的时候才会表现出来的一种能力，但其生成取决于一个人平时看待困难和不幸的态度。再次，要学会以健康的心态去面对逆境，无论遇到何种挫折与不公，都能够坚守

① 徐丽敏：《农民工随迁子女社会融入的能力建设——基于森"可行能力"视角》，《学术论坛》2015 年第 5 期。

② 徐丽敏：《农民工随迁子女的社会融入研究》，科学出版社 2015 年版，第 185—186 页。

道德底线，用积极的态度和正确的方法来解决问题。

随迁子女要明确在接受教育的过程中，只有积极努力融入并主动承担自己所应承担的责任，才能要求获得公平地参与分享教育资源与成果的权利。外在制度的改革更需要随迁子女群体依靠其自身能力的建设去主动、积极地推动和履行相应的职责。最终达到在没有外界力量推动的情况下，随迁子女自身也能够主动与社会融合。

2. 增强学习认同，摒弃"自弃文化"

主观的融入意愿不足是导致随迁子女"可行能力"匮乏的重要原因，究其根源，与随迁子女所秉持的"自弃文化"密不可分，其消极作用不容忽视。要保证随迁子女平等接受教育，首先需要随迁子女更新观念。如前所述，随迁子女和本地学生在初中毕业后的打算方面存在显著性差异，对于未来发展的不确定性，在一定程度上导致随迁子女对于学习持消极态度。因此，要保障随迁子女平等接受教育，也需要从主观上增强其对通过教育实现向上社会流动的认同感和对学习重要性的认同感，减少"自弃文化"的消极影响。

在城市学校的学习过程中，随迁子女能否真正实现平等接受教育的目标，除了依靠教师和教学等外部因素，更重要的是取决于自身努力的程度。首先，应该激发随迁子女形成积极主动的学习态度和学习意愿。随迁子女要提升对未来的自我期望，学会对自己的学习生活进行长远规划，明确努力的方向和目标，树立提高自身能力建设的意识和意愿。其次是增大知识储备量，掌握基础知识和基本技能，在掌握知识、运用知识的过程中形成和发展自身的能力。

3. 提高"反哺"意识，增强社会责任感

如果随迁子女要想成为一个积极的社会反哺者，那么，尽可能地积极融入城市社会就显得至关重要。积极融入就是以乐观向上的心态、积极主动的行为融入变化的社会环境。流动发展理论指出，资源会随着地理位置的移动而发生改变，但不会消失。[1] 随迁子女来到城市，以积极的心态融入城市生活，可以较好地接受更多优质的教育资源，拓宽眼界、增长见

---

[1]　George C. Galster, Sean P. Killen, "The Geography of Metropolitan Opportunity: A Reconnaissance and Conceptual Framework", *Housing Policy Debate*, Vol. 6, No. 1, 1995, pp. 7 – 43.

识、学习前沿的科学文化知识、掌握现代化的数字技术。与其父辈相比，他们的适应能力更强，理解能力与学习效果也更好。在家庭互动中，家长用他们的价值观念、社会经验教育子女，子女用习得的文化，去填补父母知识上的空白，补充新的思想观念，从而实现协同发展、共同进步。

另外，随迁子女积极融入学校生活，一方面可以取得良好的学习效果；另一方面他们也是教师终身学习的宝贵财富，有利于实现真正的教学相长。随迁子女的农村成长背景、城市流动经历以及他们身上所表现出的特殊性可以督促教师关注学生的个体差异、因材施教，亦能够激发教师的教学灵感，丰富知识储备、改善教学方法、开拓教学思路，对于教师专业发展具有重要意义。教师与随迁子女之间的互动也为教师完善自我提供了平台。随迁子女身上的懂事、坚强、积极主动面对困难等良好品格，也会在互动中潜移默化地影响教师的价值观，帮助其克服职业倦怠、增强教育信念。可以说，随迁子女的到来对于教师而言既是挑战更是机遇。

同时，青少年是时代的先锋，是社会发展的坚实力量，同辈间的良好互动会迸发出更多的火花。积极主动地融入同伴群体，容易产生情感共鸣，建立良好的人际关系。毋庸置疑，同伴交往也是获取知识的有效途径。随迁子女特有的农村生活经历是其生命内涵的重要组成部分，在同伴交往过程中，乡村文明的传播可以帮助城市儿童了解乡村文化，正视劳动的重要性，感受自然淳朴的民风，增强文化的凝聚力，丰富精神资源，促进城市儿童人格的健全发展。同辈群体之间的交往互助也是随迁子女积极反哺的一个重要表现。

更为重要的是，一个积极的社会反哺者面对社会支持必然懂得感恩并且乐于承担社会责任。将随迁子女培养成为积极的社会反哺者，一方面有利于随迁子女自身的城市社会融入；另一方面，也会促进随迁子女与本地居民的相互理解与共同成长。要提高随迁子女的"反哺"意识，有必要通过学校、社区对其进行责任感教育。责任感是一个人基本的道德品质，要增强随迁子女的责任感，必须让随迁子女意识到什么是责任？主动承担责任有哪些重要意义？如何对自己负责？如何承担社会责任……进而激发随迁子女主动承担社会责任的意愿。要使随迁子女明白权利与责任并存，要从自身学业开始，学会对自己负责，才能逐渐形成共情能力并主动承担起对他人、家庭乃至社会的责任。一个具有社会责任感的人才会具有提升

"可行能力"的积极性，才不会把所有外界的给予看作"理所当然"。只有客观的社会支持与主观的个人意愿相结合才有可能使农民工随迁子女逐步达成平等接受教育的目标。

综上所述，本书对农民工随迁子女平等接受教育的必备条件进行了归纳和总结：一是要确保在城市中的公立学校稳定就学，即强调扶持政策的连续性与稳定性；二是农民工家庭整体实力的提升是子女个体能力提升的重要基础，因此支持家庭是保障随迁子女平等接受教育的重要路径；三是要进行精准适度的教育补偿，阻断贫困的代际传递，以开发家长的"学伴"能力为基础，强调社会工作者的参与；四是强调随迁子女拥有必备的可行能力、积极的融入意愿、具有"反哺"和主动承担的责任意识也是促进其平等接受教育的重要条件。近年来，中国从各个层面表现出了保障随迁子女就学权利的决心，从"两为主"到"两纳入"再到"三统一"政策的实施，无疑为随迁子女平等接受教育提供了新的契机。随迁子女能否充分发挥主观能动性把握住难得的机遇，开启在城市中的全新生活，关键要看国家能否"强有力地"伸出那只"看得见的手"，以及随迁家庭及随迁子女个人会选择何去何从。

参考文献

中文著作

陈向明：《质的研究方法与社会科学研究》，北京教育科学出版社 2001 年版。

杜育红：《教育发展不平衡研究》，北京师范大学出版社 2000 年版。

范先佐：《流动人口子女教育困难与破解》，江苏教育出版社 2011 年版。

范先佐：《人口流动背景下的义务教育体制改革》，中国社会科学出版社 2011 年版。

风笑天：《独生子女——他们的家庭、教育和未来》，社会科学文献出版社 1992 年版。

顾明远：《教育大词典》，上海教育出版社 2002 年版。

胡国清、孙振球、黄镇南：《行为医学量表手册》，中华医学电子音像出版社 2005 年版。

黄兆信、万荣根：《农民工随迁子女融合教育研究》，中国社会科学出版社 2014 年版。

刘应杰：《中国城乡关系与中国农民工人》，中国社会科学出版社 2001 年版。

马和民：《新编教育社会学》，华东师范大学出版社 2009 年版。

缪建东：《同一片蓝天下：流动人口子女教育的探索和建议》，南京师范大学出版社 2007 年版。

亓昕：《首都流动人口融合研究》，中国劳动社会保障出版社 2016 年版。

石长慧：《认同与定位：北京市农民工子女的社会融合研究》，中国社会科学出版社 2013 年版。

石中英：《教育哲学》，北京师范出版社 2011 年版。

史斌：《不再沉默的"城市他者"——新生代农民工社会距离研究》，浙江大学出版社 2014 年版。

史秋霞：《农民工子女教育过程与分层功能研究》，社会科学文献出版社 2017 年版。

汪向东、王希林、马弘：《心理卫生评定量表手册》，中国心理卫生杂志社 1999 年版。

王善迈：《公共财政框架下公共教育财政制度研究》，经济科学出版社 2011 年版。

王毅杰、高燕：《流动儿童与城市社会融合》，社会科学文献出版社 2012 年版。

吴德刚：《中国全民教育问题研究：兼论教育机会平等问题四》，教育科学出版社 1998 年版。

肖庆华：《农村留守与流动儿童的教育》，中国社会科学出版社 2012 年版。

徐丽敏：《农民工随迁子女的社会融入研究》，科学出版社 2015 年版。

杨东平：《中国教育公平的理想与现实》，北京大学出版社 2006 年版。

杨小薇：《小学教育科学研究》，北京师范大学出版社 1998 年版。

张人杰：《国外教育社会学基本文选》，华东师范大学出版社 1989 年版。

赵忠心：《家庭教育学》，人民教育出版社 2000 年版。

中国进城务工农民外来务工子女教育研究及数据库建设课题组：《中国进城务工农民外来务工子女教育研究》，教育科学出版社 2010 年版。

周皓：《流动儿童发展的跟踪研究》，北京大学出版社 2014 年版。

期刊论文

陈斌：《"异地高考"政策复杂性探微——基于 30 个省（自治区、直辖市）"异地高考"方案的内容分析》，《教育科学》2015 年第 1 期。

陈坚：《"比较制度分析"视角下的农民工随迁子女教育问题研究》，《教育科学研究》2017 年第 2 期。

陈静静：《公办学校在随迁子女教育中的主体责任及其实现——以上海市浦东新区为例》，《教育科学》2014 年第 2 期。

褚宏启：《城镇化进程中的户籍制度改革与教育机会均等》，《清华大学教育研究》2015 年第 11 期。

单成蔚、秦玉友:《农民工随迁子女义务教育入学条件分析》,《四川师范大学学报》2017 年第 9 期。

邓曲恒:《城镇居民与流动人口的收入差异——基于 Oaxaca-Blinder 和 Quantile 方法的分解》,《中国人口科学》2007 年第 2 期。

段成荣、刘涛、吕利丹:《当前我国人口流动形势及其影响研究》,《山东社会科学》2017 年第 9 期。

段成荣、吕利丹、王宗萍、郭静:《我国流动儿童生存和发展:问题与对策——基于 2010 年第六次全国人口普查数据的分析》,《南方人口》2013 年第 4 期。

冯俊成、陈晨:《异地高考政策与小学生流动:来自地级市的经验证据》,《教育与经济》2016 年第 6 期。

伏干:《流动儿童社会融入指标体系的建构——基于社会认同视角》,《广西社会科学》2016 年第 11 期。

高明华:《教育不平等的身心机制及干预策略——以农民工子女为例》,《中国社会科学》2013 年第 4 期。

高一然、边玉芳:《流动儿童家校合作特点及其对儿童发展的影响》,《中国特殊教育》2014 年第 6 期。

龚继红、钟涨宝:《流动儿童与城市本地儿童的家庭教育差异及影响因素——基于武汉市 853 份样本的分析》,《学习与实践》2015 年第 3 期。

郭启华、冯艳慧:《文化资本视域下流动儿童家庭教育实证研究》,《安庆师范学院学报》2015 年第 2 期。

郭元凯、秦燕燕:《工具理性与价值理性权衡下的教育政策执行分析——以流动儿童教育政策为例》,《教育科学研究》2014 年第 5 期。

韩嘉玲:《相同的政策不同的实践——北京、上海和广州流动儿童义务教育政策的比较研究(1996—2013)》,《北京工业大学学报》2007 年第 1 期。

何玲:《流动儿童社会融合现状与辨析》,《中国青年研究》2013 年第 7 期。

何绍辉:《双重边缘化:新生代农民工社会融入调查与思考》,《中国青年政治学院学报》2013 年第 5 期。

侯静、武慧:《不同类型学校流动儿童学校适应的比较研究——驻校社工的作用》,《上海教育科研》2016 年第 11 期。

侯亚杰、段成荣、王宗萍:《异地高考流动青少年基本状况分析——对异地高考流动青少年规模的估计》,《中国青年研究》2015 年第 6 期。

黄时华、蔡枫霞等:《初中生亲子关系和学校适应情绪调节自我效能感的中介作用》,《中国临床心理学杂志》2015 年第 1 期。

黄兆信、曲小远、赵国靖:《农民工随迁子女融合教育:互动与融合》,《教育研究》2014 年第 10 期。

黄兆信、谈丹、曲小远:《农民工随迁子女融合教育:政府的困境与措施》,《江西社会科学》2015 年第 7 期。

黄兆信、万荣根:《大众传媒中的农民工随迁子女形象研究——基于社会融合视角》,《浙江社会科学》2016 年第 10 期。

金小红、陈明香、王艳云、白睿智:《关于城市流动青少年犯罪过程机制的调查研究——以社会学越轨理论为视角》,《中国青年研究》2012 年第 2 期。

靳小怡、刘红升等:《家庭教养方式对农村流动儿童生活满意度的影响——基于深圳市中小学调查数据的分析》,《南方人口》2015 年第 6 期。

雷万鹏:《新生代农民工子女教育调查与思考》,《华中师范大学学报》2013 年第 5 期。

李存兰:《当前流动儿童心理发展现状研究述评》,《观察与思考》2015 年第 1 期。

李大维、张向葵等:《学前教育年限与母亲受教育水平对农村一年级小学生学校适应的影响》,《心理发展与教育》2013 年第 3 期。

李祥、王媛、陈恩伦:《流动儿童受教育权的制度保障体系分析》,《中国特殊教育》2015 年第 4 期。

李秀娟:《高中生情绪调节自我效能感与学习投入的关系探究社会》,《心理科学》2014 年第 8 期。

刘庆:《流动儿童城市社会交往探析——基于武汉市的实证分析》,《北京青年研究》2015 年第 1 期。

刘庆、冯兰:《流动儿童社会融合的结构、现状与影响因素》,《中国青年政治学院学报》2014 年第 6 期。

刘杨、方晓义：《流动儿童社会身份认同与城市适应的关系》，《社会科学战线》2013 年第 6 期。

卢晖临、梁艳、侯郁聪：《流动儿童的教育与阶级再生产》，《山东社会科学》2015 年第 3 期。

史瑾：《北京市流动儿童入学准备的调查研究》，《上海教育科研》2016 年第 3 期。

汪永涛：《"返乡"或"留城"：北京市流动儿童的教育分流》，《当代青年研究》2016 年第 1 期。

王慧：《我国流动儿童义务教育经费制度对国际人权公约义务的背离与修正》，《暨南学报》2015 年第 8 期。

王慧娟：《制度排斥与流动儿童教育：基于实证调查的分析》，《重庆理工大学学报》2015 年第 4 期。

王静、但菲、索长清：《近十年我国流动儿童心理健康研究综述》，《陕西学前师范学院学报》2016 年第 1 期。

王倩、李颖异：《冲突与和解：关系视阈下流动儿童媒介素养构建研究》，《现代传播》2018 年第 1 期。

王滔、张伟楠等：《情绪确定性对学习判断的影响》，《心理科学》2015 年第 4 期。

吴妮妮、姚梅林：《中职生家长投入与子女学业投入的关系：教养风格的调节作用》，《心理科学》2013 年第 4 期。

吴霓：《进城务工人员随迁子女在流入地参加中高考的现实困境及政策取向》，《清华教育研究》2012 年第 4 期。

吴欣慧：《流动儿童城市文化认同分析》，《浙江学刊》2012 年第 5 期。

吴雪娅、杜永红：《中等职业教育：农民工随迁子女初中后教育的重要路径》，《教育与教学研究》2012 年第 11 期。

夏俊林：《社会组织参与流动儿童社会融入的问题研究——以苏州红庄爱心小屋为例》，《社会研究》2015 年第 4 期。

肖勇、何梅：《新时期进城农民工子女城市适应现状综合评价——基于湖南省的实证分析》，《城市发展研究》2012 年第 4 期。

熊易寒：《整体性治理与农民工子女的社会融入》，《中国行政管理》2012

年第 5 期。

徐凤英:《社会管理创新:预防流动青少年犯罪之根本》,《东岳论丛》
2012 年第 8 期。

徐丽敏:《"社会融入"概念辨析》,《学术界》2014 年第 7 期。

杨菊华、陈传波:《流动人口家庭化的现状与特点:流动过程特征分析》,
《人口与发展》2013 年第 3 期。

杨茂庆、王远:《加拿大流动儿童城市社会融入问题与解决策略研究》,
《民族教育研究》2016 年第 5 期。

杨茂庆、杨依博:《美国流动儿童社会融入问题与解决策略研究》,《中国
特殊教育》2015 年第 11 期。

杨敏、赵梓汝:《城市流动儿童的教育公平问题研究——基于社会资源合
理配置的社会学思考》,《学术论坛》2016 年第 2 期。

苑雅玲、侯佳伟:《家庭对流动儿童择校的影响研究》,《人口研究》2012
年第 2 期。

张绘:《流动儿童初中后家庭教育投资决策的实证分析——基于北京的调
研数据》,《教育学报》2015 年第 3 期。

张效芳、杜秀芳:《父母教养行为对初中生学校适应的影响:心理资本的
中介作用》,《中国特殊教育》2014 年第 1 期。

张艳磊、李明辉:《流动儿童亲子依恋现状研究——以云南省昆明市为
例》,《云南农业大学学报》2015 年第 3 期。

张云运、骆方等:《家庭社会经济地位与父母教育投资对流动儿童学业成
就的影响》,《心理科学》2015 年第 1 期。

章超:《近二十年来我国流动儿童心理研究综述》,《教育心理》2013 年第
8 期。

郑漩、蓝声雄等:《对流动儿童小学升初中受教育不连续性问题的原因探
究——以广州市八所农民工学校为例》,《中国校外教育杂志》2014 年
第 12 期。

郑永君:《流动儿童的内部异质与身份认同研究——基于武汉市 W 学校的
调查》,《湖北师范学院学报》2015 年第 6 期。

周广菊、陈秋霞、朱苏榕、方翰青:《流动儿童家庭教育现状的调查研
究——以常州市为例》,《江苏理工学院学报》2014 年第 5 期。

周建芳、邓晓梅：《家庭教育对流动儿童学校融合影响的研究——以南京为例》，《教育导刊》2015年第2期。

朱家德：《流动儿童教育政策演变路径分析》，《教育学术月刊》2014年第6期。

朱妍、李煜：《"双重脱嵌"：农民工代际分化的政治经济学分析》，《社会科学》2013年第11期。

祝珣、马文静：《多元文化教育视角下流动儿童生活满意度的研究——以北京市民办学校为例》，《中国教育学刊》2015年第3期。

卓然、葛鲁嘉：《家庭环境对流动儿童社会融合的影响：教养方式的中介作用》，《社会科学战线》2015年第10期。

学位论文

陈晓芳：《英国小学家校合作的实践启示》，硕士学位论文，鲁东大学，2017年。

陈宣霖：《进城务工人员随迁子女义务教育发展评估研究》，硕士学位论文，浙江师范大学，2014年。

杜丽丽：《城镇化背景下合肥市农民工随迁子女教育融入问题调查报告》，硕士学位论文，安徽大学，2013年。

杜玉改：《流动儿童学习投入及影响因素研究》，硕士学位论文，南京师范大学，2013年。

胡静雯：《农民工随迁子女学校适应问题研究》，硕士学位论文，西北师范大学，2016年。

黄需媛：《城市流动家庭亲子关系状况及影响因素分析——以江苏省南京市三所打工子弟学校为例》，硕士学位论文，南京理工大学，2013年。

蒋应辉：《流儿童学校适应现状研究——以成都市龙泉驿区十陵镇某小学为例》，硕士学位论文，四川师范大学，2011年。

焦小燕：《小学生自我调节能力、师生关系与学校适应之间的关系》，硕士学位论文，东北师范大学，2012年。

李慧：《农民工随迁子女城市普通高中就学政策研究》，博士学位论文，东北师范大学，2014年。

廖文静：《流动儿童学校适应问题的社会工作介入研究——生态系统理论

的视角》，硕士学位论文，华中师范大学，2014 年。

秦建：《流动儿童家校处境、社会认同对自尊与学校适应的影响研究》，硕士学位论文，郑州大学，2012 年。

饶畅：《进程后农民工文化资本对留守儿童教育的影响——以贵阳市为例》，硕士学位论文，贵州师范大学，2014 年。

邵斌斌：《流动儿童入学困难的原因及对策研究》，硕士学位论文，湖南师范大学，2015 年。

吴雪峰：《外来工子女自我意识与学校适应的关系及干预策略研究》，硕士学位论文，广州大学，2013 年。

徐路德：《关于流动儿童学校适应的研究》，硕士学位论文，中国社会科学院，2014 年。

杨柳：《家庭环境对流动儿童社会融入的影响研究》，硕士学位论文，沈阳师范大学，2017 年。

俞晨晨：《流动儿童的社会身份认同及对合作行为的影响研究》，硕士学位论文，上海师范大学，2017 年。

张蕾：《论和谐的师生关系》，硕士学位论文，四川师范大学，2011 年。

张庆华：《高中生情绪调节自我效能感与家庭功能、学校人际环境的关系研究》，硕士学位论文，沈阳师范大学，2011 年。

张艳：《流动儿童社会适应影响因素分析——以家庭教养方式为视角》，硕士学位论文，首都经济贸易大学，2013 年。

张域：《初中低学段随迁子女的融合教育策略探究》，硕士学位论文，上海师范大学，2017 年。

外文文献

Allen, Anita L., "Protecting One's Own Privacy in a Big Data Economy", *Harvard Law Review Forum*, No. 2, 2016.

Amanda G., Rob G., "Promoting the Inclusion of Migrant Children in a UK School", *Educational & Child Psychology*, No. 4, 2015.

Aminata C., Diane S., et al., "Supporting Refugee and Migrant Children with F. A. C. E. Time", *Education Digest*, No. 2, 2013.

Anja Steinbach, "Family Structure and Parent-Child Contact: A Comparison of

Native and Migrant Families", *Journal of Marriage & Family*, No. 75, 2013.

Annie Chen, Jennifer Gill, "Unaccompanied Children and the U. S. Immigration System: Challenges and Reforms", *Journal of International Affairs*, No. 68, 2015.

Becky W. , "Doing What's Best: Determining Best Interests for Children Impacted by Immigration Proceedings", *Drake Law Review*, No. 1, 2016.

Birgit Becker, "How Often Do You Play with Your Child? The Influence of Parents' Cultural Capital on the Frequency of Familial Activities from Age Three to Six", *European Early Childhood Education Research Journal*, No. 22, 2014.

Brown G. L. , Mangelsdorf S. C. , Neff C. , "Father Involvement, Paternal Sensitivity, and Father-child Attachment Security in the First 3 Years", *Journal of Family Psychology*, No. 26, 2012.

Ch Bill ristian List, Philip Pettit, *Group Agency: the Possibility, Design, and Status of Corporate Agents*, New York: Oxford University Press, 2011.

Chang, Bo. , "The Re-socialisation of Migrants in a Local Community in Shanghai, China", *International Review of Education*, No. 61, 2015.

Chen Shuang, Adams Jennifer, et al. , "Parental Migration and Children's Academic Engagement: The Case of China", *International Review of Education*, No. 59, 2013.

Cox M. J. , Paley B. , "Families as Systems", *Annual Review of Psychology*, Vol. 48, No. 1, 1997.

Crea Thomas M. , Reynolds Andrew D. , "Elizabeth Degnan. Parent Engagement at a Cristo Rey School: Building Home-School Partnerships in a Multicultural Immigrant Community", *Journal of Catholic Education*, No. 19, 2015.

Daniel J. Solove, Paul M. Schwartz, *Information Privacy Law, Third Edition*. Amsterdam: Wolters Kluwer, 2009.

David A. Anderson, "Reputation, Compensation, and Proof", *William and Mary Law Review*, No. 25, 1984.

DavidRunciman, *Pluralism and the Personality of the State*, Oxford city: Cambridge University Press, 2005.

Dena A. Control, "Protection and Rights", *International Journal of Children's Rights*, No. 2, 2014.

Douglas Hodgson, "The Child's Rights to Life, Survival and Development", *The International Journal of Children's Rights*, No. 2, 1994.

Dworkin, R. , *Sovereign Virtue: The Theory and Practice of Equality*, Cambridge, Mass: Harvard University press, 2000.

Dympna Devine, " 'Value' ing Children Differently? Migrant Children in Education", *Children & Society*, No. 27, 2013.

Erin Sibley, "Eric Dearing. Family Education Involvement and Child Achievement in Early Elementary School for American-born and Immigrant Families", *Psychology in the Schools*, No. 51, 2014.

Fabienne N. Jaeger, Ligia Kiss, Mazeda Hossain, "Cathy Zimmerman. Migrant-friendly Hospitals: a Paediatric Perspective-improving Hospital Care for Migrant Children", *BMC Health Services Research*, No. 13, 2013.

Franklin F. , "Let the kids stay", *New Republic*, No. 14, 2014.

Gert Brüggemeier, Aurelia Colombi Ciacchi, Patrick O' Callaghan, *Personality Rights in European Tort Law*, Oxford city: Cambridge University Press, 2010.

Ian G. , "Children Crossing", *Mother Jones*, No. 4, 2014.

Ioan G. , "Desperate Voyagers", *Time*, No. 6, 2014.

Isaacs J. et al. , *Kids Share* 2013: *Federal Expenditures on Children in* 2012 *and Future Projections*, Washington, DC: Urban Institute, 2013.

Janet M. Currie, "Choosing among Alternative Programs for Poor Children", *The Future of Children*, No. 2, 1997.

Jennifer C. Lee, Joshua Klugman, "Latino School Concentration and Academic Performance among Latino Children", *Social Science Quarterly* (*Wiley-Blackwell*), No. 94, 2013.

Joanne Yi. , " 'My Heart Beats in Two Places' : Immigration Stories in Korean-American Picture Books ", *Children's Literature in Education*, No. 45,

2014.

John J. Watkins, "The Demise of the Public Figure Doctrine", *Journal of Communication*, No. 3, 1977.

John, Slocum, "Seeing Like a Migrant: International Migration and Transnational Philanthropy", *Society*, No. 52, 2015.

Judith Jarvis Thomson, "The Right to Privacy", *Philosophy and Public Affairs*, No. 4, 1975.

Julie C. , *Inness. Privacy, Intimacy, and Isolation*, New York: Oxford University Press, 1992.

Julie O'Donnell, Sandra L. Kirkner, "The Impact of a Collaborative Family Involvement Program on Latino Families and Children's Educational Performance", *School Community Journal*, No. 24, 2014.

Julie O'Donnell, Andrew D. , Reynolds Elizabeth, Degnan, "Parent Engagement at a Cristo Rey School: Building Home-School Partnerships in a Multicultural Immigrant Community", *Journal of Catholic Education*, No. 19, 2015.

Kayla Burkhiser Reynolds, "The Melting Pot Bubbles Over: a Call for Compromise in Addressing the Child Migrant Crisis", *Drake Law Review*, No. 64, 2016.

Kovach, TomRosenstiel, *The Elements of Journalism: What Newspeople Should Know and the Public Should Expect*, New York: Crown Publishers, 2001.

Lenard, Thomas M. , "Big Data, Privacy and the Familiar Solutions", *Journal of Law, Economics & Policy*, No. 1, 2015.

Marcelo Suárez-Orozco, Carola Suárez-Orozco, "Children of Immigration", *Phi Delta Kappan*, No. 7, 2015.

Marta Moskal, "Polish Migrant Youth in Scottish Schools: Conflicted Identity and Family Capital", *Journal of Youth Studies*, No. 81, 2014.

Michael Freeman, "Children's Health and Children's Rights", *The International Journal of Children's Rights*, No. 13, 2005.

Michael Henry, *International Privacy, Publicity and Personality Laws*, London: Butterworths Press, 2001.

Michelle Chen, "Fit for Citizenship? The Eugenics Movement and Immigration Policy", *Dissent*, No. 63, 2015.

Minhua Ling, "'Bad Students Go to Vocational Schools!'": Education, Social Reproduction and Migrant Youth in Urban China", *China Journal*, No. 73, 2015.

Molly F., Sonja E., Claudia B., Jessica D., "Intergenerational Transmission of the Effects of Acculturation on Health in Hispanic Americans: A Fetal Programming Perspective", *American Journal of Public Health*, No. 7, 2015.

Motomura H., "Children and Parents, Innocence and Guilt", *Harvard Law Review*, No. 5, 2015.

Osvaldo Cleger, "Procedural Rhetoric and Undocumented Migrants: Playing the Debate over Immigration Reform", *Digital Culture & Education*, No. 7, 2015.

Paula Louise Hamilton, "It's not all about Academic Achievement: supporting the Social and Emotional Needs of Migrant Worker Children", *Pastoral Care in Education*, No. 31, 2013.

Poza Luis, Maneka Deanna Brooks, Guadalupe Valdés, "Entre Familia: Immigrant Parents' Strategies for Involvement in Children's Schooling", *School Community Journal*, No. 24, 2014.

Rebecca S., "'Immigrants are not criminals': Respectability, Immigration Reform, and Hyper Incarceration", *Houston Law Review*, No. 3, 2016.

Richard F. Hixson, *Privacy in a Public Society*, New York: Oxford University Press, 1987.

Richard G. Turkington, Anita L. Allen, *Privacy (Second Edition)*, New York: West Group, 2002.

Rueger S. Y., Katz R. L., Risser, H. J., "Relations between Parental Affect and Parenting Behaviors: A Meta-analytic Review", *Parenting: Science and Practice*, No. 11, 2011.

Sally Raphel, "Eye on Washington Migrant Children and U. S. Policy in the Twenty-First Century", *Journal of Child & Adolescent Psychiatric Nursing*, No. 27, 2014.

Samantha Brennan, Robert Noggle, "The Moral Status of Children: Children's Rights, Parents' Rights, and Family Justic", *Social Theory and Practice*, No. 23, 1997.

Scott J. Shackelford, "Fragile Merchandise: A Comparative Analysis of the Privacy Rights for Public Figures", *American Business Law Journal*, No. 49, 2012.

Sen, A., *The idea of justice*, Cambridge, Mass: Harvard University press, 2009.

Song Zhanmei, Zhu Jiaxiong, Xia Zhuyun, Wu Xin, "The Early Childhood Education of Disadvantaged Children in China", *European Early Childhood Education Research Journal*, No. 22, 2014.

Stephanie Irizarry, Sherieu Williams, "Lending Student Voice to Latino ELL Migrant Children's Perspectives on Learning", *Journal of Latinos & Education*, No. 12, 2013.

Takenoshita H., Chitose, Y., Ikegami, S., "Segmented Assimilation, Transnationalism and Educational Attainment of Brazilian Migrant Children in Japan", *International Migration*, No. 2, 2014.

Theresa Ann McGinnis, "'A Good Citizen is What You'll Be': Educating Khmer Youth for Citizenship in a United States Migrant Education Program", *Journal of Social Science Education*, No. 14, 2015.

Theresa C., "Anti-Immigrant Ideology in U. S. Crime Reports: Effects on the Education of Latino Children", *Journal of Latinos & Education*, No. 4, 2013.

Usha Nair-Reichert, Richard Cebula, "Access to Higher Public Education and Location Choices of Undocumented Migrants: An Exploratory Analysis", *International Advances in Economic Research*, No. 21, 2015.

William Prosser, "Privacy", *California Law Review*, No. 48, 1960.

Xia Liu, Jingxin Zhao, "Chinese Migrant Adolescents' Perceived Discrimination and Psychological Well-Being: The Moderating Roles of Group Identity and the Type of School", *PLOS ONE*, No. 11, 2016.

Yael Meir, Michelle Slone, Mira Levis. "A Randomized Controlled Study of a

Group Intervention Program to Enhance Mental Health of Children of Illegal Migrant Workers", *Child & Youth Care Forum*, No. 43, 2014.

Yao Lu, Hao Zhou, "Academic Achievement and Loneliness of Migrant Children in China: School Segregation and Segmented Assimilation", *Comparative Education Review*, No. 57, 2013.

Yoshikawa H., Kholoptseva J., Carola S. O., "The Role of Public Policies and Community-Based Organizations in the Developmental Consequences of Parent Undocumented Status", *Social Policy Report*, No. 3, 2013.

附 录 1

学校适应情况调查问卷

亲爱的同学：

你好！本问卷不记姓名，不进行个别分析，请你不要有任何顾虑，认真看清题目和要求，并根据自己的实际情况如实回答。你的填写结果仅供科学研究之用。谢谢你的配合，祝你学习愉快！

一　基本信息

1. 你的性别：

A. 男　　　　　　　　　　　B. 女

2. 你所在的年级：

A. 初一（六年级）　　　　　　B. 初二（七年级）

C. 初三（八年级）　　　　　　D. 初四（九年级）

3. 你的户口所在地（户口本上的地址）：

A. 本地　　　　　　　　　　　B. 外地

C. 不清楚

4. 你是独生子女吗？

A. 是　　　　　　　　　　　　B. 否

5. 你现在是班干部吗？

A. 是　　　　　　　　　　　　B. 否

6. 在学校，老师对你的关心程度怎么样：

A. 很关心　　　　　　　　　　B. 比较关心

C. 有些关心　　　　　　　　　D. 从不关心

7. 你在学校是否遭受过不公正待遇？

A. 没有   B. 偶尔

C. 一般   D. 经常

8. 你喜欢现在的学校吗？

A. 非常喜欢   B. 比较喜欢

C. 一般   D. 不太喜欢

E. 很不喜欢

9. 你认为目前最令你烦恼的事情是：

①不喜欢这所学校   ②成绩不好

③朋友很少   ④老师不喜欢我

⑤家庭经济条件不好

⑥其他＿＿＿＿＿＿＿（如选此项，请填写）

二　学校适应量表

下面的问题是关于你在学校中生活学习的一些状态和感受。每个题目有四个选项，请选择最符合你的实际情况的选项，在相应的选项上打"√"，请如实填写。

题项	从来没有	偶尔	经常	总是如此
1. 上课时朝窗外张望				
2. 上课时跟邻桌同学聊天				
3. 觉得持续坐在教室里上课，很不耐烦				
4. 上课时能保持安静				
5. 上课时会胡思乱想				
6. 老师讲课时，会专心听讲				
7. 按时完成老师所规定的作业				
8. 在上课过程中，做其他的事				
9. 上课时认真做笔记				
10. 事前准备好上课所需的书本用具				
11. 保持桌面及抽屉的整洁				
12. 将教科书弄皱或弄脏				
13. 上课迟到				

续表

题项	从来没有	偶尔	经常	总是如此
14. 被老师处罚				
15. 按时交作业				
16. 将自己该做的工作推给同学				
17. 努力完成分内该做的工作				
18. 要求老师提早下课				
19. 得到老师的允许才离开座位				
20. 准时上学				
21. 主动为老师做些事情				
22. 耐心地回答老师问的问题				
23. 主动向老师提问				
24. 主动请老师帮助解决学习上的困难				
25. 被老师责骂后，在背后埋怨				
26. 不喜欢某些老师，也讨厌上他们的课				
27. 在不喜欢的老师上课时，故意捣蛋				
28. 看到老师迎面走来，故意装作没看见				
29. 觉得与老师亲近有困难				
30. 受到老师的鼓励和嘉奖				
31. 和同学一起讨论功课或参加活动				
32. 不知如何与同学相处				
33. 鼓励和关心同学				
34. 和同学吵架				
35. 主动帮助同学解决问题				
36. 在班上交不到好朋友				
37. 获得同学的信任和爱戴				
38. 觉得在班上很孤立无助				
39. 学习同学的长处与优点				
40. 被同学取笑				
41. 满意自己在学校的表现				
42. 可以接受自己的缺点				
43. 因成绩不好而怀疑自己的能力				
44. 很在乎竞赛中的输、赢				

续表

题项	从来没有	偶尔	经常	总是如此
45. 担心老师不喜欢自己				
46. 觉得自己不如同学				
47. 能够了解自己				
48. 喜欢自己的外表				
49. 觉得自己一无所长				
50. 对自己的前途很有信心				

三　青少年社会支持量表

请根据自己的真实情况在相应的选项上打"√"。

题项	不符合	有点不符合	不确定	有点符合	符合
1. 大多数同学都关心我					
2. 面对两难的选择时，我会主动向他人寻求帮助					
3. 当有烦恼时，我会主动向家人、亲友倾诉					
4. 我经常能得到同学、朋友的照顾和支持					
5. 当遇到困难时，我经常向家人、亲人寻求帮助					
6. 我周围有许多关系密切、可以给予我支持和帮助的人					
7. 在我遇到问题时，同学、朋友会出现在我身旁					
8. 在困难的时候我可以依靠家人或亲友					
9. 我经常从同学、朋友那里获得情感上的帮助和支持					
10. 我经常能得到家人、亲友的照顾和支持					
11. 需要时，我可以从家人、亲友那里得到经济支持					

续表

题项	不符合	有点 不符合	不确定	有点 符合	符合
12. 当遇到麻烦时，我通常会主动寻求别人的帮助					
13. 当我生病时，总能得到家人、亲友的照顾					
14. 当有烦恼时，我会主动向同学、朋友倾诉					
15. 在我遇到问题时，家人、亲友会出现在我身旁					
16. 我经常从家人、亲友那里获得情感上的帮助和支持					
17. 当我遇到困难时，我经常会向同学、朋友寻求帮助					

附 录 2

异地升学政策影响调查问卷

亲爱的同学：

你好！本问卷不记姓名，不进行个别分析，请你不要有任何顾虑，认真看清题目和要求，并根据自己的实际情况如实回答。你的填写结果仅供科学研究之用。谢谢你的配合，祝你学习愉快！

一 基本信息

1. 你的性别：

①男　　　　　　　　　　②女

2. 你所在的年级：

①初一（六年级）　　　　②初二（七年级）

③初三（八年级）　　　　④初四（九年级）

3. 你的户口所在地（户口本上的地址）：

①本地　　　　　　　　　②外地

③不清楚

4. 你是独生子女吗？

①是　　　　　　　　　　②否

5. 你现在是班干部吗？

①是　　　　　　　　　　②否

6. 你主要是从哪里了解到"异地中考""异地高考"政策的？

①从没听说过相关政策　　②电视、报纸、广播、网络

③学校的通知、宣讲　　　④老师的传达、说明

⑤同学和朋友的讨论　　　⑥家长告知

7. 据你了解，你的家长对"异地中考""异地高考"政策的了解程度如何？

①非常了解　　　　　　　　②比较了解

③基本了解　　　　　　　　④不太了解

⑤完全不了解

8. 据你了解，你的家长对"异地中考""异地高考"政策的满意程度如何？

①非常满意　　　　　　　　②比较满意

③基本满意　　　　　　　　④不太满意

⑤非常不满意

9. 你相信"只要努力就会有美好未来"吗？

①非常相信　　　　　　　　②比较相信

③一般　　　　　　　　　　④不太相信

⑤完全不相信

10. 在你了解到"异地中考"政策后，你的学习态度变得

①更加积极　　　　　　　　②没有变化

③更加消极

11. 初中毕业后，你有何打算？（请外地户籍同学回答）

①不清楚　　　　　　　　②回家乡参加中考升入高中

③通过中考在本地就读高中　　④在本地就读职业学校

⑤不再上学开始打工

12. 你本人对外地学生在本市参加中考持何种态度？（请本地户籍同学回答）

①非常支持　　　　　　　　②比较支持

③无所谓　　　　　　　　　④比较反对

⑤强烈反对

13. 据你了解，你的父母对外地学生在本市参加中考持何种态度？（请本地户籍同学回答）

①非常支持　　　　　　　　②比较支持

③无所谓　　　　　　　　　④比较反对

⑤强烈反对

附 录 3

家庭状况调查问卷

亲爱的同学：

你好！本问卷不记姓名，不进行个别分析，请你不要有任何顾虑，认真看清题目和要求，并根据自己的实际情况如实回答。你的填写结果仅供科学研究之用。谢谢你的配合，祝你学习愉快！

一 基本信息

1. 你的性别：

①男　　　　　　　　　　②女

2. 你所在的年级：

①初一（六年级）　　　　②初二（七年级）

③初三（八年级）　　　　④初四（九年级）

3. 你的户口所在地（户口本上的地址）：

①本地　　　　　　　　　②外地

③不清楚

4. 你是独生子女吗？

①是　　　　　　　　　　②否

5. 你与母亲的关系是否亲密？

①是　　　　　　　　　　②否

6. 你父亲的文化程度是：

①初中以下　　　　　　　②初中毕业

③高中毕业　　　　　　　④大专毕业

⑤大学本科及以上学历

7. 你母亲的文化程度是：

①初中以下　　　　　　　　　②初中毕业

③高中毕业　　　　　　　　　④大专毕业

⑤大学本科及以上学历

8. 父母希望你达到的最高受教育程度是：

①研究生　　　　　　　　　　②大学

③普通高中　　　　　　　　　④职高或技校

⑤初中毕业

9. 你父母与学校联系密切吗？

①总是联系　　　　　　　　　②常常联系

③有时联系　　　　　　　　　④很少联系

⑤从不联系

10. 你父母带你去图书馆、美术馆、科技馆等场所参加文化活动吗？

①总是去　　　　　　　　　　②常常去

③有时去　　　　　　　　　　④很少去

⑤没去过

11. 你参加校外学习辅导班或兴趣特长班吗？

①只参加学习辅导班　　　　　②只参加兴趣特长班

③两个都参加　　　　　　　　④两个都不参加

二　量表

1. 母亲养育方式量表

以下题目是了解你母亲是如何与你相处的。请你决定哪些问题符合你的实际情况，哪些问题不符合你的实际情况。表格内的数字表示问题与你实际情况的符合程度，1 为非常不符合、2 为比较不符合、3 为比较符合、4 为非常符合。请根据你的真实想法在每句话后面的相应选项下打"√"。对于每一个问题你只能作一种回答，并且每个问题都应该回答。

题项	1	2	3	4
我觉得母亲干涉我所做的每一件事				
能通过母亲的言谈、表情感受她很喜欢我				
与我的兄弟姐妹相比，母亲更宠爱我				
我能感到母亲对我的喜爱				
母亲总试图潜移默化地影响我，使我成为出类拔萃的人				
我觉得母亲允许我在某些方面有独到之处				
母亲能让我得到其他兄弟姐妹得不到的东西				
母亲对我的惩罚是公平的、恰当的				
母亲总是左右我该穿什么衣服或该打扮成什么样子				
母亲不允许我做一些其他孩子可以做的事，因为她害怕我会出事				
在我小时候，母亲曾当着别人的面打我或训斥我				
母亲总是很关注我晚上干什么				
当我遇到不顺心的事时，我能感到母亲在尽量鼓励我，使我得到一些安慰				
母亲总是过分担心我的健康				
母亲对我的惩罚往往超过我应受的程度				
如果我做错了什么事，母亲总是以一种伤心样子使我有一种犯罪感或负疚感				
我觉得母亲更喜欢我，而不是我的兄弟姐妹				
在满足我需要的东西方面，母亲是很小气的				
母亲常常很在乎我取得分数				
如果面临一项困难的任务，我能感到来自母亲的支持				
我在家里往往被当作"替罪羊"或"害群之马"				
母亲总是挑剔我所喜欢的朋友				
母亲总以为她的不快是由我引起的				
母亲总试图鼓励我，使我成为佼佼者				
母亲总向我表示她是爱我的				
母亲对我很信任且允许我独自完成某些事情				
我觉得母亲很尊重我的观点				
我觉得母亲很愿意跟我在一起				
我觉得母亲对我很小气、很吝啬				
母亲总是向我说类似这样的话"如果你这样做我会很伤心"				

题项	1	2	3	4
母亲经常向我表示类似这样的话："这就是我们为你整日操劳 而得到的报答吗?"				
母亲要求我回到家里必须得向她说明我在做的事情				
我觉得母亲在尽量使我的青春更有意义和丰富多彩（如给我买很多书，安排我去夏令营或参加俱乐部）				
母亲常以不能娇惯我为借口不满足我的要求				
我觉得母亲对我的学习成绩，体育活动或类似的事情有较高的要求				
当我感到伤心的时候可以从母亲那儿得到安慰				
母亲曾无缘无故地惩罚我				
母亲允许我做一些我的朋友们做的事情				
母亲经常对我说她不喜欢我在家的表现				
每当我吃饭时，母亲就劝我或强迫我再多吃一些				
母亲经常当着别人的面批评我既慵惰，又无用				
母亲常常关注我交往什么样的朋友				
母亲能让我顺其自然地发展				
母亲经常对我粗俗无礼				
有时甚至为一点儿鸡毛蒜皮的小事，母亲也会严厉地惩罚我				
母亲甚至无缘无故地打过我				
母亲通常会参与我的业余爱好活动				
我经常挨母亲的打				
母亲常常允许我到我喜欢的地方去				
母亲对我该做什么，不该做什么都有严格的限制而且绝不让步				
母亲常以一种使我很难堪的方式对待我				
我觉得母亲对我可能出事的担心是夸大的、过分的				
我觉得与母亲之间存在一种温暖、体贴和亲热感觉				
母亲能容忍我与她有不同的见解				
母亲常常在我不知道原因的情况下对我大发脾气				
当我所做的事情取得成功时，我觉得母亲很为我自豪				
与我的兄弟姐妹相比，母亲常常偏爱我				
有时即使错误在我，母亲也会把责任归咎于兄弟姐妹				

2. 儿童自我意识量表

以下问题是了解你是怎样看待你自己的。请你决定哪些问题符合你的实际情况，哪些问题不符合你的实际情况。如果你认为某一个问题符合或基本符合你的实际情况，请在"是"下面打"√"；如果不符合或基本不符合你的实际情况，请在"否"下面打"√"。对于每一个问题你只能作一种回答，并且每个问题都应该回答。

题项	是	否
我的同学嘲弄我		
我是一个幸福的人		
我很难交朋友		
我经常悲伤		
我聪明		
我害羞		
当老师找我时，我感到紧张		
我的容貌使我烦恼		
我长大后将成为一个重要的人物		
当学校要考试时，我就烦恼		
我和别人合不来		
在学校里我表现好		
当某件事做错了常常是我的过错		
我给家里带来麻烦		
我是强壮的		
我常常有好主意		
我在家里是重要的一员		
我常常想按自己的主意办事		
我善于做手工劳动		
我易于泄气		
我的学校作业做得好		
我做许多坏事		
我很会画画		
在音乐方面我不错		
我在家表现不好		

题项	是	否
我完成学校作业很慢		
在班上我是一个重要的人		
我容易紧张		
我有一双漂亮的眼睛		
在全班同学面前讲话我可以讲得很好		
在学校我是一个幻想家		
我常常捉弄我的兄弟姐妹		
我的朋友喜欢我的主意		
我常常遇到麻烦		
在家里我听话		
我运气好		
我常常很担忧		
我的父母对我期望过高		
我喜欢按自己的方式做事		
我觉得自己做事丢三落四		
我的头发很好		
在学校我自愿做一些事		
我希望我与众不同		
我晚上睡得好		
我讨厌学校		
在游戏活动中我是最后被选入的成员之一		
我常常生病		
我常常对别人小气		
在学校里同学们认为我有好主意		
我不高兴		
我有许多朋友		
我快乐		
对大多数事我不发表意见		
我长得漂亮		
我精力充沛		
我常常打架		

续表

题项	是	否
我与男孩子合得来		
别人常常捉弄我		
我家里对我失望		
我有一张令人愉快的脸		
当我要做什么事时总觉得不顺心		
在家里我常常被捉弄		
在游戏和体育活动中我是一个带头人		
我笨拙		
在游戏和体育活动中我只看不参加		
我常常忘记我所学的东西		
我容易与别人相处		
我容易发脾气		
我与女孩子合得来		
我喜欢阅读		
我宁愿独自干事，而不愿与许多人一起做事情		
我喜欢我的兄弟姐妹		
我的身材好		
我常常害怕		
我总是碰坏东西或打坏东西		
我能得到别人的信任		
我与众不同		
我常常有一些坏的想法		
我容易哭叫		
我是一个好人		

3. 儿童社会期望量表

请你决定哪些问题符合你的实际情况，哪些问题不符合你的实际情况。如果你认为某一个问题符合或基本符合你的实际情况，请在"是"下面打"√"；如果不符合或基本不符合你的实际情况，请在"否"下面打"√"。对于每一个问题你只能作一种回答，并且每个问题都应该回答。

题项	是	否
我在聚会中总能开心		
我有时说一点谎话		
我从不因为要放下手头的事去上学或开始吃饭而生气		
有时候，我不喜欢把自己的东西分给朋友		
我对别人总是很尊重		
我绝不会打比我弱小的孩子		
我有时不喜欢做老师让我做的事情		
我从来不对父母顶嘴		
我犯了错误时，总是承认自己错了		
我觉得父母并不是每件事都判断得对		
我从没想过要对别人说不友好的话		
我总是按时完成所有家庭作业		
有时我想摔东西或砸东西		
我从来没有让别人因为我的过错挨骂受批评		
有时我说的一些话只是为了给朋友们留一个好印象		
我总是小心地保持衣服的干净和房间的整洁		
我生气时从不大喊大叫		
即使没有生病，有时我也喜欢待在家里不去上学		
有时我真希望父母别事事管得那么死		
我总帮助需要帮助的人		
我有时跟妈妈吵着要做她不想让我做的事		
我从没说过什么让别人觉得不好的话		
老师对什么都比我懂得多		
我总是很有礼貌，对不太好的人也不例外		
我有时做一些不准我做的事情		
我从不生气		
有时我要某一件东西，仅仅是因为别人有了这样东西		
我总是听父母的话		
我从来不忘记说"请""谢谢"		
我有时真希望光是尽情地玩，不用去上学		
我每次吃饭以前都洗手		
有时我知道父母需要我帮忙做家务，我也不帮他们		

续表

题项	是	否
我从来没觉得交朋友有困难		
我从没做过破坏纪律或违反法律的事		
别人做了对我不利的事情时，我有时想跟他们算账		
我有时因为得不到我想要的东西而生气		
我总是帮助受伤的小动物		
有时我想做一些父母认为我这个年纪还不能做的事情		
我有时觉得取笑别人挺有意思		
我从来没有不经过允许就借用别人的东西		
当别人干扰了我正在做的事时，我有时感到厌烦		
我总是乐于与别人合作		
当我最好的朋友想做我不想做的事情，我从不感到厌烦		
我有时希望别的孩子对我说的话更注意		
我总是做恰当的事情		
我有时不愿意服从父母		
当别人要我替他做事时我有时不情愿		
当别人不按我的愿望做事时，有时我会特别生气		

4. 生活满意度量表

请你决定哪些问题符合你的实际情况，哪些问题不符合你的实际情况。表格内的数字表示问题与你实际情况的符合程度，1 为非常不赞同、2 为比较不赞同、3 为不确定、4 为比较赞同、5 为非常赞同。请根据你的真实想法在每句话后面的相应选项下打"√"。对于每一个问题你只能作一种回答，并且每个问题都应该回答。

题项	1	2	3	4	5
我的生活在大多数方面都接近于我的理想					
我的生活条件很好					
我对我的生活很满意					
到现在为止，我已经得到了在生活中我想得到的重要东西					
如果我能再活一次，我基本上不会做任何改变					

附 录 4

学生访谈提纲（农民工随迁子女）

一 家庭基本情况

1. 学生个人情况（年龄、性别、就读学校、年级、学习成绩）？

2. 是否本地出生？何时、从何地来到本地？家庭成员？从事职业？

二 提纲

1. 你是否喜欢这个城市？城市和老家你更喜欢哪里（具体方面、原因）？

2. 你觉得你现在算本地人吗（判断标准）？

3. 如果以后父母离开城市回老家，你选择一起回去还是留下来（原因）？

4. 你在班级的朋友是以本地人居多还是外地人？你会主动和本地的同学做朋友吗（原因）？

5. 你觉得老师对你的态度如何？老师在平时会有偏向吗？你觉得老师喜欢什么样的学生（成绩、性格等）？

6. 你平时和本地人打交道多吗？他们对你是什么样的态度（具体事件）？

7. 你平时遇到困难的时候会有人帮助你吗？谁给你的帮助更多（家长、亲戚、老师、朋友、同学等）？遇到困难时你一般怎么解决？你会主动向他人请求帮助吗（如果会则问具体对象，不会则问原因）？

8. 你的父母关心你的学习吗？父亲和母亲谁更关心你？父母对你的学业或将来发展有什么要求？

9. 你觉得自己是个怎样的人（外表、态度、性格等）？你喜欢自己这个样子吗（对自己最满意和最不满意之处）？

10. 你现在适应城市的生活了吗（所花时间长短）？在这过程中，你觉得你最难适应的方面有哪些（花时间最长）？

11. 你了解外来务工人员随迁子女"异地升学"政策吗？你本人对异地升学政策满意吗？你父母满意吗？为什么？

附 录 5

学生访谈提纲(本地学生)

一 家庭基本情况

1. 学生个人情况（年龄、性别、就读学校、年级、学习成绩)？

2. 家庭成员？从事职业？

二 提纲

1. 你是本地人吗？你了解农村的生活吗？城市和农村你更喜欢哪里？为什么？

2. 你在班级的朋友是以本地人居多还是外地人？你会主动和外地的同学做朋友吗？你觉得外地同学好相处吗？为什么？

3. 你觉得老师对你的态度如何？老师在平时会有偏向吗？你觉得老师喜欢什么样的学生（成绩、性格、本地、外地等)？

4. 在你们班上是外地同学学习更认真，还是本地同学更认真？（举例)

5. 你平时和外地人打交道多吗？他们对你是什么样的态度（具体事件)？

6. 你平时遇到困难的时候会有人帮助你吗？谁给你的帮助更多（家长、亲戚、老师、朋友、同学等)？遇到困难时你一般怎么解决？你会主动向他人请求帮助吗（如果会则问具体对象，不会则问原因)？

7. 你的父母关心你的学习吗？父亲和母亲谁更关心你？父母对你的学业或将来发展有什么要求？

8. 你觉得自己是个怎样的人（外表、态度、性格等)？你喜欢自己这个样子吗（对自己最满意和最不满意之处)？

9. 你对以后有什么打算？你觉得自己通过中考进入高中的可能性有多大？继续上高中是你的第一选择吗（不是则问第一选择具体是什么、选择原因）？

10. 你了解外来务工人员随迁子女"异地升学"政策吗？你本人对外地学生在本市参加中考持何种态度？你父母持何种态度？为什么？

附 录 6

教师访谈提纲

一 教师基本情况

1. 教师个人情况（性别、年龄、教龄、所在学校、年级、是否班主任、所教科目、工资待遇）？

2. 是否本地人？何时、从何地来到本地？

二 提纲

1. 您觉得农民工子女有何特点？与其他本地学生的不同之处有哪些（智力、性格、问题行为等）？

2. 在您班上农民工子女与本地学生的关系怎么样？一般谁先主动认识对方？

3. 现在这种混合编班制在您看来合理吗（理由）？

4. 您认为混合编班会给教师的教学和管理带来一些什么困难？

5. 您所在学校出台了什么政策或措施以对农民工子女进行管理吗（具体措施）？

6. 目前农民工子女的流动性大不大（提供百分比、这种流动主要集中在几年级）？

7. 您知道异地升学政策吗？您对这一政策有何看法？您所在学校在贯彻这一政策方面有何具体措施或做法吗？

8. 在您班上农民工子女的成绩如何，能顺利考入高中吗？您认为"随迁子女就地升学"有哪些限制因素？

9. 对于一些无法在本地参加升学考试的农民工子女，您所在学校一般有何要求（严格要求、只抓纪律、放任自流等）？

10. 您和农民工子女的家长接触多吗？他们是什么样的（可要求从外表、性格、行为、态度等方面描述）？

11. 这些学生（农民工子女）的家长对于孩子学习的态度和要求与其他家长是否一样（如有不同请举例)？

家长访谈提纲

一　家长基本情况

1. 家长个人情况（年龄、性别、从事职业、工资待遇）？

2. 是否是本地户籍？何时、从何地来到本地？家庭成员？

二　提纲

1. 您觉得本地学生与外地学生有区别吗？有什么不同（性格、家庭、行为、学习等）？

2. 您关心孩子的成绩吗？您的孩子的学习情况怎么样？在班级排在什么位置？

3. 您给孩子报补习班了吗（具体科数、科目）？您觉得有效果吗？

4. 放学后孩子可以在良好学习环境中学习吗？他是否有自觉学习等良好的学习习惯？

5. 您平时陪伴孩子学习吗？可以陪多长时间？成绩提高了吗？

6. 您与子女的关系怎么样？他们能理解您工作的辛苦吗？

7. 您希望孩子毕业后继续升学还是工作？为什么？

8. 您孩子所在的学校是否有寄宿情况？

9. 您孩子所在班级的学习氛围怎么样？

10. 您知道异地升学政策吗？您对这一政策有何看法？

11. 您觉得老师的教学态度怎么样（具体）？老师需要家长配合工作吗？

12. 您知道孩子和谁交朋友吗？他的朋友学习情况怎么样？他们在一起玩什么？

13. 孩子不听话的时候您一般会怎么做？

附 录 8

学校行政人员访谈提纲

一 学校行政人员基本情况

1. 行政人员个人情况（性别、年龄、教龄、所在学校、工资待遇）？

2. 是否本地人？何时、从何地来到本地？

二 提纲

1. 咱们学校现在学生的流动性大不大？

2. 农民工子女在咱们学校能有多少人？升学率怎么样？

3. 咱们学校老师知道每个班都有多少外地户籍的学生吗？

4. 您觉得农民工子女有何特点？与本地学生的不同之处有哪些（纪律、成绩等）？在老师眼里有差别吗？

5. 您了解异地升学政策吗？您对这一政策有何看法？咱们学校在贯彻这一政策方面有何具体措施或做法吗？

6. 学校中的农民工子女有升入省重点高中的吗（配额、考入）？

7. 您觉得目前农民工子女最大的问题是什么（家庭经济支出、家庭环境、学习成绩等）？

8. 现在学校对农民工子女和本地孩子是混合编班的吗？

9. 您和农民工子女的家长接触多吗？家校合作的情况怎么样？

附 录 9

教育局工作人员访谈提纲

一 工作人员基本情况

1. 工作人员个人情况（性别、年龄、工龄、职位)？

2. 是否本地人？何时、从何地来到本地？

二 提纲

1. 现在本市还有农民工子弟校吗？

2. 目前在我市，农民工子女主要集中在哪几所学校？大约占学校总人数的百分之多少？

3. 在本市公办校就读的农民工子女的流动性大吗？

4. 您觉得农民工子女与本地儿童在学校选择和学业成绩方面有什么不同之处吗？为什么？

5. 农民工子女小升初，可以参与择校吗（公立、私立)？招生的标准是什么？

6. 您了解异地升学政策吗？您对这一政策有何看法？

7. 据您所知，外地学生和外地学生的家长对异地升学政策了解吗？他们可以通过什么途径了解相关政策？

8. 农民工子女可以在本地参加中考吗？如果可以的话，升入省、市重点高中的比例大概是多少？

9. 在本市参加中考的学生的数量是逐年在递增还是在下降？

10. 本市有关爱农民工子女的社会组织吗？都有哪些？会开展一些什么样的活动呢？